北京外国语大学欧洲语言文化学院／主办

CHINESE JOURNAL OF EUROPEAN LANGUAGES AND CULTURES

欧洲语言文化研究

2019年第2辑／总第10辑
VOLUME
X

主　编／赵　刚
副主编／林温霜　董希骁

社会科学文献出版社
SOCIAL SCIENCES ACADEMIC PRESS (CHINA)

本集刊的出版，受到北京市重点学科共建项目资助。

〔意大利〕Federico Masini（费德里科・马西尼）

〔波兰〕Józef Włodarski（约瑟夫・弗沃达尔斯基）

〔罗马尼亚〕Luminița Bălan（白罗米）

〔塞尔维亚〕Radosav Pušić（拉多萨夫・普西奇）

〔斯洛文尼亚〕Danilo Türk（达尼洛・图尔克）

〔瑞典〕Peter Sivam（席沛德）

〔美国〕Maria Todorova（玛莉亚・托多洛娃）

主　　编　赵　刚

副 主 编　林温霜　董希骁

英文编审　李长栓

编　　辑　庞海丽

目　录

中国—中东欧七国建交 70 周年纪念专栏

名家谈欧洲

欧洲语言与外语教学

关注欧洲文坛

聚焦欧洲社会

译介传播

Contents

Special Column for 70 Years of Diplomatic Ties between China and Seven CEEC Countries

Insights on Europe

European Languages and Foreign Language Teaching

European Literature

European Society

Communication through Translation

中国—中东欧七国建交70周年纪念专栏

Special Column for 70 Years of Diplomatic Ties between China and Seven CEEC Countries

复杂而又丰富的中东欧文学*

高　兴**

摘　要： 本文从欧美语境、文学在场、文学新生代、诺奖期待、文学地理等角度出发，以赫尔塔·米勒、卡达莱、昆德拉、希姆博尔斯卡、赫拉巴尔、巴尔提斯·阿蒂拉等作家为案例，试图说明中东欧文学的特殊性、复杂性和丰富性。

关键词： 中东欧文学　欧美语境　诺奖期待

东欧，或者东欧文学，更多的是个政治概念和历史概念。东欧发生剧变，情形发生深刻的变化。华沙条约组织解散，苏联解体，捷克和斯洛伐克分离，南斯拉夫各共和国相继独立，所有这些都在不断改变着“东欧”这一概念。而实际情况是，波兰、捷克、匈牙利、罗马尼亚等国家甚至都不再愿意被称为东欧国家，更愿意被称为中欧或中南欧国家。同样，不少上

---

* 本文根据笔者在广东外语外贸大学欧洲语言文化论坛上的发言整理而成。

** 高兴，诗人，翻译家，中国作家协会会员，国务院政府特殊津贴专家，现为《世界文学》主编。出版专著、随笔集及大型外国文学图书（主编）多部，译著十几部。从 2012 年起，开始主编国家出版基金资助项目和“十二五”国家重点出版项目“蓝色东欧”系列丛书。2016 年出版诗歌和译诗合集《忧伤的恋歌》。曾获得中国当代诗歌奖翻译奖、中国桂冠诗歌翻译奖、蔡文姬文学奖等奖项。

述国家的作家也竭力抵制和否定这一概念。昆德拉[①]就是其中的典型。在他们看来，东欧是个高度政治化、笼统化的概念，对文学定位和评判，不太有利。这是一种微妙的姿态。在这种姿态中，民族自尊和民族认同也发挥着不可估量的作用。在此情形下，将东欧文学称为中东欧文学，也许更加准确些。

一　欧美语境中的中东欧文学

但不管昆德拉们愿意与否，欧美语境下的中东欧文学，常常带有浓郁的意识形态色彩。不得不承认，恰恰是意识形态色彩成全了不少作家的声名。昆德拉、赫尔塔·米勒[②]、卡达莱[③]、马内阿[④]都是如此。这些作家常常被人称为流亡作家。他们中间有些作家十分乐意被人称为流亡作家。但昆德拉、米沃什[⑤]等作家出于微妙心理，更愿意将流亡称为出走。

德国女作家赫尔塔·米勒在罗马尼亚生活了34个年头，同罗马尼亚有着千丝万缕的关系。因此，我们完全可以将她视作东欧作家。尽管后来定居德国，但她不太去碰德国题材，而是坚持书写罗马尼亚题材，更确切地说，书写齐奥塞斯库时代的罗马尼亚生活。这是她的策略，也是她的聪明甚或狡猾之处。用德语写作，写的却是“那些被剥夺者”的境遇，女作家顿时有了得天独厚的主题和题材上的优势，还为自己增添了一道迷人的道德光环，同时也明确了自己的身份——“被剥夺者”中的一员。小说家赫尔塔·米勒于是又成为控诉者赫尔塔·米勒。而且她的后一个角色似乎更加鲜明。这最终让她于2009年登上了诺贝尔文学奖领奖台。文学，不知不觉间，同政治纠结在了一起。赫尔塔·米勒获得诺贝尔文学奖，在相当程度上，就是文学与政治的某种微妙平衡。

---

① 昆德拉（Milan Kundera, 1929-　），捷克小说家，后移居法国。曾获梅迪西斯外国小说奖、耶路撒冷文学奖、奥地利国家欧洲文学奖及捷克国家文学奖，代表作有《不能承受的生命之轻》《不朽》《玩笑》等。

② 赫尔塔·米勒（Herta Muller, 1953-　），德国女作家、诗人，2009年获得诺贝尔文学奖。她以写作德裔罗马尼亚人在苏俄时的遭遇著称，其作品大多已在中国出版。

③ 卡达莱（Ismail Kadare, 1936-　），阿尔巴尼亚当代最著名的作家和诗人，曾获曼布克国际文学奖、阿斯图里亚斯王子奖、耶路撒冷文学奖及意大利诺尼诺国际文学奖。

④ 马内阿（Norman Manea, 1936-　），罗马尼亚籍犹太作家，1986年离开罗马尼亚，流亡西欧和美国，曾获美国麦克阿瑟天才奖、美国犹太图书奖、美第奇外国小说奖等多个奖项。

⑤ 米沃什（Czesław Miłosz, 1911-2004），美籍波兰诗人、散文家、文学史家。1978年获纽斯塔特国际文学奖，1980年获诺贝尔文学奖，代表作为《被禁锢的头脑》。

阿尔巴尼亚小说家伊斯梅尔·卡达莱一直是个分裂的形象。仿佛有好几个卡达莱：生活在地拉那的卡达莱；歌颂恩维尔·霍查[①]的卡达莱；写出《亡军的将领》的卡达莱；发布政治避难声明的卡达莱；定居巴黎的卡达莱；获得曼布克国际文学奖[②]的卡达莱……他们有时相似，有时又反差极大，甚至相互矛盾，相互抵触。因此，在阿尔巴尼亚，在欧美，围绕着他，始终有种种截然相左的看法。他的声名恰恰就在一片争议声中不断上升。但我们必须承认，他是个极为出色的小说家，完全可以在世界文坛占据一席之地。他的代表作《梦幻宫殿》人物几乎只有一个，线索单纯，时间和空间也很紧凑。可涉及的主题却广阔、深厚、敏感，有丰富的外延和内涵。卡达莱于 1981 年在他的祖国发表这部小说。作为文本策略和政治策略，他将背景隐隐约约地设置在奥斯曼帝国，似乎在讲述过去，挖掘历史，但任何细心的读者都不难觉察到字里行间弥散出的讽喻的气息。因此，人们也就很容易把它同卡夫卡的《城堡》、奥威尔的《动物农场》等寓言体小说连接在一起，将它当作对专制的揭露和讨伐。难怪出版后不久，《梦幻宫殿》便被当局列为禁书。倘若说走向西方，需要亮出某种通行证的话，卡达莱肯定最愿意亮出《梦幻宫殿》了。欧美已有评论家呼吁："单凭《梦幻宫殿》一书，伊斯梅尔·卡达莱就完全有资格获得诺贝尔文学奖。"

米兰·昆德拉同样得益于文学与政治的平衡，只不过他自己不愿承认。昆德拉曾称那些富有个性却惨遭不公的艺术家为"家庭中不受疼爱的孩子"。他显然也是在说自己。这样的称谓，米勒、马内阿、卡达莱们肯定都会欣然接受。这让他们的流亡或者出走，更具悲壮意味和道德光芒，也让他们的写作，更加引人注目。

由此，我们可以看到，文学和政治的某种微妙平衡成就了不少作家，尤其是从东欧阵营中走出来的作家。我们在阅读这些作家作品时，需要格外地警惕。过分地强调政治性，有可能会忽略它们的艺术性、丰富性。而过分地强调艺术性，又有可能看不到它们的政治性、复杂性。如何客观地、准确地认识和评价他们，同样需要我们的敏感和平衡。

---

① 恩维尔·霍查（Enver Hoxha, 1908–1985），阿尔巴尼亚前领导人，曾领导阿尔巴尼亚人民抵抗意大利和德国法西斯的入侵。阿尔巴尼亚独立后，恩维尔·霍查成为阿尔巴尼亚最高领袖、最高国家领导人。执政达 41 年之久。

② 曼布克国际文学奖（The Man Booker International Prize）是英国最具声望、最负盛名的文学奖，被认为是当代英语小说界最高的奖项；与诺贝尔奖一样，每年颁发一次，只颁予仍在世的人。是一项可以与法国龚古尔文学奖、美国普利策新闻奖相媲美的文学奖。

二　始终没有缺席的文学家

耐人寻味的是，大多数中东欧读者更加敬重和喜爱那些始终没有缺席的文学家。这样的文学家，在中东欧每个国家都有一大批，如波兰的希姆博尔斯卡[①]、鲁热维奇[②]等，捷克的塞弗尔特[③]、赫拉巴尔[④]、哈维尔[⑤]、克里玛[⑥]等，罗马尼亚的布拉加[⑦]、斯特内斯库[⑧]、索雷斯库[⑨]等，匈牙利的凯尔泰斯[⑩]、艾斯特哈兹[⑪]、拉兹洛[⑫]等，斯洛文尼亚的萨拉蒙[⑬]等。文学在此又与爱国心、民族自尊、民族认同和同甘共苦等微妙的情愫联结在了一起。

---

① 希姆博尔斯卡（Wislawa Szymborska, 1923–2012），波兰作家、诗人，享有“诗界莫扎特”的美誉，1996年获诺贝尔文学奖，是文学史上第三位获得该奖的女诗人，2001年成为美国文学艺术学院名誉会员。

② 鲁热维奇（Tadeusz Różewicz, 1921–2014），波兰当代著名诗人、戏剧家和小说家，2007年，获得欧盟文学奖、2012年获得葛理芬诗奖。其作品被翻译成多种文字出版，被波兰文艺界视为继著名作家雅罗斯瓦夫·伊瓦什凯维奇之后创作门类最多、成就最大的作家，其作品已成为波兰20世纪文学的经典。

③ 塞弗尔特（Jaroslav Seifert, 1901–1986），捷克当代著名诗人，1984年度诺贝尔文学奖获得者。

④ 赫拉巴尔（Bohumil Hrabal, 1914–1997），捷克当代作家，曾获得1994年诺贝尔文学奖提名及其他多个奖项。

⑤ 哈维尔（Václav Havel, 1936–2011），捷克作家、剧作家，曾获奥地利国家欧洲文学奖、德国书业和平奖、卡夫卡文学奖。1993年至2002年担任捷克共和国总统。

⑥ 克里玛（Ivan Klima, 1931–　），捷克籍犹太裔作家，曾获得捷克共和国杰出贡献奖章与“卡夫卡文学奖”，与瓦茨拉夫·哈维尔、米兰·昆德拉并称为“捷克文坛三驾马车”。

⑦ 布拉加（Lucian Blaga, 1895–1961），罗马尼亚哲学家、诗人、剧作家、美学家、外交家。他的诗作以神秘的气息和深邃的哲理，探索人与自然、生与死、短暂与永恒的关系。其创作和思想对后世影响深远。

⑧ 斯特内斯库（Nichita Stanescu, 1933–1983），罗马尼亚当代现代派诗歌的代表人物，罗马尼亚诗歌革新运动的主将。

⑨ 索雷斯库（Marin Sorescu, 1936–1996），罗马尼亚先锋诗歌大师，以反叛者的姿态登上罗马尼亚诗坛，后担任过罗马尼亚文化部部长。

⑩ 凯尔泰斯·伊姆雷（Kertész Imre, 1929–2016），匈牙利犹太作家，2002年诺贝尔文学奖获得者。

⑪ 艾斯特哈兹·彼得（Esterházy Péter, 1950–2016），当代匈牙利著名作家，诺贝尔文学奖的热门人选，有“匈牙利的乔伊斯”和“匈牙利文学领军人物”之称。

⑫ 克拉斯纳霍卡伊·拉兹洛（Krasznahorkai Laszlo, 1954–　），匈牙利小说家和编剧。曾获得德国年度最佳文学作品奖和科苏特奖，2015年获曼布克国际文学奖，代表作为《撒旦探戈》。

⑬ 萨拉蒙（Tomaz Salamun, 1941–2014），中欧先锋诗人的主要代表，斯洛文尼亚当代杰出的诗人。

仅仅说说希姆博尔斯卡和赫拉巴尔。维斯瓦娃·希姆博尔斯卡儿时随父母迁居克拉科夫，从此便在那里度过一生。她将诗歌写作当作“寻求魔幻的声音”，极度重视诗歌质量，一直以缓慢的节奏写作诗歌。她善于以轻松和幽默的语调描述和揭示沉重和深邃的主题。在获得诺贝尔文学奖之前，她的声望远不如米沃什、赫贝特[①]和鲁热维奇等波兰诗人。诺贝尔文学奖一下子将她照亮，既给她带来了荣光，也让她陷入了惶恐。绝不能让诺贝尔奖影响自己的正常生活，她发誓，并做到了。她轻盈而深刻的诗歌，她安静的生活方式，以及她始终的在场，为她树立了极具亲和力的迷人形象。

博胡米尔·赫拉巴尔被公认为捷克当代最伟大的小说家。他是哈谢克的传人。但仅仅继承，显然不够。继承时所确立的自己的声音，才是赫拉巴尔的魅力所在，才让赫拉巴尔成为赫拉巴尔。赫拉巴尔从来只写普通百姓，特殊的普通百姓。他将这些人称为巴比代尔。巴比代尔是赫拉巴尔自造的新词，专指自己小说中一些中魔的人。他说：“巴比代尔就是那些还会开怀大笑，并且为世界的意义而流泪的人。他们以自己毫不轻松的生活，粗野地闯进了文学，从而使文学有了生气，也从而体现了光辉的哲理……这些人善于从眼前的现实生活中十分浪漫地找到欢乐，因为眼前的某些时刻——不是每个时刻，而是某些时刻，在他们看来是美好的……他们善于用幽默，哪怕是黑色幽默，来极大地装饰自己的每一天，甚至是悲痛的一天。”这段话极为重要，几乎可以被当作理解赫拉巴尔的钥匙。巴比代尔不是完美的人，却是有个性，有特点，有想象力，也有各种怪癖和毛病的人。兴许正因如此，他们才显得分外的可爱、饱满，充满了情趣。谈到写作秘诀，赫拉巴尔说道：生活，生活，生活。在他看来，离开了祖国、母语、同胞，也就失去了生活，也就中断了写作的来源。

三　文学底气十足的新生代

一个美国作家，一个英国作家，或一个法国作家，在写出一部作品时，就已然拥有了世界各地广大的读者，因而，不管自觉与否，他或她，很容易获得一种语言和心理上的优越感和自豪感。这种感觉中东欧作家难以体会。

① 赫贝特（Zbigniew Herbert, 1924–1998），波兰当代著名诗人、散文家、剧作家。赫贝特的创作题材广泛，曾是诺贝尔文学奖的重要候选人之一。

有抱负的中东欧作家往往会生出一种紧迫感和危机感。他们要用尽全力将弱势转化为优势。昆德拉说过：身处小国，你“要么做一个可怜的、眼光狭窄的人”，要么成为一个广闻博识的“世界性的人”。进入21世纪，中东欧文坛已涌现出不少视野开阔、底气十足的中青年作家。

匈牙利小说家巴尔提斯·阿蒂拉（Bartis Attila, 1968－　）凭借长篇小说《宁静海》（2001）在欧洲文坛一举成名。小说最表层的故事围绕着母亲和儿子展开，因此人们普遍认为它是一部描写母子关系的小说。儿子“我”同母亲居住在布达佩斯老城内一套旧公寓里。母亲曾是话剧演员，自尊心和虚荣心都极强。在她的女儿叛逃到西方后，她的事业严重受挫，前途无望。在此情形下，她决定将自己关在塞满家族遗产和舞台道具的公寓里，整整15年，足不出户，直至死亡。“我”是一名青年作家，本应有自己的天地和生活，却被母亲牢牢地拴住。母亲不仅在生活上完全依赖他，而且还欲在心理上彻底控制他，甚至反对和破坏他的私人生活，就这样，将家变成了地狱，将儿子当作了囚徒。不知不觉中，外部环境在急剧变化：冷战结束，制度变更，匈牙利社会进入全新的发展时期。可无论外部环境如何变化，家庭专制依然如故，地狱般的生活依然在继续。小说从母子关系到人性深处，从外部环境到内心世界，从家庭故事到社会画面都涉及了。因此，我们会意识到，这绝不仅仅是一部有关母子关系的小说。小说写得密集、浓烈、大胆、极致，犹如长久压迫后的一场爆发，极具冲击力和震撼力。作者实际上采用了一种极端的笔法。极端的故事，极端的生活，极端的爱情，极端的性爱，极端的关系。一切都是超出常规的。所有故事又都是隐约说出的，在对话中，在回忆中，在追问中，在胡思乱想中，这就让整部小说充满了变化、起伏，各种出人意料，以及独特的艺术感染力。

在某种程度上，东欧曾经高度政治化的现实，以及多灾多难的痛苦经历，恰好为文学和文学家提供了特别的土壤。没有捷克的经历，昆德拉不可能成为现在的昆德拉，不可能写出《不能承受的生命之轻》这样独特的杰作。没有波兰的经历，米沃什也不可能成为我们所熟悉的将道德感同诗意紧密融合的诗歌大师。同样，没有经历过南斯拉夫内战，波黑作家伊斯梅特·普尔契奇（Ismet Prcic, 1977－　）也绝不可能写出《碎片》这样的优秀小说。普尔契奇一直试图描写20世纪90年代的那场内战。但他却苦于找不到合适的写作手法。最终他采取了“碎片”式写作手法。他也索性将自己用英语所写的第一部长篇小说冠名为《碎片》。小说中的主人公，同样名叫伊斯梅特·普尔契奇，离开饱受战争磨难的波斯尼亚，来到美国生活。可他却怎么也忘不了过去。于是，他开始记日记，写回忆片段。整部小说正是由那些日记、回忆和故事碎片组成。而这些碎片又被分为三部分。它们常常相互纠缠，相互呼应，相互遮蔽，最终融汇于一体。现在常常蒙上过去的阴影；过去常常让现在面目模糊；而生活恰恰是由各种碎片组成的，其中过去和现在有时实在难以分辨。完整的现实并不存在。作者兴许想告诉我们的就是这一点。

波兰女作家奥尔加·托卡尔克佐克（Olga Tokarczuk, 1962-　）也极具创作实力，而且已经为世界文坛所瞩目。

四　诺奖期待成为文学动力

迄今为止，严格说来，已有七位东欧作家先后获得了诺贝尔文学奖。诺贝尔文学奖既照亮了这些作家，也照亮了他们所代表的国家。在相对弱小的东欧国家，文学常常被提升到民族骄傲和民族自尊的高度，因而，东欧作家，总体而言，更加看重诺贝尔文学奖。对诺奖的期待，在相当程度上，已成为一些东欧作家的文学动力。

有数十位中东欧作家每年的诺贝尔文学奖呼声都比较高。阿尔巴尼亚小说家伊斯梅尔·卡达莱，波兰诗人扎加耶夫斯基①，匈牙利小说家纳达斯·彼得（Nádas Péter, 1942-　）、克拉斯纳霍卡伊·拉兹洛都是热门人选。卡达莱几乎每年都获得提名。就其小说艺术而言，卡达莱可算是当今世界文坛中的大师级人物了。但他在阿尔巴尼亚的经历，以及他和恩维尔·霍查的特殊关系一直是他获奖的主要障碍。匈牙利的几位小说家近年来写作势头极猛。平心而论，这几位中，似乎谁都有资格获得诺贝尔文学奖，关键就看运气了。

中东欧好几个国家的政府和作家组织也积极配合诺贝尔文学奖评选。比如，罗马尼亚政府就一直在力推米尔恰·格尔特雷斯库（Mircea Cartarescu, 1956-　）、诺曼·马内阿。格尔特雷斯库以诗歌登上文坛，后来转向小说创作，曾长时间在德国访学和生活，现在布加勒斯特大学教书，是罗马尼亚本

① 扎加耶夫斯基（Adam Zagajewski, 1945-　），波兰诗人、小说家、散文家，“新浪潮”诗歌的代表人物。2004年获得由美国《今日世界文学》颁发的纽斯塔特国际文学奖。

土作家的代表性人物。马内阿于 1986 年离开罗马尼亚，从 1988 年起，定居美国。犹太作家身份让他获得了欧美一些犹太大财团的支持，已在欧美出版过好几部作品，并多次获得欧美文学大奖。近几年，他在世界文坛的声誉迅速提升。

不管怎样，诺贝尔文学奖既能提高作家声誉，给作家带来巨大的精神荣耀和物质利益，也能帮助树立作家所代表的国家形象。因此，不少中东欧作家都深知诺贝尔文学奖的分量，一些中东欧作家甚至明确地把诺贝尔文学奖当作自己的最高奋斗目标。

需要强调的是，诺贝尔文学奖无疑是影响最大的世界性文学大奖。但我们也绝不要天真地将它当作文学评判的唯一标准。

五　文学让边缘发出光芒

在历史进程中，某个事件兴许会使东欧某个或某些国家暂时成为世界关注的中心，但总体而言，在世界格局中，东欧国家大多是些边缘化或被边缘化国家，经常处于被忽略，甚至被遗忘的状态。文学的声音这时候就显得尤为难能可贵。我不禁想到了一个典型的例子：20 世纪初，波兰尚处于沙俄统治下。但就在 1905 年，显克维奇[①]获得诺贝尔文学奖，恰恰通过文学向全世界表明了波兰民族的存在。事实上，以文学的方式表明自己的存在，发出自己的声音，扩大自己的影响力，已成为许多中东欧国家的策略。

近几年，蓝色东欧系列、赫拉巴尔、贡布罗维奇[②]、克里玛、艾斯特哈兹、拉兹洛、索雷斯库、卡达莱、齐奥朗[③]等不少东欧作家及作品进入了中国读者的视野，让我们看到了复杂而又丰富的中东欧文学。甚至可以说，一股中国东欧文学热已在中国读书界悄然兴起。

文学，一次又一次让边缘散发出了光芒。

---

① 显克维奇（Henryk Sienkiewicz, 1846–1916），波兰 19 世纪批判现实主义作家，1905 年诺贝尔文学奖获得者，其作品被译成 40 余种文字，译本达 2000 多种，作品再版次数和印数居波兰作家之首，英法等国曾掀起过“显克维奇热”。

② 贡布罗维奇（Witold Gombrowicz, 1904–1969），波兰小说家、剧作家和散文家，与卡夫卡、穆齐尔、布鲁赫并称为“中欧四杰”。曾获福特基金会全年奖金和西班牙福门托国际文学奖。

③ 齐奥朗（Emile Michel Cioran, 1911–1997），罗马尼亚裔旅法哲人、文学家，20 世纪著名的怀疑论、虚无主义思想家，被称为“法国的尼采”。其作品曾被译成多种文字，卡尔维诺、米兰・昆德拉等都深受其影响。

近年中国与中东欧电影的交流

张晓东 *

摘　要： 新时期以来，中国与中东欧国家的电影交流逐渐增多，并呈现良好的发展势头。电影是实现“民心相通”的良好媒介，在“一带一路”倡议框架下，政府间的电影交流起到了搭建“民心相通”桥梁的作用，但是在错综复杂的电影市场下如何推进，依然需要持续的努力，电影交流任重而道远。

关键词： 中东欧电影　电影交流　“一带一路”

总体来说，中国观众对中东欧电影的了解可能超出大众的想象。这主要是因为迷影群体[①]的存在。相对于院线电影的消费性、娱乐性，中东欧电影的思想性、艺术性对迷影群体来说有很强的吸引力。从文化传统来看，相对于政治、经济在全球的“位置”而言，在世界电影的格局中，中东欧电影是一个非常强大的存在。波兰、匈牙利、捷克、罗马尼亚、南斯拉夫，都可以

* 张晓东，文学博士，北京师范大学副教授，教育部区域国别研究基地北京师范大学俄罗斯研究中心专家，四川大学波兰与中东欧问题研究中心专家，研究方向为俄罗斯与东欧电影、戏剧；知名影评人、剧评人。迄今出版学术专著 4 部、译著 4 部，发表 CSSCI 学术论文 12 篇，并在《北京青年报》《北京日报》《人民日报》《文艺报》《光明日报》等主流媒体发表剧评、影评数百篇。

① 迷影人指着迷于电影的人，这些人形成迷影群体。他们通常把电影看作自己生活必不可少的一部分。看电影如在现实世界中，现实如在电影里。电影对于迷影人来说如同朝圣，他们将某一种类型电影的导演、某位电影明星作为心中的神来朝拜。

说电影大师辈出，电影杰作浩如烟海。这些国家不仅为好莱坞输送了诸如波兰斯基①、福尔曼②等一流导演，从电影艺术本身来看，留在本土的导演，例如瓦伊达③、杨索④、贝拉·塔尔⑤等人拍出了更具有艺术价值、思想价值的杰作。在20世纪东欧剧变之后的商业大潮中，中东欧国家电影人依然是世界艺术电影的重要力量。

近年来中国观众对中东欧电影的认识主要来自两种渠道。一种是通过官方的电影交流活动，一种是借由网络资源，通过迷影群体自发购买原盘的共享行为。而对于中东欧电影的学术研究则直接得益于这两个方面的发展。

一 “一带一路”倡议框架下的政府间交流

2014~2016年，中华人民共和国国家新闻出版广电总局和多个中东欧国家签署互相放映电影谅解备忘录。在人文交流的框架下，中东欧优秀影片不断在中国的艺术院线公映，一方面由于中国的艺术影院还处于发展初期，另一方面由于商业院线的盈利诉求，只有在设有艺术电影院的大城市才能看到这些公映的电影，但这并不影响中国观众对中东欧电影的好评。除此之外，在中国不断发展壮大的各大电影节上，中东欧优秀影片频频现身，甚至已经成为外国参赛片的主力；一些著名的导演也因此成为上海国际电影节、北京国际电影节的评委甚至主席。这种发展态势对中东欧电影与中国电影的交流是非常有利的。需要说明的是，这种交流是双向的，但由于获得信息渠道有限，本文暂时不涉及中国电影在中东欧国家的放映、交流情况。

2017年2月下旬，中华人民共和国国家新闻出版广电总局、中华人民共和国外交部主办了“中东欧主题影展”。这个影展是应2016年11月政府

---

① 罗曼·波兰斯基（Roman Polanski, 1933– ），出生于法国巴黎，成长于波兰，犹太人。法国导演、编剧、制作人。代表作有《水中刀》《唐人街》《苔丝》《荒岛惊魂》《钢琴师》《雾都孤儿》《影子写手》等。

② 米洛斯·福尔曼（Miloš Forman, 1932–2018），出生于捷克布拉格，捷克电影导演、编剧、制片人。代表作有《飞跃疯人院》《性书大亨》《莫扎特》《消防员舞会》等。

③ 安杰伊·瓦伊达（Andrzej Wajda, 1926–2016），波兰电影导演、编剧，代表作有《卡廷惨案》《铁人》《甜蜜的冲动》《一代人》等。

④ 米克洛斯·杨索（Miklós Jancsó, 1921–2014），匈牙利导演，代表作有《红军与白军》《静默与呼喊》。

⑤ 贝拉·塔尔（Béla Tarr, 1955– ），匈牙利电影导演、编剧、制片人。代表作有《都灵之马》《鲸鱼马戏团》《撒旦的探戈》《来自伦敦的男人》等。

间签署的《中国—中东欧国家合作里加纲要》的要求举办的。该纲要的签署方希望通过电影这个“盒子里的大使”，搭建民心相通的桥梁，深化中欧文明伙伴关系。此次影展放映了16部中东欧电影佳作。主要通过官方艺术电影的放映渠道——中国电影资料馆、全国艺术电影放映联盟以及中央电视台电影频道全年播放中东欧电影。开幕式上放映的影片为匈牙利电影《狐仙丽莎煞煞煞》（*Liza, arókatündér*），这是2015年匈牙利导演卡罗伊·乌吉·梅斯扎罗斯（Károly Ujj Mészáros）执导的一部商业喜剧片，故事讲的是一个认为自己被狐仙附体的小护士的爱情故事。这部影片被选为开幕式电影，除了其之前票房和口碑皆好外，或许因为它有“东方色彩”，即主人公是日本漫画迷，但实际上狐仙更多属于中国的精怪传说（日本也有狐狸精故事，但是日本的狐仙体系多与中国的不同），也反映了西方观众常常将“东方情调”混为一谈的事实。但中国观众对这部影片的反响是热烈的，也说明了并非只有纯商业片才能吸引观众的事实，中国观众在观影方面和其他国家的人民并无不同，所不同的只是操纵资本运作的电影出品方。一个事实说明了国内目前电影资本方的极度业余和短视：在这个电影合作的框架下，国内和专业的欧洲电影人的合作竟然是两部由综艺节目改成的电影，票房和口碑都奇差无比。这也说明国内电影市场亟须规范。

二 “一带一路”倡议框架下的中东欧国别电影周活动

近年来，中东欧国家在中国举办电影周的活动明显增多，但每个国家根据其具体情况，举办的频率、力度、影响力都有所不同。

波兰是中东欧国家在华举办影展最频繁、最成功的国家，这首先取决于波兰电影雄厚的实力、伟大的传统、世界观众良好的口碑，其次取决于波兰官方支持的力度。波兰电影展迄今成功举办了三届（2016~2018），不仅赢得了良好的口碑，取得了较好的传播效果，还办出了自己的特色。

波兰在华举办的电影周事先进行了周密的策划。首先它由波兰某银行赞助，和“波兰艺术圈中国行”打包同时进行，在“波兰艺术圈中国行”活动中，电影只是一部分，但各个活动互相“借力”，给中国观众留下了很深的印象。这之前很多观众对波兰的印象还停留在几十年前，通过这些活动，中国民众非常直观地了解到：波兰的当代视觉艺术、设计业非常发达，已经走在了世界前列；波兰的电影业早已不是咀嚼几十年前的那些遗产，在产业化方面走得很远，甚至可以说做到了艺术与商业之间的微妙平衡，比如由波兰电影学院出品，2018 年口碑和票房双赢的《至爱梵高》（*Loving Vincent*）就是很好的例子，但很多人想当然以为它是好莱坞的作品。

波兰电影周的另一个做法是在中国不同地理区域的几个大城市都展开放映、宣传，配合广告、设计等艺术活动，收到了较为理想的效果。这同时也反映出波兰方面的某种雄心，因为波兰电影艺术性较强，中国很多城市的接受度并不高，但波方似乎有意深耕中国市场，目前还保留着这股势头。

波兰电影周的选片相当专业、精当，做这件事情的人非常内行而且有前瞻性。精挑细选的影片受众面广，兼顾大师艺术电影和商业大众电影、老片和新片。这些影片既能够代表波兰电影的艺术水准，又能够对年轻一代产生吸引力。以瓦伊达电影为例，在几次影展上，不仅放映了《灰烬与钻石》（*Popiół i diament*）这样的经典艺术片，也放映了《塔杜施先生》（*Pan Tadeusz*）这种比较新的瓦伊达电影，而后者显然是较为商业化的一部电影。很多年轻观众都对这部影片赞誉有加。而他的另一部经典影片《大理石人》（*Człowiek z marmuru*）也在公映之列，这部显然有意识形态隐喻的影片加深了这种复杂性。而《浴血华沙》（*Miasto 44*）、《303 中队》（*Dywizjon 303*）这样的商业新作的确吸引了年轻观众，甚至有很多粉丝因为影片有明星加盟而前来捧场。这种情况在之前此类影片的放映中并不多见。

2016 年，北京、上海、西安三地举办了罗马尼亚电影周。“罗马尼亚电影新浪潮”是近年来世界影坛的一个现象，涌现出一大批杰出的艺术电影导演，而互联网时代的中国迷影群体对此并不陌生。这个电影节展映了罗马尼亚不同风格的当代影片，值得一提的是，“罗马尼亚电影新浪潮”领军人物普优（Cristi Puiu）导演的《雪山之家》（*Sieranevada*）刚在戛纳获得大奖就成为本次电影节的压轴之作。对于中国观众来说，不仅好莱坞大片同步上映，连艺术影片现在也同步了。

中国观众对塞尔维亚电影并不陌生，但认知大都还停留在南斯拉夫电影，如《瓦尔特保卫萨拉热窝》（*Валтер брани Сарајево*）、《桥》（*Мост*）的时光滤镜里面，而这些电影对于今天的塞尔维亚观众来说其实是陌生的，它们在南斯拉夫解体后一度被禁。然而，库斯图里卡（Emir Kusturica）的《地下》（*Подземље*）却是迷影群体的大爱之作，口碑极佳，每一次放映都全场售罄。但库斯图里卡因为涉及某些问题在塞尔维亚本土其实并不太受欢迎。2019 年在北京举办的“塞尔维亚电影周”让首都观众对塞尔维亚电影有了一个基本的了解。珍贵资料，100 年前的电影，描写“塞尔维亚之父”一生的《黑乔治》（*Karadjordje*）作为开幕影片放映，这部影片是个孤本，也是塞尔维亚第一部电影，塞尔维亚电影资料馆在精心修复之后将其带到中国来放映，有重要的意义。这次影展让中国观众得以看到塞尔维亚电影不同时期的优秀影片，知道了在《瓦尔特保卫萨拉热窝》之外，还有更优秀的艺术作品，比如影展上放映的《谁在那儿歌唱？》（*Ko to tamo peva*）、《快乐的吉普赛人》（*Skupljaci perja*）、《锦绣山河一把火》（*Lepa sela lepo gore*）等。《地下》也参加了这次展映。值得一提的是，这个影展放了两轮，赢得了较高的观众美誉度。

三　上海国际电影节、北京国际电影节框架内的中东欧电影

中国与中东欧电影的交流，还体现在中国目前最大的两个国际电影节，即上海国际电影节和北京国际电影节上。

上海国际电影节是中国唯一的国际 A 类电影节，近年来国际影响力在逐渐提高，对于参赛影片的艺术性有较高的要求。而中东欧国家电影的艺术质量以及对中国电影节的参与度，使其成为电影节上重要的力量。而近年来的北京国际电影节通常有“一带一路”框架的考量，中东欧国家电影也是其中重要的部分。可以说，当代重量级中东欧导演几乎都参加过中国的两大电影节，并担任评委，比如波兰制作人凯兹梅利克（Jan A.P. Kaczmarek），罗马尼亚导演柯内流·波蓝波宇（Corneliu Porumboiu）、卡林·皮特·内策尔（Călin Peter Netzer）都担任过评委。蒙吉（Cristian Mungiu）还担任过上海国际电影节评委会主席。

除此之外，北京、上海两大电影节还设立专门的中东欧国家电影单元，在选片方面也有很多中东欧国家电影入围，在高平台上对中东欧电影进行推介与交流，例如，2015 年北京国际电影节设立的“波兰单元”，2018 年北京国际电影节设立的“波兰映像”、“光影捷克”和“走近塞尔维亚”单元等。这样做一方面固然与“一带一路”框架下的国际合作有关，但更重要的是这些影片在艺术水准上确实都属于上乘之作，对补充国内院线电影的贫瘠是大有裨益的。

一般来说，这些单元采取的是新老结合的方式，比如“光影捷克”就既展映了捷克新浪潮中的经典影片《大街上的商店》（*Obchod na korze*）、

《严密监视的列车》(*Ostre Sledovane Vlaky*)，也放映了新片《昆虫物语》(*Hmyz*)。值得一提的是,《昆虫物语》是动画电影大师史云梅耶(Jan Svankmajer)的新作，也是这位享誉世界的电影大师在中国第一次公开放映的电影，放映时全场爆满。库斯图里卡的新作《牛奶配送员的奇幻人生》(*На млијечном путу*)也深受欢迎。而2019年上海国际电影节展映的匈牙利电影大师贝拉·塔尔的名作《撒旦的探戈》(*Sátántangó*)竟然一票难求，出现了黄牛票。须知这部长达7个小时的电影完全不够爆款或流行的条件。在这两大电影节上映的中东欧年轻一代导演的新片也可圈可点，例如“波兰单元”的《基加利的鸟儿在歌唱》(*Ptaki śpiewają Kigali*)、《双重麻烦》(*Heiratsschwindlerin mit Liebeskummer*)、《爱情税》(*Podatek od milosci*)等。这也从侧面反映出中国观众对院线上映的部分影片的不满。

入围上海、北京国际电影节竞赛单元的都是有较高水平的新片。很多中东欧国家电影在北京、上海国际电影节获奖，如2019年北京国际电影节最佳影片为匈牙利电影《日暮》(*Napszállta*)，2016年罗马尼亚、保加利亚、捷克联合摄制的《喝彩！》(*Aferim!*)荣获最佳摄影等奖项。

四　中国与中东欧非官方的电影交流活动

中国观众对中东欧电影的接受度实际上要比预期高得多。电影在中东欧国家的历史进程中有重要的现实意义，经常是大众意识形态的真实反映，又像是寓言，甚至是预言。网络对于影像的传播来说是一种“利好”，进入新千年以来，这些“艺术片”已不再是“内参片”或少数人的专利，而是被一个非常庞大的人群观看。著名学者刘小枫在对波兰电影大师克日什托夫·基耶斯洛夫斯基(Krzysztof Kieslowski)电影解读的基础上写的《沉重的肉身》一书在读书界极受欢迎，已再版六次，重印数次，成为很多研究者涉足波兰电影艺术的启蒙读物。

以波兰电影为例，波兰电影史上的重要经典基本上都有网络资源，并且大多数都已经被各种“字幕组”译为中文，在网络空间被广为讨论。而在专业院校、研究所中，中东欧电影实际上也得到了很多的研究，所发论文数量也很可观，在此不一一列举。

此外，中国与中东欧国家的电影学者经常不定期举办研讨会、学术论坛，例如纪念波兰电影大师基耶斯洛夫斯基逝世20周年研讨会，以及2019

年 5 月在第 18 届罗马尼亚特兰西瓦尼亚国际电影节期间举办的中国—罗马尼亚电影交流史学术研讨会等。

五　关于中国与中东欧电影交流的思考

1. 可以考虑将中东欧佳作纳入院线

近年国内院线引进、排片都有很大的误区，以为只要“艺术”必然不卖座，很多好莱坞“纯”娱乐片在国内票房惨败就是最好的说明。其实这是一种对电影本身非常错误的甚至是极为愚蠢的见解。这需要国内相关的决策者转换思想，多听取专家意见。适当纳入和好莱坞思想体系不同的欧洲电影，这对国内的文化建设工作也大有裨益。

2. 可以在交流中加大“民心相通”的内容

就目前来看，官方交流是较为成功的，但怎么让这种交流变成真正的“民心相通”，可能尚有距离，实际上这个层面是大有可为的。

浅析中东欧国家的文化转型

朱晓中 *

摘　要： 文化转型是中东欧国家转型的重要内容之一。文化转型事关核心价值观，事关对少数民族包容、身份认同和欧盟认同，事关对宗教和文化特性的认同，也事关社会信任和所处年代的目标和原则。它反映社会转型的精神层面。本文简要介绍和讨论中东欧国家转型过程中核心价值观、社会宽容度，以及社会价值观变化，特别是宗教在社会中的地位和作用、社会资本，以及现代化过程中人们对物质的认识等多个议题。这些讨论既是对中东欧国家转型内容的一个重要补充，也有助于理解当今中东欧国家民众政治和社会价值观念的变迁。

关键词： 中东欧　文化转型　欧洲价值观　认同　社会资本

1989 年发生的政局剧变及随后的全方位转型和“回归欧洲”，对中东欧国家的政治、经济、社会价值 / 文化、安全，以及国家和民族建设都产生了巨大影响。民主化既需要建立机构保障，也需要将这些机构扎根于每一个特定国家的政治文化中，增加巩固民主的可能性，从而建立一个文明社会。事

* 朱晓中，法学博士，中国社会科学院俄罗斯东欧中亚研究所研究员，北京外国语大学客座教授，教育部区域国别研究基地西安外国语大学波兰研究中心特聘教授。研究方向为中东欧、欧洲一体化与中东欧、中东欧与大国关系。出版专著 1 部、主编 5 部，发表各类学术论文 20 余篇。

实证明，仅仅采用民主制度并不能保证充分的民主，因此，如何使社会适应新的制度和坚持新的政治原则是一个重大问题。

一 核心政治价值观的变化

长期以来，政治学领域一直争论的问题是，政治态度是否为政治文化的核心。公民对政治体制的理解和评价，他们积极或消极的态度和他们的参与在民主转型时期至关重要。①

（一）对民主的认知

欧洲价值观调查（EVS）数据显示，10个中东欧国家中民众对民主的满意度相当低（为30%~40%，在罗马尼亚和保加利亚这一数据甚至更低），与西方一些欧盟成员国（希腊、葡萄牙）相若，但明显低于卢森堡、荷兰和德国等国。然而，在整个欧盟，不论政府表现如何，对民主原则的支持始终很高。只是经济衰退的确对民意有影响，葡萄牙和希腊公民在2008年欧元区主权债务冲击下对民主的支持率低于以往。欧盟新老成员国公民在民主问题上的差异也可以通过对民主原则的支持和对特定改革措施的支持来加以区分。对民主原则的支持（传播性支持）表明对政府原则的依恋，而对具体改革和制度的不满（专项支持）则表明公众对政府某一专项政策绩效态度。转型的困难会而且确实给一部分人带来挫败感。②

在中东欧国家，人们对民主的理解不尽相同。罗马尼亚人和保加利亚人支持强有力的领导人和技术统治（占受访者的70%~80%），而维谢格拉德集团国家的公民对此的支持力度则相对较低（约占受访者的20%）。将尊重权威作为核心价值在转型国家不乏支持和拥护者（约占受访者的50%~70%），这可能给民主化带来不确定性，特别是在经济动荡和政府频繁更迭时，许多

① Mate Szabo, "Repertoires of Contention in Post-communist Protest Culture: An East Central European Comparative Survey (Hungary, Slovakia, Slovenia)", *Social Research* 63: 4 (Winter 1996): pp.1155-1182; https://www.jstor.org/stable/pdf/40971327.pdf?ab_segments=0%252Fdefault-2%252Fcontrol&refreqid=excelsior%3A4cd70009e34a3864345e0653a95135cd，最后访问日期：2019年7月30日。

② Loek Halman and Malina Voicu, "Mapping Value Orientations in Central and Eastern Europe", *European Values Studies*, Vol.13, https://doi.org/10.1163/ej.9789004185623.i-298，最后访问日期：2019年7月30日。

人希望一个有魄力的领导人能将国家带回正轨。

在政治参与方面，中东欧转型国家公民的政治兴趣和参与政治讨论的积极性都有显著下降，这是中东欧国家公众因对政客缺乏信心而对政治漠不关心的一种普遍现象。在转型初期，中东欧国家民众的政治热情十分高涨（从60% 到 70% 不等）。而到 21 世纪头 10 年则降至 30%~40%。非传统的政治参与形式（签署请愿书、参加合法示威等）也走了大致相同的道路。

对制度的信任是显示民主健康状况的另一个指标，但这一指标在所有中东欧转型国家里都很低，而且还在下降。总的来说，转型国家对政治机构的信任度约为20%，而西欧大多数国家的信任度在 30%~50%。中东欧国家转型中的一个重要特点是，向民主和市场经济转型与参与欧洲一体化同时发生，并相互影响。因此，中东欧转型国家对欧盟的态度和评价对这些国家政府的合法性以及对有关“民主倒退”的讨论都很重要。中东欧国家为加入欧盟，不得不满足“哥本哈根标准”，并因此进行了若干改革。“回归欧洲”的进程对促进中东欧国家的民主化发挥了不可低估的作用。但是，在采用欧盟共同体法的整个过程中，中东欧候选国家经常处于一种自卑地位，它们需要听从布鲁塞尔几乎所有的“裁决”。[①] 中东欧转型国家之所以接受这一立场，是因为加入欧盟已经成为大多数政党的政治文化和决策的重要组成部分。[②]

转型初期，中东欧国家对欧盟的理解与欧盟老成员国公民的认知相近，认为欧盟是一个文化大陆，东西欧国家拥有共同辉煌的历史，欧盟是民主、经济繁荣的家园，并有能力缔造和平。因此，中东欧国家支持欧洲一体化，并对欧盟有一种强烈的向往。然而，随着中东欧越来越多的国家加入欧盟，他们对欧盟的认识出现了分化。欧洲晴雨表调查（2018 年 11 月）显示，欧盟中东欧成员国的民众对欧盟的认知不仅与入盟前的认知有差距，而且中东欧成员国之间也存在差距。在“是否信任欧盟”这一问题上（平均信任度为 43%），立陶宛的受访者信任度最高（65%），爱沙尼亚和保加利亚表示“倾向于”相信（53%），信任度最低的是捷克（32%），其他中东欧成员国处于中间状态。[③]

① Heather Grabbe, *The EU's Transformative Power Europeanisation through Conditionality in Central and Eastern Europe*（New York, NY: Palgrave, Macmillan, 2006）.

② Heather Grabbe, *The EU's Transformative Power Europeanisation through Conditionality in Central and Eastern Europe*（New York, NY: Palgrave, Macmillan, 2006）.

③ EC, Standard Eurobarometer 90, Public Opinion in the European Union, November 2018, https://ec.europa.eu/commfrontoffice/publicopinion/index.cfm/Survey/getSurveyDetail/yearFrom/1974/yearTo/2018/surveyKy/2215，最后访问日期：2019 年 7 月 30 日。

2008年欧元区主权债务危机发生后，尚未加入欧元区的中东欧国家对欧元的怀疑程度不断上升，但欧元区国家依然对欧元保持热情。根据欧洲晴雨表2018年10月的一项调查，在17个欧元区国家中，受访者认为采用欧元对本国有利的比例为64%，认为欧元对欧盟有利的受访者高达74%。还有27%的受访者认为，采用欧元更有利于对欧洲的认同。[①]而根据欧洲晴雨表2017年4月公布的一项对尚未加入欧元区的中东欧欧盟成员国[②]的调查显示，除罗马尼亚之外，其他5国受访者都认为，采用欧元越晚越好，捷克受访者甚至认为最好永远不采用。[③]同时，人们认为欧盟的民主正在沦陷的忧虑也在加深。欧盟新老成员国对欧盟民主赤字的看法存在明显差异。多数中东欧成员国认为，欧盟存在民主赤字。[④]

公众舆论对外交政策的影响通常被认为是相当小的，但它反映了公民对国际体系的看法，以及一个国家在国际舞台上必须扮演的角色的看法，这是一个更广泛的政治价值观。[⑤]欧洲价值观数据表明，中东欧国家的民众认为民族国家在许多国际问题上（人权的规定和实施，发展援助，甚至维护和平）是主要决策者，而许多欧洲公民则对多边安排和越来越多的国际组织的作用展示出更多的承诺和信任。欧洲晴雨表2007年进行的一项题为“文化价值观、贫困和社会排斥、发展援助和居民流动性”的调查显示，欧盟新老成员国的公民在支持欧盟的国际发展援助方面观点相同[⑥]，而中东欧国家在个人层面上则较少参与向志愿活动提供金钱的活动。转型后的中东欧国家公民把他们对发展援助的参与更多看作一项战略性外交政

① EC, The Euro Area, Flash Eurobarometer 473, October 2018. https://ec.europa.eu/commfrontoffice/publicopinion/index.cfm/Survey/getSurveyDetail/yearFrom/1974/yearTo/2018/surveyKy/2211，最后访问日期：2017年7月27日。

② 波兰、捷克、匈牙利、保加利亚、罗马尼亚和克罗地亚。

③ EC, Introduction of the Euro in the Member States that have not yet Adopted the Common Currency, Flash Eurobarometer 453, April 2018. https://ec.europa.eu/commfrontoffice/publicopinion/index.cfm/Survey/getSurveyDetail/yearFrom/1974/yearTo/2018/surveyKy/2157，最后访问日期：2017年7月27日。

④ 有关欧盟成员国对民主赤字的观点的详情参见 Perceptions of Democratic Deficit in the EU 2013, Standard Eurobarometer 79 spring 2013。https://ec.europa.eu/commfrontoffice/publicopinion/archives/eb/eb79/eb79_first_en.pdf，最后访问日期：2017年7月26日。

⑤ Judith Goldstein and Robert Keohane, *Ideas and Foreign Policy: Beliefs, Institutions and Political Change*（Ithaca: Cornell University Press, 1993）.

⑥ Eurobarometer 67.1 Cultural Values, Poverty and Social Exclusion, Developmental Aid, and Residential Mobility February - March 2007, https://www.unidata.unimib.it/wp-content/pdf/SI225_NM_CB_eng.pdf，最后访问日期：2019年7月28日。

策计划，通过这项计划，国家目标和利益得到进一步发展，同时大力促进受援国的基本经济发展。欧盟老成员国公民支持本国的发展援助，更多的是为了受援国实现可持续发展和促进民主。尽管已入盟的中东欧国家对欧盟的不同方面存在不同看法，但中东欧成员国的公民对本国在欧盟外交决策中的作用表示理解和支持。

（二）宽容和认同

宽容是民主的核心价值观，但这需要更长的时间来学习。即使在民主认知已经巩固的西方国家，对民主政治制度的支持也不是必然伴随着更深层次的宽容。同样，中东欧的民主化并不一定意味着更高水平的宽容。[①]在中东欧国家，是否对少数群体持宽容态度依然是一个有争议的问题。在中东欧国家，对罗姆人的不宽容率约为50%。[②]此外，罗马尼亚和斯洛伐克的匈牙利族人问题[③]，以及波罗的海国家的俄罗斯族人问题[④]都很突出。尽管在法律上他们可以通过政党代表来发声，但很多时候少数民族问题是民粹主义（有时是激进的民族主义）的重要话题。

在中东欧国家，对同性恋者的不宽容率更高。20世纪90年代初，波罗的海国家、罗马尼亚和保加利亚在同性婚姻问题上的不赞同比例约为70%。即使在2017年，中东欧国家认为同性恋在道德上不可接受的比例依然很高（60%）。在

① Mark Peffey and Robert Rohrschneider, “Democratisation and Political Tolerance in Seventeen Countries: A Multi-level Model of Democratic Learning”, *Political Research Quarterly*, 56: 3 (September, 2003): 243-257. https://doi.org/10.1177/106591290305600301，最后访问日期：2019年7月28日。

② 有关中东欧国家对罗姆人态度的讨论参见 Anna Kendea, Márton Hadaricsa, Barbara Lášticová Anti, Roma Attitudes as Expressions of Dominant Social Norms in Eastern Europe, https://koztudatos.hu/wp-content/uploads/2018/09/anti-roma_kendeetal_ijir2017.pdf，最后访问日期：2019年7月28日。

③ 有关欧洲匈牙利族人问题参见 Julian Duplain, “Ethnic Hungarian Minorities in Central and Eastern Europe”, 1 June 1996, https://www.refworld.org/docid/3ae6a6c34.html，最后访问日期：2018年7月27日；Marácz, László, “Empowering Hungarian EthnoLinguistic Minorities in Central- and Eastern Europe”, *Belvedere Meridionale*, vol.28, no. 2, pp.21–37,http://www.belvedere-meridionale.hu/wp-content/uploads/2016/02/02_Maracz_Belvedere%20Meridionale_2016-2_pp21-37.pdf，最后访问日期：2018年7月28日。

④ 关于波罗的海三国中俄语居民问题的讨论参见 Ammon Cheskin, “Identity and Integration of Russian Speakers in the Baltic States：A Framework for Analysis”, *Ethnopolitics*. (2015) 14: 1, pp.72-93: http://eprints.gla.ac.uk/95091/1/95091.pdf，最后访问日期：2019年7月29日；Agnieszka Łada, All Quiet in the Baltics? Estonians, Latvians and their Russian-Speaking Minorities, https://www.bertelsmann-stiftung.de/fileadmin/files/BSt/Publikationen/GrauePublikationen/EZ_Policy_Brief_Study_All_quiet_in_the_Baltics_2015_EN.pdf，最后访问日期：2019年7月29日。

性别平等方面，似乎中东欧10个国家都取得了长足的进步。但根据欧盟2017年的一项调查，与欧盟老成员国相比，中东欧成员国中就业的性别差异依然很高。①

在中东欧国家，身份建构的过程是一个复杂和不断变化的过程。公民需要学习如何使自己不仅成为所在国的公民，也要学习如何成为欧盟公民。根据欧洲价值观调查，中东欧国家获得真正的独立后，其公民对本国的依恋稳步增长。在波罗的海国家、斯洛伐克、保加利亚和匈牙利，公民对自己国家的认同仍在上升。但各国的认同动机有所不同：在波罗的海三国和斯洛伐克，或许是出于对新形成的或新确认的国家认同的一种表达。而在保加利亚和匈牙利，认同动机或许与民族主义政策有关，也与对欧盟的不满有关。根据欧洲晴雨表的数据，在整个欧盟，对欧盟的身份认同水平相对稳定（约59%）。其中，斯洛伐克（76%）、波兰（70%）、爱沙尼亚（70%）、立陶宛（65%）和斯洛文尼亚（64%）的认同率较高。②

二　社会价值观的变化

1989年东欧剧变后，中东欧国家不仅政治和经济在转型，而且社会价值观也开始发生变化。现代化是这一变化的核心，中东欧国家公民在三个不同但又相互关联的方面改变了他们的价值体系：宗教认同和行为、对唯物主义和后唯物主义的态度，以及他们对本国社会的概念。

宗教变量是中东欧国家文化转型中的重要内容。在社会主义时期，宗教被世俗化。东欧剧变后，中东欧国家宗教开始复兴，公民回归教堂。③著名的文化研究者英格尔哈特（Ronald Inglehart）和诺里斯（Pippa Norris）发现了世俗化和社会经济发展之间的联系。④他们认为，在转型后的中东欧国家，

① Gender Employment Gap Among the Highest in Central Europe, Kafkadesk, Apr.7, 2019, https://kafkadesk.org/2019/04/07/gender-employment-gap-among-the-highest-in-central-europe，最后访问日期：2019年7月27日。

② European Identity across EU Member States 2013，Standard Eurobarometer 79 spring 2013, https://ec.europa.eu/commfrontoffice/publicopinion/archives/eb/eb79/eb79_first_en.pdf，最后访问日期：2019年7月28日。

③ Paul Froese, "Hungary for Religion: a Supply Side Interpretation of the Hungarian Religious Revival", *Journal for the Scientific Study of Religion*, 40: 2, 2001,pp.251-268, https://doi.org/10.1111/0021-8294.00054，最后访问日期：2019年7月26日。

④ Pippa Norris and Ronald Inglehart, *Sacred and Secular: Religion and Politics Worldwide*, 2nd ed. New York: Cambridge University Press, 2011.

随着人类发展指数的提升和GDP的增长，上帝的重要性降低了。而且，宗教同质性越高的国家宗教认同率也更高。① 当然，这种宗教复兴并非在所有中东欧国家都是一致的，且世俗化也并非一定是政治和经济发展的结果。20世纪90年代初，中东欧国家的宗教认同度非常低，特别是在波罗的海国家（约有1/3）。但随着时间的推移，这一比例稳步增长，波罗的海三国和维谢格拉德集团国家达到了60%左右，东正教占主导地位的罗马尼亚、保加利亚和天主教占主导地位的波兰达到了近90%。调查数据显示，中东欧国家成年人信仰上帝的人数很多，但经常去教堂祈祷的人日益减少。就宗教参与和宗教虔诚程度而言，波罗的海国家仍然是中东欧国家中最世俗的国家。

在中东欧国家里，教会享有崇高地位，人们相信它有能力解决社会和道德问题。中东欧国家民众对教会的信心明显高于欧盟老成员国，尤其是在罗马尼亚。同时，随着时间的推移，教会的信心也在增长，这与大多数欧盟老成员国教会影响力下降的趋势形成了鲜明对比。

在中东欧国家，不同宗教在宗教认同与民族认同之间有密切关系的看法上存在差异。以东正教为主的国家（塞尔维亚、罗马尼亚和保加利亚）认为宗教认同与民族认同之间的关系更密切（分别占受访者的78%、74%和66%），而在天主教为主的国家（波兰、克罗地亚、立陶宛、匈牙利、捷克）中，这一认同感相对较低（分别为64%、58%、56%、43%、21%）。②

研究表明，当人们获得更好的物质条件时，他们开始对确认和发展他们身份的后物质主义成分更感兴趣。③ 现代化使人们形成更世俗的价值观，而后工业化呼吁反思一个人的身份过程，它通过自我表现的价值观得到体现。中东欧国家似乎都还处于物质主义阶段。例如，在整个转型和巩固时期，中

① 这一结论与其他宗教行为理论相矛盾，即在有多个宗教共存时，人们的宗教认同和参与率更高。参见 Roger Finke and Laurence Iannaccone, "Supply-Side Explanations for Religious Change", *Annals of the American Academy of Political and Social Science*, 527 (1), 1993, pp.27-39, https://doi.org/10.1177/0002716293527001003，最后访问日期：2019年7月26日。

② Pew Research Center, Religious Belief and National Belonging in Central and Eastern Europe, May 10, 2017, https://www.pewforum.org/wp-content/uploads/sites/7/2017/05/CEUP-FULL-REPORT.pdf，最后访问日期：2019年7月30日。

③ Ronald Inglehart, *Culture in Advanced Industrial Society* (Princeton NJ: Princeton University Press, 1990); Ronald Inglehart, *Modernisation and Postmodernisation: Cultural, Economic, and Political Change in 43 Societies* (Princeton, NJ: Princeton University Press, 1997); Ronald Inglehart, "East European Value Systems in Global Perspective", in Hans-Dieter Klingemann, Dieter Fuchs and Jan Zielonka, eds., *Democracy and Political Culture in Eastern Europe* (New York, NY: Routledge, 2000).

东欧国家的公民越来越注重物质收益和利益。90% 以上的受访者认为，与工作相关的最重要的因素是工资。绝大多数人强调个人主义（超过 80%）和金钱（60%，波罗的海国家略低）。相比之下，西欧国家受访者在这个问题上的人数比例要低 10%~20%。

在过去 30 年里，转型后的中东欧国家的社会信任度仍然很低，这可能意味着，转型的实际困难不会改变大多数人对社会关系及其信誉的看法。

结　论

整体而言，转型 30 年后，中东欧国家的文化转型有如下几个特点：第一，大多数中东欧国家已经将民主的核心价值观内化，这些国家的民众在一定程度上接受了一些西方的社会信仰，如世俗主义和个人主义；第二，中东欧国家的民众依然把民族国家作为国际政治的主要决策者；第三，人们参与政治的热情不高，对政治机构的信任度很低；第四，绝大多数中东欧国家对少数民族群体（如罗姆人）和同性恋的宽容度很低；第五，部分中东欧国家的民众过分关注经济发展，对政治领域发生的某些“回潮”现象持宽容态度。

以上的简要描述和讨论引出了一个严肃的问题，即欧盟的中东欧新成员国是在政治上持续地与欧盟老成员国趋同，还是在探寻一条适合自己本民族特点的发展道路？事实表明，欧盟老成员国中存在的文化多样性在中东欧国家中也同样存在。如何看待中东欧国家的文化多样性，不仅仅是欧盟，也是中东欧问题研究者面临的一个重要课题。

新中国东欧来华交换生的选拔与培养管窥

黎　敏*

摘　要：1950年，首批东欧交换生来到中国，经过几年的学习，他们中很多人都在各自的领域取得了成绩。本文以东欧交换生的选拔和培养方式为观察点，借助当时的文献以及此后当事人的回忆、访谈等发现当时东欧交换生的培养是中国与东欧五国合作的结果，共同的意识形态让中国与这些国家的人才培养观念、目标一致，在人才选拔、培养和使用上形成了一个系统，为按照既定的目标产出人才提供保障。东欧五国均为“一带一路”沿线国家，对首批东欧交换生的研究不仅有助于了解新中国留学生培养的起步情况，丰富对中国留学生教育史的认识，也有助于从特殊视角观察二战后中国与东欧关系的起步情况，为今天的发展提供参考。

关键词：东欧　交换生　“一带一路”沿线国家　中国　留学生培养

1950年6月，中国与波兰、捷克斯洛伐克、保加利亚、罗马尼亚、匈牙利五国达成互派交换生的协议，11月，罗马尼亚五位交换生率先到达北京。新中国的留学生培养翻开了崭新的一页，直到1966年因“文革”兴起，包括东欧交换生在内的留学生培养不得不终止。严格地说，“东欧交换生”包括东欧来华留学生和中国赴东欧留学生两部分，本文所指为前者。从培养效果来

*　黎敏，博士，北京外国语大学中文学院教授，主要研究方向为汉语国际教育。

看，东欧交换生学成回国后，有人步入外交领域，成为驻华大使、参赞，在本国与中国的交往中起到桥梁作用；有人步入研究领域，开拓或者拓展了本国关于中国研究的视野；有人致力于翻译中国文学作品，开启了将中国文学作品直接从中文翻译成本国语言的历程；还有人致力于本国汉语教学，成为早于西欧的第一批将规范化的汉语传播到欧洲的本土汉语教师，其教学也改变了本国汉语口语能力薄弱的局面。基于此，本文探索除天赋、勤奋等个人因素外，新中国东欧交换生教育的特点及其对交换生成绩的助益。作为新中国来华留学生培养的起点，首届东欧交换生的培养具有开拓意义，这在留学生培养以及中国与东欧五国关系的建立上都有体现，值得专门研究。本文将重点围绕首批东欧交换生的选拔与培养展开观察与分析，以期有助于留学生教育史的研究，以及当下有关“一带一路”沿线国家国际关系的探讨。

1949 年 10 月 1 日，中华人民共和国成立。它首先受到社会主义阵营的欢迎，继苏联之后，3 日至 5 日，保加利亚、罗马尼亚、匈牙利、朝鲜、波兰、捷克斯洛伐克很快与新中国建立了外交关系。1950 年 1 月，波兰驻华使馆临时代办毕罗奇（Jan Jerzy Piankowski）在致中国外交部的公函中提出中波双方交换留学生；同年 4 月，捷克斯洛伐克驻华大使也转达了该国教育部关于两国互派交换生的建议。这立刻得到新中国的回应。5 月，政务院文化教育委员会分党组呈给中央的请示报告得到毛泽东、朱德、周恩来、陈云等人的圈阅；6 月 25 日，政务院由总理周恩来亲自主持会议，对相关事宜做具体研究，责成文化教育委员会、外交部、教育部组成专门小组，拟订与有关国家互派留学生的计划。根据周恩来的指示，中国政府主动向罗马尼亚、匈牙利、保加利亚提出与他们各交换 5 名留学生的建议，并很快得到这几个国家的响应。7 月，政务院文化教育委员会制订了招收东欧留学生的计划，并在 8 月 31 日正式向教育部下达接收东欧五国留学生的指示。根据这个指示，教育部于 9 月 6 日正式通知清华大学承担新中国第一批来华留学生第一年的汉语培训任务，清华大学为此成立了系级机构“清华大学东欧交换生中国语文专修班”（以下简称“专修班”）。从时序上看，招收东欧交换生的工作自上而下紧锣密鼓地进行。由于牵涉新中国与东欧五国的外交关系建构，因此，这项工作直接受到中国和东欧五国政府的高度重视。

一　东欧交换生来华留学的条件

新中国积极推动交换生计划与当时“一边倒”的外交政策密切相关，东欧五国同为1949年1月成立的经互会最初的成员国，与之交往，在意识形态和地缘政治上意义非凡。

对东欧五国而言，与新中国建交、发展互助友好关系也是政治的需要。从历史上看，由于政治、经济、地理、文化等复杂原因，在新中国成立以前，中国与东欧国家的交往极为有限。新中国成立后，东欧五国成为最先跟新中国建交的几个国家，说明东欧国家与新中国一样非常重视建立相互亲密的、可信赖的关系。冯鲁华引述莉莉安娜·布里斯比（Liliana Brisby）发表在1960年《中国季刊》上的文章说："共产主义国家保加利亚为自己是最早同中华人民共和国建立外交关系的国家之一感到自豪。"①这或许能代表东欧国家当时的对华心态。国家间交往的基础是语言，东欧交换生计划的产生就是这种需要的最直接反映，它负载着多重意义，因此选拔何人来华留学意义重大。

（一）1950年东欧五国汉语人才状况

东欧五国的汉语人才与其汉学的发展有不可分割的关系。从1950年东欧五国的汉语人才状况来看，情况各异，但也有共性。

最早提出东欧交换生计划的波兰，汉学研究始于17世纪。1919年，布·雷赫特尔（Bogdan Richter）开始在华沙大学建立远东教研室并开设汉语课程。②1932年华沙大学成立东方研究院，第二年该院下设汉学系，开始了波兰专业汉学之路。1936年，研究院还雇用了一位中国人教授汉语，但二战使波兰汉学受到很大影响。二战结束后，在维托尔德·雅布翁斯基（Witold Jablonski）教授的主持下才得以恢复。所以1950年时波兰汉语人才即使有也如凤毛麟角。

19世纪后半叶，捷克斯洛伐克出现了包括汉学在内的东方学的研究。1922年、1936年相继成立的东方研究所和中国协会，都致力于中国的相关研究。1939年德国入侵捷克斯洛伐克后，汉学家普实克（Jaroslav Průšek）在布拉格组织了东方语言教学班教授汉语并编写了捷克第一本本土汉语教材。二战结束后，1947年由普实克任系主任的查理大学远东系成立，他带领一批年轻汉学家恢复汉学研究，但形成规模尚待时日。

---

① 冯鲁华：《20世纪50年代中国与东欧社会主义国家关系研究》，载中央党史和文献研究院机构改革工作小组科研管理组编《2016年度文献研究个人课题成果集》，中央文献出版社，2018，第107页。

② 易丽君：《波兰汉学的源流》，《国际论坛》1989年第3期，第5页。

在匈牙利，19 世纪乔玛（Alexander Csoma de Koros）以藏学拉开匈牙利汉学的序幕。1923 年，帕兹马尼·彼特（Pázmány Péter）大学（该校 1950 年更名为 Eötvös Loránd，即罗兰大学）东亚学院成立，设立了远东语言文学教研室，汉学的研究与教学成为这个教研室的主要任务之一。① 二战结束以后，1949 年教研室有了一位中国老师朱瑞玉，汉学家陈国（Csongor Barnabás）与她合作编写了简便的中文语法书油印给学生使用。② 但直到 1956 年夏，当姑兰（Kalmár Éva）作为又一批交换生赴华时，匈牙利国内仍几乎没有翻译人才。③

保加利亚和罗马尼亚直到 19 世纪中叶才摆脱奥斯曼帝国的统治，在此之前，本国文化都濒临灭绝，汉学更是无暇问津，所以，在与新中国建交前，汉学和汉语教学在这两个国家基本上是空白。

总体看，无论有无汉学基础，东欧五国的汉语人才储备在当时都处于无法满足与新中国交往之需的状态。从首批派往中国的东欧交换生的专业来看，他们都是以人文科学和社会科学为专业，如 1950 年 10 月 3 日波兰驻华使馆给中国外交部的公函中说，波兰将派遣的 10 名留学生中，其专业分别是国外贸易、艺术理论、现代中国问题、中国文学。④ 这种专业分布在东欧五国中具有共性，并在 20 世纪 50 年代延续，说明东欧交换生培养主要是为了满足与中国交往的紧迫之需，为进一步交往打基础的。

（二）东欧交换生的选拔条件

1950 年《清华大学东欧交换生中国语文专修班暂行规程》中规定，东欧交换生的入学条件是“凡经东欧各国政府保送，由中央人民政府教育部核准者，得入班学习”，“入班学习学生须具有高中以上文化水平，并通晓俄文或英文者为宜”。⑤ 它对交换生的来源、学历以及外语提出了要求。当时，东欧正处于战后恢复期，经济困难。1953 年首批留学捷克斯洛伐克的中国交换

① 梅立崇:《匈牙利的汉语教学及罗兰大学的汉学》,《世界汉语教学》1990 年第 2 期。

② 〔匈〕陈国:《我最早遇到的中国人》，匈 - 中友好协会编《北京的匈牙利狂想曲——匈 - 中关系 65 年的回忆》，内部印刷，2014，第 10 页。

③ 访谈资料。被访谈人：姑兰；访谈时间：2017 年 4 月 12 日；访谈地点：匈牙利罗兰大学孔子学院中方院长办公室；访谈人：黎敏。

④ 清华大学外国留学生办公室编《紫荆花开——清华大学东欧交换生中国语文专修班纪念》，内部印刷，2011，第 5 页。

⑤ 清华大学外国留学生办公室编《紫荆花开——清华大学东欧交换生中国语文专修班纪念》，内部印刷，2011，第 61 页。

生陈平陵说，当他们到达布拉格时，“商品供应相当紧张，猪肉、牛肉、鸡蛋、黄油等都很紧缺，蔬菜就更少见了”[①]。在这种情况下，对东欧五国普通人家的年轻人来说，离开国家支持，出国留学只能是梦想。那么，什么人能够圆梦呢？

1. 东欧五国交换生的选拔纪实

从目前所掌握的资料来看，东欧五国在与新中国签署互派交换生协议后，都立刻着手对派出人员进行选拔。

在捷克斯洛伐克，1951 年 9 月首批到达中国留学的约瑟夫·海兹拉尔（Josef Hejzlar）出身工人家庭，这年他从布拉格工艺美术学院毕业时，因为入选的学生放弃，他得以有机会以候补的身份来中国留学。[②] 同年 11 月赴华留学的德拉赫米尔·伊利克（Drahomír Illík）忆及他在高等政治和经济学院一年级结束时，“两国恰好签署了互派留学生协议，校园里开始纷纷议论赴中国留学的可能性”，“根据学习成绩和在学生组织中的积极表现”，他和另一名学生被提名入选。[③]

1950 年，匈牙利的高恩德（Galla Endre）、戴伯纳（Talas Barna）、尤山度（Józsa Sándor）分别从罗兰大学的德语系、哲学系、历史系毕业，前两位留校任助教，尤山度因不喜欢被炸得破败不堪的布达佩斯而去了外地中学任教。他们中间，高恩德因好学和当煤矿钳工的父亲支持，得以完成大学学业。据陈国回忆，当时按照上级指示，德语系调查学生的社会成分，发现高恩德是唯一的工人家庭出身的学生，于是推荐他赴华留学，条件是他要加入匈牙利劳动人民党（匈牙利共产党的名称）。[④] 候补党员戴伯纳在本人不知情的情况下，被罗兰大学人文学院匈牙利劳动人民党委遴选出来，推送给党中央。同年 11 月，出身铁路工人家庭的尤山度接到党中央干部局领导的电报，通知他在规定的日期去报到。同样接到通知的还有西方马克思主义学派创始人卢卡契·久尔吉（Georg Luacs）的门生梅维佳（Mészaros Vilma），31 岁的她当时已经是罗兰大学的教师了。在党中央干部局，四位未来的同

---

① 陈平陵：《我的捷克情节》，载北京外国语大学欧洲语言文化学院编《欧洲语言文化研究》（第五辑），时事出版社，2009，第 335 页。

② 〔捷〕约瑟夫·海兹拉尔：《齐白石》，广西美术出版社，2017，第 319 页、第 340 页。

③ 〔捷〕德拉赫米尔·伊利克：《捷克斯洛伐克和中华人民共和国》，载中国驻捷克使馆编《我与中国·纪念中捷建交 65 周年文集》，布拉格 / 北京，内部印刷，2014，第 36 页。

④ 〔匈〕陈国：《怀念邦迪叔叔》，载冒寿福编《为了没忘却的纪念》，自刊稿，2016，第 72 页。

学见面了，他们受到一位副部长的接待，并被告知将要被派往中国留学且只有一个星期供他们考虑。戴伯纳三天后就决定接受派遣，其中一个重要原因是父亲几年前去世，母亲一人生活，如果他去中国留学，母亲便可以得到来自教育部或者科学院的补助，这也是自己对母亲的一种帮助。[①]他后来得知，当时党中央一共征询了12个人的意见，只有他们四人同意。此时朝鲜战争已经爆发，美国要用原子弹消灭朝鲜的说法让很多人对可能卷入战争的中国望而却步。所以，当尤山度、戴伯纳的母亲知道儿子要去那个遥远的、存在危险的国度时，她们都流下了担心的眼泪。[②]

在首批来华的五位罗马尼亚共青团留学生中，铁路工人家庭出身的优秀生罗明（Budura Romulus Loan）1950年中学刚刚毕业，他从教育部留学生派出小组那里知道了将被派往中国，在家人的支持下，他决定接受派遣。那年夏天，优秀生萨安娜（Budura Anna Eva）高中就要毕业了，一天，她被叫到罗马尼亚工人党克鲁日县委会以及劳动青年团委员会，得知将会被派出国留学。作为一个孤儿，她能得到这样的机会，无异于梦幻一般。一个月后，她和罗明以及一位地下党员的儿子和地下共产主义运动者的女儿一同被派往中国。[③]

祁密珈（Milka Kitova）是大学语言学教师，季连绰（Lenin Dimitrov）的父母都是游击队员、共产党人。他们与另外三人是保加利亚教科部选派的首批赴华交换生。

在接到赴华留学的通知时，董伯若（Dabrowski Bogumil）还是波兰雅盖隆大学阿拉伯语系一年级的学生，这对一个父亲在战争中死于集中营，自己不得不在匈牙利避难多年的年轻人来说[④]，无疑是对他努力学习的一种奖励。当然，党员的身份也是他能成功入选的重要条件。直到1956年，曹克复（Boguslaw Zakrzewski）入选波兰交换生时，预备党员的身份对得到这个

---

① 访谈资料。被访谈人：戴伯纳；访谈时间：2017年4月29日；访谈地点：戴伯纳宅；访谈人：黎敏。

② 访谈资料。被访谈人：戴伯纳；访谈时间：2017年4月29日；访谈地点：戴伯纳宅；访谈人：黎敏。被访谈人：尤山度；访谈时间：2017年7月17日；访谈地点：尤山度宅；访谈人：黎敏。

③ 访谈资料。被访谈人：罗明、萨安娜；访谈时间：2017年7月7–9日；访谈地点：罗明宅；访谈人：黎敏。

④ 访谈资料。被访谈人：董伯若；访谈时间：2017年8月3日；访谈地点：董伯若宅；访谈人：黎敏。

机会还是有很大帮助。①

2. 东欧交换生的选拔特点

综合东欧五国对于赴华交换生的选拔情况可以发现，它们有很明显的共同点。

首先是国家主导，个人服从全局。这一点体现在对留学机会以及专业选择上。就目前所见资料，首批东欧五国交换生均由本国政府部门推选。不过，从接受推选这一刻起就意味着被选人原本的专业志向和人生规划发生了不以个人意志为转移的变化。比如匈牙利的高恩德原本希望研究罗曼语系的文学，尤山度最大的愿望原本是在他的老家附近当一名中学老师；罗马尼亚的罗明想学跟铁路、工业技术有关的专业，萨安娜希望攻读残疾儿童教育专业等。赴华留学不仅让他们的专业发生了变化，也让他们的人生轨迹有了彻底改变。

其次是重视学能与社会身份。东欧五国入选的赴华交换生“最重要的条件就是工农出身”②，他们本人是青年团员、党员或者预备党员，且学习成绩优秀。这些共性体现了东欧五国选拔赴华交换生的标准。

今天看来，这种选拔标准的益处体现在以下几个方面。第一，由政府部门选拔的学生，为培养出符合本国建设需要的人才提供了保障；第二，学习成绩是学习能力的一种表现，以此为标准选拔是交换生能够高质量完成学业的保障；第三，最有时代特点的标准就是以学生的社会身份作为重要的考量因素，这是培养社会主义国家建设人才的又一保障。如果以意识形态色彩强行评价这种选择标准会使问题流于简单，因为从国家层面来看，按照这种标准选拔的人才能够在社会资源匮乏的情况下，有针对性地迅速补充符合新型国家需要的人才；从个人层面来看，因为意识形态一致，所以这类学生容易更好地理解交换生协议的意义，形成责任感，也容易对同为新型社会主义国家的中国产生认同感，有助于他们接纳、适应那里的学习和生活。

3. 东欧交换生选拔的效果

首先，对交换生协议的理解。从此后东欧交换生的一些回忆中，可以看到他们对两国政府间的交往以及互派交换生意义的理解。尤山度认为：“为

---

① 访谈资料。被访谈人：曹克复；访谈时间：2017 年 8 月 6 日；访谈地点：曹克复宅；访谈人：黎敏。

② 访谈资料。被访谈人：尤山度；访谈时间：2017 年 7 月 17 日；访谈地点：尤山度宅；访谈人：黎敏。

了两国关系更快更好地发展，匈牙利极需要精通汉语的专门人才”①，所以他怀着一颗要为战后的匈牙利做点事情的心理踏上赴华求学之路。②罗明认为，首批赴华的罗马尼亚交换生不是出于个人事业的需要，而是适应国家的需要，懂得对象国语言，能够促进两国间相互理解和友好关系的人才。③他们对留学中国与本国发展关系的把握，体现了二战后一代强烈的责任感。

其次，对中国的文化适应。初到中国时，对积贫积弱、刚从战争中走出的新中国，交换生们因年龄、经历不同，适应的程度与速度也不同，这直接影响了他们对新中国状况的认识和留学生活。适应得最好的是年龄最小的来自罗马尼亚的留学生。据罗明和萨安娜回忆，二战结束后，在罗马尼亚的教育中，国际主义意识占重要地位，人们都很同情中国人民的命运。所以，当他们来到中国，看到没有暖气的宿舍和因为没有汽油而靠烧柴火发电运行的公交车的时候，他们觉得作为中国人民的朋友，这些小事不应影响相互合作。④可见，党员、贫苦出身更能让他们对中国近现代经历的苦难产生感同身受的理解。

二 东欧交换生的培养

1949年，在百年动荡之后，中国人民终于迎来了和平，整个社会充满了喜悦和勃勃生机；但是国内尚未全部解放，国际敌视情绪十分强烈，封锁极为严密，摆在新中国面前的任务是对内要扩大和巩固和平成果，对外要建立更多互信平等的国家关系。东欧交换生就是在这样的社会氛围下来到中国的，他们接触的人与事、学习的内容中有时代特点。

（一）学习形式、内容与机制

在学习形式上，东欧交换生预科阶段最大的特点是集中强化学习。根据

① 〔匈〕尤山度：《六十年关系回眸》，载北京外国语大学欧洲语言文化学院编《欧洲语言文化研究》（第五辑），时事出版社，2009，第269页。

② 访谈资料。被访谈人：尤山度；访谈时间：2017年7月17日；访谈地点：尤山度宅；访谈人：黎敏。

③ 访谈资料。被访谈人：罗明、萨安娜；访谈时间：2017年7月7~9日；访谈地点：罗明宅；访谈人：黎敏。

④ 访谈资料。被访谈人：罗明、萨安娜；访谈时间：2017年7月7~9日；访谈地点：罗明宅；访谈人：黎敏。

1951 年 6 月教育部部长批准并正式实施的《清华大学东欧交换生中国语文专修班两年教学计划（草案）》（以下简称“草案”），交换生第一学年每天平均上课 4~5 小时，周六不休息，每周课时为 27~28 小时，每天上午 4 课时讲课，下午为辅导课和组织活动，晚上个别辅导。[①]1952 年全国高等院校调整，东欧交换生转到北京大学外国留学生中国语文专修班学习，但这种教学形式仍然沿用。高强度的教学，首先要求教师非常敬业，当时因为没有现成的教材，教师们往往是白天编好，晚上手写刻制蜡版，早上印刷，所以有时早上上课时，学生们拿到手的是油墨未干的教学材料。萨安娜评价说：“他们的责任感高到不能再高了，因为他们认为培养出第一批懂中文的外国留学生是他们的一个光荣任务。”[②] 当然，学生能积极配合才使得这种高强度的学习得以实施。如前所述，东欧来华交换生都是在本国学习成绩优异的学生，学习能力强，而且热爱学习。尤山度还记得：“每天早上六点半，我们还没起来，罗明就已经在楼梯上‘飞机’‘中央’地在练习了”，“每天晚上十点，全清华大学灭灯，根本没有电，所以我们都用蜡烛学习”，“每个人都是自己想学”。[③]

在学习内容上，根据草案，学校在二年级为学生开设文化课程，比例占 60%，内容包括中国地理、历史、新民主主义革命运动简史、中国文学作品选读、时事专题报告、文艺专题报告等。萨安娜记得，他们在中国的第二学年已经尝试阅读毛泽东的《新民主主义论》《论人民民主专政》《中国革命和中国共产党》，鲁迅的《故乡》《祝福》等，通过阅读不仅提高了他们的单词量[④]，而且增强了他们的政治意识。

在教学机制上，东欧交换生培养的最大特点就是重视社会实践和监督学习。社会实践的形式灵活多样，首先学校常常利用暑假组织东欧交换生去各地参观。当时，西藏等地尚未解放，国民党特务活动频繁，东欧交换生的安全事关国际事务，因此，他们每到一处，接待方首要的是保证安全。罗明、萨安娜、尤山度、戴伯纳至今都记得他们外出参观时沿途受到解放军严密的保护。如 1951 年夏，他们参观灵隐寺时，每到一处都有一群身穿灰色服装的“普通

---

① 清华大学：《清华大学东欧交换生中国语文专修班两年教学计划（草案）》，载程裕祯主编《新中国对外汉语教学发展史》，北京大学出版社，2005，第 15 页。

② 访谈资料。被访谈人：罗明、萨安娜；访谈时间：2017 年 7 月 7~9 日；访谈地点：罗明宅；访谈人：黎敏。

③ 访谈资料。被访谈人：尤山度；访谈时间：2017 年 7 月 17 日；访谈地点：尤山度宅；访谈人：黎敏。

④ 孔寒冰编著《中罗两国的桥梁》，北京大学出版社，2016，第 38~39 页。

人”也在“游览”，最后，按照当时的习惯大家一起跳舞时，尤山度摸到了舞伴腰上的枪。[①]他们不知道当时灵隐寺附近是大批国民党俘虏劳动改造的地方，稍有不慎，后果难测。其次，学校以多种形式满足交换生认识中国社会的需要。比如保加利亚的学生是老党员，他们希望从政治上了解中国，1951年夏初，专修班就组织学生们参观卢沟桥，请当地干部介绍日本发动的侵华战争和中国的抗战历史。波兰学生克莱曼（Kramarz Kazinierz）作为学生代表用德语发言，介绍二战期间德国纳粹入侵波兰及欧洲人民反法西斯侵略的历史。[②]在同样的历史境遇中，东欧交换生更容易理解中国人民为解放而斗争的历史。当时，抗美援朝正在进行，学生们对此非常关心，专修班就利用志愿军英模向祖国人民汇报团来京的机会，组织他们跟英模们座谈。学校的“三反五反”运动大会也邀请交换生参加。对于这样的活动，他们大都愿意参加，因为他们都是党员。[③]

监督学习是当时一个非常特殊的机制，按照中央人民政府教育部、外交部及新民主主义青年团中央委员会、中华全国学生联合会《关于加强对东欧交换来华留学生管理工作的协议（草案）》，1951年成立了由教育部、外交部、团中央、全国学联组成的东欧来华交换生的管理机构“东欧来华留学生工作组”，该组的工作内容包括“反映交换生学习、思想情况”，“每学期开始前，批准清华大学交换生教学计划，并获得各有关使馆之同意后，宣布执行”，“按期将交换生之成绩单分送有关国家使馆”。可见，东欧来华交换生的管理是中方与学生所在国使馆双向监督。担任东欧交换生教学生活助理的清华大学教师冯忆罗说，当时“各驻华使馆对他们的管理也很严格，经常来人看望他们，了解他们的生活、学习情况，和他们开座谈会”[④]。这种双向的监督学习机制，一直在东欧来华交换生培养中贯彻实施。1956年到北京大学学习的波兰学生曹克复二声发音不标准的情况就曾被反映到波兰驻华使馆。[⑤]

---

① 访谈资料。被访谈人：尤山度；访谈时间：2017年7月17日；访谈地点：尤山度宅；访谈人：黎敏。

② 陈强、孙奕、王静、钱景斌：《新中国第一批“洋学生”——清华大学东欧交换生中国语文专修班始末》，《神州学人》2015年第7期。

③ 访谈资料。被访谈人：尤山度；访谈时间：2017年7月17日；访谈地点：尤山度宅；访谈人：黎敏。

④ 清华大学外国留学生办公室：《冯忆罗访谈录》，载清华大学外国留学生办公室编《紫荆花开——清华大学东欧交换生中国语文专修班纪念》，内部印刷，2011，第73页。

⑤ 访谈资料。被访谈人：曹克复；访谈时间：2017年8月6日；访谈地点：曹克复宅；访谈人：黎敏。

（二）名师授业

新中国高度重视东欧来华交换生的培养，师资配备极为用心。这在东欧交换生的预科学习和专业学习中都有体现。

1950年，当第一批罗马尼亚交换生率先到达中国的时候，中国科学意义上的对外汉语教学仓促起步。此时，从教师到教材再到教学设备几乎都从零开始。1950年夏，时任清华大学校务委员会主任兼专修班主任的周培源从燕京大学国文系把邓懿挖到清华大学，请她主持东欧五国交换生的教学任务。1942年至1944年，邓懿在赵元任主持的哈佛大学陆军特别训练班（ASTP）中文部工作。这个训练班是为二战时美军在中国或者日本登陆做准备的，赵元任是中文部主任，也是主讲教师，他重视口语练习，在大课之后，要有几节练习课，这些课由包括邓懿在内的青年教师完成。[①] 邓懿接受这个任务后，把在ASTP项目中效果非常好、在当时美国非常流行的教学方法带到了专修班的教学中。它的直接效果就是东欧交换生在两年的预科学习后，汉语水平特别是口语水平达到了较高程度，可以入系学习专业了。

在进入专业学习后，东欧交换生分散到北京大学、中国人民大学、清华大学、中央美术学院等院校进行学习。虽然学校不同，但是每个专业都有在中国学术界很有影响的学者执教。比如历史专业有周一良、邵循正、张芝联、邓广铭、齐思和、何干之、尚钺、戴逸等名师的教导；中文专业有游国恩、林庚、吴组缃、王瑶、王力等教授的点拨；美术专业有王逊、李桦、黄永玉等名师的指导。这些名师学问深厚，在治学态度、方法论、专业修养等方面给学生们以很大影响。很多东欧交换生后来的研究都是围绕当时所学展开的。比如高恩德在王瑶教授的指导下，走上了研究鲁迅以及“五四”中国新文学之路，成为匈牙利第一位研究20世纪中国现代文学的研究者；尤山度师从何干之教授，此后中国近现代史和中国革命史成为他的主要研究方向。海兹拉尔由王逊教授引入中国美术史的大门，为他此后终生从事中国美术研究奠定了基础。萨安娜在周一良等教授的指导下，确定了中国革命史、中国革命与共产国际的关系、罗中关系史等作为自己的主要研究领域。

---

① 邓懿：《难忘的岁月》，载《北京大学学报》（对外汉语教学中心成立十周年纪念专刊），1994年10月。

（三）结交精英

1949年7月2日，中华全国文学艺术工作者代表大会召开，来自解放区、国统区文艺界的代表参加了此次会议，北平一时间成为文化精英云集之地。代表中的许多人因为新中国文化建设的需要留在了北平，这对东欧交换生来说，是一个意想不到的福音。

为了让东欧交换生能够以各种形式了解中国，提高他们的听说能力，学校经常组织他们看晚会、看电影、看京剧等。1953年11月15日的《人民日报》上刊登了时任北京大学“外国留学生中国语文专修班”副主任郭良夫的文章《感人的学习热情——记北京大学外国留学生中国语文专修班》，文章说：“冯雪峰、老舍、许广平等，也像学校里的教师关心自己的同学一样，和他们见面通信，讨论问题，给他们解答疑难。”他们还拜见梅兰芳，与延安时期就从事音乐创作的刘炽等文艺界名人交往。这让东欧交换生有机会接触中国文化的精华。与个人志趣结合的交往收获就更大了。比如海兹拉尔在布拉格工艺美术学院毕业后来到中国，留学期间，大雅宝胡同是他经常光顾的地方，在那里他跟李可染、李苦禅、吴作人、黄永玉、吴祖光、张仃、董希文、彦涵、祝大年等常常交流，并通过李可染得以与齐白石结识，建立了深厚的友谊。这些为他日后在捷克致力于齐白石艺术的介绍、研究打下了坚实的基础。高恩德从1952年起就尝试翻译匈牙利诗人裴多菲的诗，他因此结识了从20世纪30年代就开始从事裴多菲诗歌翻译的老翻译家孙用。二人经常为此切磋，1954年5月，他们合译的《裴多菲诗选》出版，此后，将匈牙利诗人的诗译介给中国读者成了他工作的一个重要部分。总之，与文化名人甚至是大师接触、交往给东欧交换生的学养、视野带来的影响难以估量。

（四）高层次的“实习”平台

语言的价值在于应用，东欧交换生的培养目的之一就是“掌握中国语文的一般能力，并使对中国政治文化及其他方面获得初步认识”[①]。为此，专修班组织了形式多样的活动，同时，某种意义上的“实习”也让学生们受

① 清华大学：《清华大学东欧交换生中国语文专修班暂行规程》，载程裕祯主编《新中国对外汉语教学发展史》，北京大学出版社，2005，第13页。

益匪浅。“他们一面学习，一面做着加强中外人民友谊、沟通中外文化的工作：时常将中国的新事情写给本国的报纸和杂志，将中国的著作翻译到本国去”，“他们不仅帮助本国人民认识中国，也同样帮助中国人民认识本国。波兰留学生协助我们寻求伟大诗人密茨凯维支的作品；匈牙利的留学生和我国的翻译家合作，介绍伟大诗人裴多菲；捷克斯洛伐克的留学生帮助我们的剧院排演描写捷克斯洛伐克人民伟大儿子伏契克的戏剧”。[①]跟新中国的国际文化交流密切相关的练习机会，平台高，眼界宽，让东欧交换生受益无穷。

在这类“实习”中，最为典型的就是罗明。1954年暑假，还在北京大学中文系读二年级的罗明回国休假，罗马尼亚外交部部长专门找他谈话后，决定让他一边在北京大学学习，一边开始在外交部工作。1954年9月，他陪同应邀参加新中国成立五周年的罗马尼亚代表团访华，该团的团长是罗马尼亚工人党中央第一书记吉奥尔基·阿波斯托尔，成员有国民议会主席团主席皮特鲁·格罗查，外交部第一副部长格·普利奥蒂亚萨等，规格很高。在这次陪同访问中，罗明第一次见到了刘少奇、周恩来等中方高层领导。1955年12月21~30日，中共中央书记处书记、中华人民共和国副主席朱德率团出席罗马尼亚工人党第二次代表大会并对罗马尼亚进行友好访问，代表团成员中还有聂荣臻、刘澜涛等。为此，罗马尼亚外交部专门从北京大学调回罗明任翻译，全程参与了双方的会谈和中方的参观。按理，这样重要的代表团应该派一个高级别的干部承担翻译工作，但是当时罗马尼亚高级干部中没有会讲汉语的人[②]，可见培养汉语人才的紧迫性，而年轻的罗明能够在这样高规格的两国交往中得到历练，为多年后出任驻华大使积累了经验。

结　语

本文以首批东欧交换生的选拔与培养为观察点，对新中国初建这一历史背景下东欧来华留学生教育进行观察，发现国家主导和培养目标明确是其突出特点。

首先，国家主导体现在以国家需要为主导的留学生选拔、培养方式等方

① 郭良夫：《感人的学习热情——即北京大学外国留学生中国语文专修班》，转引自北京大学国际合作部编《燕园流云》，北京大学出版社，2010，第11页。

② 孔寒冰：《寒冰访罗明》，上海人民出版社，2013，第41~52页。

面。东欧五国以国家之需为标准选拔学生和安排专业，中国对交换生的培养则是本着培养两国友好交往使者的目标进行。所以，此时的国家主导是中国与东欧五国之间双向进行的，在调动资源，推动、实施和完成此项工作方面优势明显，双方实际构成了一个完整的政府合作培养系统。如中方为交换生提供指向性明确的课程和社会实践等活动，东欧五国则辅助监督学生的学习情况，提供与中国相关的就业岗位。这些措施对日后交换生在各自的工作中做出成绩大为有益。

不过，国家主导也使个人意愿显得微不足道。比如在交换生选拔时，东欧五国并未根据学生们各自的意愿安排专业；在课程设置中，中方更多考虑的是既定的培养目标，而不是留学生的特点和需要。从实际情况来看，忽视个体差别和需求，就难以对教学做出科学的设计，给教学造成不利影响。由于东欧交换生来华时学业情况及年龄、经历有很大差别，所以专业兴趣和学习需求并不一致，如在开设政治课时，匈牙利学生认为马列主义他们在本国时不仅学过，而且已经考过试，无须再学；保加利亚学生认为政治思想方面没有问题，即使有，他们也可以通过阅读《毛泽东选集》找到答案，这种情况最终导致该课程未能顺利开设。[①]

其次，培养目标明确，既体现在新中国留学生培养机制、课程设置、教学方式等方面，也体现在东欧五国的教育部门对学生的选拔和使用上。对于前者，从上述描述和分析中不难看出，作为新型社会主义国家，相同的意识形态让中国与这些国家的人才培养观念、目标一致，课程内容、活动安排等都体现了当时社会主义国家的普遍需要。关于后者，东欧五国培养人才的目标明确，这使学成后的东欧交换生能够迅速填补该国急需汉语人才的领域并发挥作用。如罗明尚未毕业就已担当重任；又如高恩德和戴伯纳，1955 年 11 月毕业后马上就被留在匈牙利驻华使馆工作，尤山度在匈牙利科学院历史研究所仅工作几个月就被调到外交部，因为匈牙利国内外交部也急需汉语人才。这些学生走上工作岗位后，历史性地担当起沟通两国关系的重任。1956 年 5 月毛泽东接见匈牙利农机站专家时，戴伯纳为毛泽东做翻译；1956 年 10 月匈牙利革命时高恩德担任匈牙利驻华使馆临时代办；1957 年 1 月周恩来率团访问匈牙利时，尤山度则担任翻译。

综合来看，新中国对东欧交换生的培养为他们掌握必要的知识和技能、

① 教育部（98-1952-C-129.0006）:《关于东欧交换来华留学生的学习问题》。

了解中国社会和文化打下了基础，东欧五国自身的需求以及政府的用人制度使东欧交换生学有所用，前提是中国与东欧国家关系正常。这些也是东欧交换生取得成就的重要客观因素。当然，不能忽视的是他们在此后从事的工作、研究中坚持不懈、百折不挠的努力，这又是另外一个值得探讨的问题了。

中国中东欧语种教育70年*

董希骁**

摘　要： 我国的中东欧语种教育与新中国对外交往事业息息相关，近70年来始终以“服务国家需要”为宗旨，经历了渐次起步、跌宕徘徊、积极调整、飞速发展四个阶段。随着“中国—中东欧国家合作”机制的建立和“一带一路”倡议的提出，在国家政策的激励下，相关语种本科专业布点数量大幅攀升，人才培养模式不断创新。为确保此项事业行稳致远，亟须在国家层面制订更具科学性和稳定性的长期规划，相关院校则需遵循教育内在规律，稳步推进学科建设。

关键词： 中东欧语种　历史分期　教育规划　学科建设

李传松在《新中国外语教育史》中指出，“正如新中国是在贫困落后的旧中国基础上建立起来的一样，新中国外语教学事业的起点也是在旧中国外语教学基础上建立起来的由中国共产党直接领导的外语教学事业”。① 中东

---

* 本文受国家社会科学基金教育学重点课题“非通用语种人才培养研究”（项目编号：AFA14006）资助。

** 董希骁，博士，北京外国语大学欧洲语言文化学院副教授。主要研究领域为罗马尼亚语言、社会与文化，中东欧国家语言政策。在《国际论坛》《中国外语》《宁夏社会科学》《外语与外语教学》《外语学刊》等刊物上发表论文40余篇，出版专著《现代罗马尼亚语称谓系统》、教材《现代罗马尼亚语语法》、译著《罗马尼亚现代文化史》《跬步千里》等。

① 李传松：《新中国外语教育史·引言》，旅游教育出版社，2009，第1页。

欧语种教育的情况较为特殊，它完全是出于新中国对外交往工作的需要，在老一辈无产阶级革命家的亲自关怀下，从“一穷二白”逐步发展起来的。如果从1950年派往东欧各国学习语言的第一批留学生算起，我国的中东欧语种教育迄今已有近70年的历史。长期以来，此项事业始终以“服务国家需要”为宗旨，可谓“根红苗正”，其发展历程在国内教育政策导向和双边关系的双重影响下，与英语等通用语种存在较大差异。

一　我国中东欧语种教育分期

前人在梳理新中国外语教育历程时，通常将新中国成立、“文革”、十一届三中全会、进入21世纪、十八大等重大历史节点作为分期依据。例如，李传松将其分为六个时期：（1）除旧立新调整发展时期（1949~1964）；（2）制订和开始执行外语教学七年计划时期（1964~1966）；（3）“文化大革命”至拨乱反正前期（1966~1978）；（4）恢复发展时期（1978~1988）；（5）走向21世纪（1988~2000）；（6）21世纪初期。[①] 文秋芳则主要从英语教育出发，将其概括为四个发展阶段：（1）动荡起伏期（1949~1977）；（2）恢复发展期（1978~1999）；（3）快速发展期（2000~2011）；（4）深入发展期（2012年至今）。[②]

由于非通用语种数量众多，且绝大多数语种只对应一个对象国，因此各语种专业的发展在很大程度上取决于我国与对象国的双边关系，与通用语种教育的走向并不完全相符，有时甚至会出现较大分歧。戴炜栋、胡文仲在《中国外语教育发展研究（1949—2009）》中，将非通用语种教育的发展粗略分为三个阶段：（1）创建发展期（1949~1966）；（2）困境中求改革（1966~2000）；（3）改革中谋发展（2000年以后）。[③] 这一分期方法基本适用于中东欧语种，笔者根据具体情况对相关表述略做调整，并结合近年来的最新动向将其扩充为四个阶段，即（1）渐次起步期（1949~1966）；（2）跌宕徘徊期（1966~1997）；（3）积极调整期（1997~2012）；（4）飞速发展期（2012年至今）。

---

① 李传松：《新中国外语教育史·引言》，旅游教育出版社，2009，第1~2页。

② 文秋芳：《70年来中国外语教育发展特点与面临挑战》，《中国语言资源动态》2019年第2期，商务印书馆。

③ 戴炜栋、胡文仲主编《中国外语教育发展研究（1949—2009）》，上海外语教育出版社，2009，第415~433页。

二 70 年发展历程回顾

（一）渐次起步期（1949~1966）

1949 年 6 月，毛泽东明确提出新中国外交“一边倒”的方针，坚定地站在以苏联为首的社会主义阵营一边。[①] 中华人民共和国成立次日便得到苏联的承认，并与之建立了外交关系。在其引领下，除南斯拉夫之外的所有东欧社会主义国家均在同年与我国建交。1952 年，周恩来总理再次强调我们在执行和平政策中的一些外交方针：一是“另起炉灶”，二是“一边倒”，三是“打扫干净屋子再请客”。[②]“另起炉灶”的方针决定了外交队伍的重新建立，发展外语教育势所必然；“一边倒”决定大力发展俄语教育，建立东欧各国语言的专业。[③] 在老一辈无产阶级革命家，特别是周总理的亲切关怀和指导下，我国高校在 20 世纪五六十年代逐步开齐了东欧各国官方（通用）语言本科专业[④]（见表 1）。

表 1 中东欧各国与新中国建交时间及相关语种本科专业创建时间

国名	建交日期	官方（通用）语言	本科专业创建时间 / 院校	备注
保加利亚	1949-10-04	保加利亚语	1961：北京外国语学院	
罗马尼亚	1949-10-05	罗马尼亚语	1956：北京外国语学院	
捷克	1949-10-06	捷克语	1954：北京大学	1956 年、1959 年两次调整后并入北外
斯洛伐克	1949-10-06	斯洛伐克语	2002：北京外国语大学	2002 年捷克语—斯洛伐克语专业拆分
匈牙利	1949-10-06	匈牙利语	1961：北京外国语学院	
波兰	1949-10-07	波兰语	1954：北京大学	1956 年、1959 年两次调整后并入北外
阿尔巴尼亚	1949-11-23	阿尔巴尼亚语	1961：北京外国语学院	

① 毛泽东：《论人民民主专政》，《时论选辑——论人民民主专政及其他》（第 3 集），新华书店，1949，第 9 页。

② 周恩来：《我们的外交方针和任务》，《周恩来选集》（下卷），人民出版社，1997，第 85 页。

③ 李传松：《新中国外语教育史 · 引言》，旅游教育出版社，2009，第 2 页。

④ 当时“东欧社会主义国家”共有 7 个，这些国家在东欧剧变后相继转轨，部分国家经历了分裂重组。如今这些国家均属于“中东欧国家（包括苏联解体后宣布独立的拉脱维亚、爱沙尼亚和立陶宛）”的范畴。

续表

国名	建交日期	官方（通用）语言	本科专业创建时间 / 院校	备注
塞尔维亚	1955-01-02	塞尔维亚语	1963：北京外国语学院	1989 年改称塞尔维亚语—克罗地亚语
爱沙尼亚	1991-09-11	爱沙尼亚语	2009：北京外国语大学	
拉脱维亚	1991-09-12	拉脱维亚语	2009：北京外国语大学	
立陶宛	1991-09-14	立陶宛语	2009：北京外国语大学	
斯洛文尼亚	1992-05-12	斯洛文尼亚语	2009：北京外国语大学	
克罗地亚	1992-05-13	克罗地亚语	2005：北京外国语大学	2005 年塞尔维亚语—克罗地亚语专业拆分
北马其顿	1993-10-12	马其顿语	2015：北京外国语大学	
波黑	1995-04-03	塞尔维亚语 / 克罗地亚语 / 波什尼亚语	波什尼亚语暂无	该国三种官方语言雷同
黑山	2006-07-06	黑山语	暂无	与塞尔维亚语雷同

资料来源：笔者根据教育部历年公布数据自行统计。

从表 1 可以看出，北京大学 1954 年创建的捷克语和波兰语专业是我国高校最早设立的中东欧语种本科专业。这两个专业于 1956 年迁入北京俄语学院，后于 1959 年并入北京外国语学院（北京外国语大学的前身，以下简称“北外”），与北外 1956 年设立的罗马尼亚语专业共同组建波捷罗语系，成为我国最早从事中东欧语种教育的院系。到 1961 年，随着保加利亚语、匈牙利语、阿尔巴尼亚语等专业的开设，波捷罗语系更名为东欧语系。1963 年增设塞尔维亚语专业后，北外完成了东欧语种群的架构。

实际上，早在上述专业创建之前，我国就已启动了中东欧语种人才国外培养工作，其中包括师资培养。新中国成立后派出的第一批留学生，便是派遣到波兰、捷克、匈牙利、罗马尼亚、保加利亚学习语言文字的留学生。1950 年，经中央研究决定，向波、捷、匈、罗、保等 5 国各派 5 名留学生，学习这些国家的语言文字和历史。学成回国后，他们中一部分按原计划分配在外交部工作，另一部分则进入北大和北外，成为相关语种专业的创建者。[①] 他们与抽调自其他单位的外语干部以及相关专业的早期毕业生一起，构成了

① 李传松：《新中国外语教育史》，旅游教育出版社，2009，第 91~92 页。

一支充满朝气的教学力量，通过与外国专家友好合作，为各个专业的教学奠定了基础，培养了一批国家当时急需的人才，在教学体系构建、教材和辞书编写方面亦有惊人建树。①

1964 年，国务院外事办公室依照周恩来总理和陈毅副总理的指示，会同人事部门和教育部门，对外语人才的数量、质量、语种和对外语人才的需求情况开展调研，并在此基础上提出了《关于外语教育七年规划问题的报告》和《外语教育七年规划纲要》(下文简称《七年规划》)两个文件，同年 10 月获中共中央和国务院批准。《七年规划》要求调整外语语种设置，改变俄语“一语独大”的局面，明确提出“学习其他非通用语种的人数也要占一定比例”，为相关学科的发展提供了良好契机。根据《七年规划》，新建了一批外国语学院，其中包括北京第二外国语学院（以下简称“北二外”）。② 该校在成立后的第二年（1965）就开设了一批中东欧语种专业，但未能形成稳定的本土师资队伍，人才培养主要通过国际合作实现，1972 年后相关专业的教学活动长期中断。

（二）跌宕徘徊期（1966~1997）

这一时期跨度较长，可大致分为两个阶段。无论在“文革”十年还是其后二十余年间，我国的中东欧语种教育一直在逆境中艰难求生，发展轨迹跌宕起伏。

十年浩劫对我国的教育事业造成了全面冲击，各高校的外语院系陆续“停课闹革命”，《七年规划》不幸夭折，非通用语种教学的蓬勃发展势头也遭到遏制。尽管优良的教学传统被破坏，学校停止招生，教师受到冲击，改行较多、流失严重③，北外东欧语系于 1966 年 6 月停止招生，全体师生于 1970 年 4 月随校前往湖北沙洋。但是在周总理的亲自关怀下，部分语种的人才培养工作得以延续。根据其指示，1965 年进入北外、北二外和北大的部分外语专业学生能够以储备进修生的身份在校继续学习，直至 1973 年 3 月才参加毕业分配，实际在校时间长达 7 年，因此被戏称为“太学生”。这批外

---

① 参见丁超《回望 · 思考 · 前行》,《回顾与展望：纪念改革三十年北外教学改革研究论文集》(特刊)，外语教学与研究出版社，2009。

② 胡文仲:《新中国六十年外语教育的成就与缺失》,《外语教学与研究》2009 年第 3 期。

③ 戴炜栋、胡文仲主编《中国外语教育发展研究（1949—2009)》，上海外语教育出版社，2009，第 422 页。

语人才共计1833人，其中包括北外和北二外罗马尼亚语专业的19人。他们的成长和保存，完全归功于周总理高瞻远瞩，采取了特殊的措施，否则我国20世纪70年代的外交大发展就会遇到外语人才缺乏所造成的被动和困难。20世纪90年代以后，这批进修生中的不少人走上了外交、文教、外经、外贸等方面的重要岗位。① 1971年后，我国外交迎来了全新局面，对外语人才也出现了新的需求。在此背景下，北外东欧语系波兰语、捷克语、匈牙利语、保加利亚语、塞尔维亚语、阿尔巴尼亚语专业于当年8月恢复招生，罗马尼亚语专业的"太学生"们也得以提前返回北京。同年，上海外国语大学（以下简称"上外"）还增设了阿尔巴尼亚语专业，但未能持续招生。

"文革"结束后，各项事业百废待兴，中东欧语种教育也开始出现起色，主要体现在以下三个方面。（1）1977年全国高校恢复统一招生考试制度，北外罗马尼亚语专业当年就招收了新生，到1983年，该系大部分专业恢复招生。（2）在教材和辞书建设持续推进的同时，北外东欧语系1982年创办了《东欧》杂志，为中东欧语言、文学、文化、国情研究提供了难得的平台。1985年，教育部和文化部批准该刊公开发行。（3）1984年，北外罗马尼亚语专业招收首届硕士研究生，1990年、1991年，该校波兰语、捷克语专业也启动了硕士招生计划，标志着中东欧语种学科建设迈上了新台阶。

在取得上述成绩的同时，中东欧语种教育也面临前所未有的困境，相关专业甚至一度面临生存危机。造成这种情况的原因主要有以下四个方面。

（1）在改革开放的大潮中，我国与西方发达国家的交往日趋紧密，人们的思想观念和价值取向发生了变化，社会上掀起英语、日语等通用语种"热"，非通用语种受到了冷遇。② 非通用语种布点规模出现萎缩，例如北二外的中东欧语种专业在"文革"后长期停招，师资完全流失。（2）国家层面和相关院校对外语教育的中长期规划缺失，外语教育界长期受"英语至上"思想的主导，多元发展国家外语能力的意识淡薄，甚至一度质疑非通用语种专业存在的意义③，认为非通用语种"可被英语替代"，应任其"自生自灭"的论调并不鲜见。因投入不足，师

① 李传松：《新中国外语教育史》，旅游教育出版社，2009，第150页。

② 戴炜栋、胡文仲主编《中国外语教育发展研究（1949—2009）》，上海外语教育出版社，2009，第423页。

③ 董希骁：《"一带一路"背景下我国欧洲非通用语种人才培养刍议》，《中国外语教育》2017年第2期。

资流失、设备陈旧、资料匮乏等问题日趋严重。中东欧语种学科唯一的发表园地——《东欧》杂志最终也被迫划归其他单位，改版为国际政治类刊物。（3）东欧剧变后，对象国普遍陷入漫长的转轨期，国力衰弱，民生凋敝，双边教育文化往来缺乏动力。尽管中东欧地区的语言格局在此期间发生了重大改变，但在我国的语种专业设置中毫无体现。（4）在计划经济向市场经济转轨的进程中，相关院校教育理念僵化，未能及时适应社会的变化。例如在20世纪90年代，毕业生择业由国家统一分配转为双向选择。面临严峻的就业形势，有关院系仍一味强调"专业思想"，严格限制学生学习英语或其他专业，这显然与当今人们普遍认可的"复语型""复合型"人才培养理念背道而驰。

（三）积极调整期（1997~2012）

广大非通用语种教师在艰苦奋斗、无私奉献的同时，不断向教育主管部门反映相关专业面临的困境，并得到了积极回应。

此后15年间，国家重新开始对非通用语种教育给予应有的重视，中东欧语种教育也积极利用国家政策，实现了较为迅速的调整和恢复。与之相关的重要事件如下。（1）自1997年7月起，教育部在部属4所院校发放"小语种特殊津贴"。尽管只是杯水车薪，但体现了国家对广大非通用语种教师的关怀。（2）1997年12月，教育部高等学校外语专业教学指导委员会非通用语组成立（2007年更名为非通用语类专业教学指导分委员会）；1998年1月，"中国亚非语教学研究会"更名为"中国非通用语教学研究会"，将北外的中东欧语种专业涵盖在内。官方指导机构和民间学术交流机构的建立为我国中东欧语种专业的有序健康发展创造了条件。（3）1998年，北外欧洲语言文学二级学科获得硕士学位和博士学位授予权，这为各欧洲非通用语专业的师资队伍建设提供了有利的条件。[①]（4）2001年，教育部批准北大、北外、上外、广西民族学院（现广西民族大学）设立国家外语非通用语本科人才培养基地，对深化教学改革、提高人才培养质量、稳定师资队伍具有重大意义。（5）2002~2009年，北外根据中东欧地区地缘版图和语言格局的变化，先后设立了斯洛伐克语、克罗地亚语、爱沙尼亚语、拉脱维亚语、立陶宛

① 刘曙雄：《中国外语非通用语种类专业建设和发展报告（1949—2012）》，外语教学与研究出版社，2017，第99页。

语、斯洛文尼亚语等专业（见表1），语种结构日趋完善。（6）人才培养模式改革加速推进，北外先后于2002年、2006年针对非通用语种专业学生启动了复合型、复语型人才培养计划，丁超教授主持编写的《欧洲非通用语种本科教学通用大纲》（2007）大大推进了教学现代化、标准化、规范化建设。（7）科研工作取得重大进展，大量主干教材和双语辞书面世。北外中东欧研究中心（2007）、波兰研究中心（2011）等机构的成立为开展国别和区域研究工作搭建了重要平台。

（四）飞速发展期（2012年至今）

2012年11月，中国共产党第十八次全国代表大会隆重召开。为了顺应国际局势的变动，营造有利于中国进一步发展的外部环境，以习近平同志为核心的新一届中央领导集体对中国的对外战略进行了系统的调整。在中国深刻变化、世界深刻变化、中国与世界关系深刻变化的大背景下，中国为寻求和充分利用新型战略机遇而采取了一系列具有系统性、长远性的新理念、新举措、新布局，中东欧国家成为我国和平崛起的重要伙伴和经济合作的重要对象。2012年，“中国—中东欧国家合作”机制[①]正式确立，2013年提出的“一带一路”倡议也将所有中东欧国家涵盖在内，相关语种教育迎来了前所未有的发展契机，在人才培养、学术研究、国际交往等方面都实现了飞速发展。

中东欧语种人才培养能力的提升主要体现在规模增长上。从本科专业布点上看，此前除了北二外曾在“文革”期间开设过相关专业外，北外在中东欧语种教学方面长期处于“垄断”地位。直至2007年中国传媒大学开设匈牙利语专业（只招收过一届学生），2010年哈尔滨师范大学开设波兰语专业，才打破了这一局面。2012年，教育部修订了《普通高等学校本科专业设置管理规定》，将已列入《专业目录》的本科专业的设置审批权下放到地方，教育部只负责备案，大大简化了专业设立程序。在国家和地方政策的激励下，各地高校的热情空前高涨，中东欧语种专业布点数量呈“井喷”之势。[②]2012~2018年，虽然语种结构变化不大（仅有北外在2015年向教育部

① 亦称“16+1合作”机制。在2019年4月举行的第八次中国—中东欧国家领导人会晤中，希腊被该机制正式接纳，“16+1合作”升级为“17+1合作”。

② 董希骁：《中东欧国家语言政策对我国非通用语人才规划的影响》，《西南民族大学学报》（人文社会科学版）2018年第10期。

申请新设了马其顿语专业），但中东欧语种本科专业点总数在短短 6 年间从 15 个激增至 71 个，捷、波、罗、塞、匈等语种教学点的增幅均在 400% 及以上（见图 1）。除传统外语类院校外，四川大学、长春大学等综合性院校也开始参与其中，北京体育大学更是在 2018 年一举增设 5 个中东欧语种专业。各院校结合自身特点，在人才培养模式上各显神通。例如北二外依托地域优势，与国内外院校紧密合作，推出了“双培”“外培”“贯培”等模式。[①]

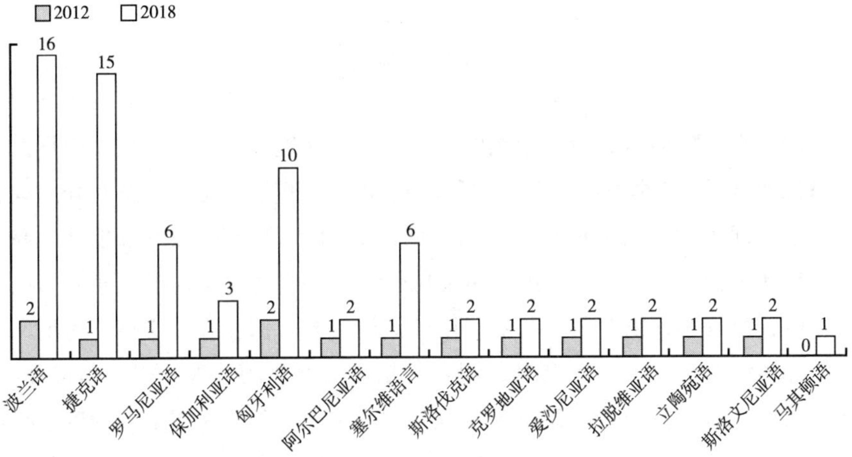

图 1　我国高校中东欧语种本科专业布点数量变化（2012 年、2018 年）

资料来源：笔者根据教育部历年公布数据自行统计。

在学术研究方面，除了有新的专著、译著、教材、辞书不断面世之外，中东欧语种专业教师还在各级各类科研立项方面取得了重大突破。2012 年以来，仅北外相关专业教师获得立项的课题就包括：国家社科基金重大课题 1 项、国家教育科学重点规划课题 1 项、国家社科基金青年课题 1 项、国家社科基金冷门“绝学”和国别史研究专项 1 项、教育部人文社科青年课题 1 项，研究内容涉及语言、文学、文化、教育、历史等诸多领域。在继续深化和拓展传统研究领域的同时，相关专业教师积极服务国家需要，热情参与高校智库建设，努力提升咨政服务能力。在北外负责建设的 41 个教育部备案的国别和区域研究基地和研究中心中，有 6 个与中东欧相关，承担多项教育部国际司发布的指向性课题，以调研报告、专报、专刊等形式直接向有关部门提

① 董希骁:《对我国欧洲非通用语种人才培养的思考和建议》，载李宇明主编《中法语言政策研究》（第三辑），商务印书馆，2017。

供咨政建议，并通过形式多样的研讨交流活动丰富了中国—中东欧人文交往的内涵。

在国际交往方面，相关高校不再满足于互派留学生的传统合作模式，将目光投向高水平复合型人才的联合培养。例如北外与波兰雅盖隆大学合作，于2019年启动了“中东欧研究”硕士研究生联合培养项目。此外，各高校还利用欧盟“ERASMUS+”项目，以及我国各级各类引智项目，与对象国高校开展师生交流，大大提升了教学和科研的国际化水平。

三 问题与对策

就客观条件而言，我国中东欧语种教育的发展目前正处于黄金时期。在把握机遇，“撸起袖子加油干”的同时更应居安思危，发现并及时处理现存的问题，谋求此项事业的长期发展。回顾近70年发展历程可以发现，我国的中东欧语种教育具有极强的政策敏感性，其兴衰起伏同时受制于我国的宏观外语教育政策，以及我国与对象国的双边关系。例如在“文革”时期，我国的外语教育整体上一片凋敝，但罗马尼亚语专业的“太学生”得以保存，阿尔巴尼亚语专业布点数量甚至实现了“逆势增长”，这在某种程度上得益于当时良好的中罗、中阿关系。目前，中东欧语种专业的布点数量虽然大幅增长，但学科基础普遍薄弱，政策敏感性极易退化为政策依赖性，导致相关专业建设“大起大落”，不仅造成了资源和人才的浪费，也不利于国家语言能力建设长期目标的达成。笔者认为，应从国家和人才培养单位两个层面入手，共同解决这一问题。

在国家层面，应从长远战略需要着眼，注重外语教育规划的科学性和稳定性。目前，国家没有统一的外语规划，没有统管外语的机构。① 自《七年规划》夭折后，对国家外语能力建设一直缺乏顶层设计，往往以行政命令或会议文件代替长期规划。科学的规划，必须以现状分析和历史研判为基础。以人才供需关系为例，有学者指出就业市场对于供大于求的现象反应滞后，非通用语专业“一哄而上”，将来过量的毕业生可能会带来就业难题。② 实际上，早在1957年，高教部、教育部就针对某些语种人才供过于求的情

① 李宇明:《中国外语规划的若干思考》,《外国语》2010年第1期。

② 文秋芳:《“一带一路”语言人才的培养》,《语言战略研究》2016年第2期。

况颁布了《关于俄语、波语、捷语、东语各专业学生转学、转专业的具体办法》，指出“由于过去几年高等学校俄语、波语、捷语、东语专业招生过多，现已超过国家建设需要，为解决这些专业学生今后的出路问题，根据国务院指示，决定部分学生可以转学、转专业”，规定“波、捷语专业一年级、二年级全部转学（75人）……俄语院校学生（包括波、捷语专业学生在内）一般转入就近地区的有关院校”。[①] 在当时的教育体制下，国家尚能采取有效的补救措施，当前如再出现此类问题，压力势必会被转嫁到学生头上，给个人、家庭和社会带来较大的负面影响。此外，教学点的分布也应有科学依据。目前，中东欧语种本科专业教学点已遍布全国各地，华北、东北、华东、华南、华中、西北、西南地区的院校均有开设。尽管各地参与“中国—中东欧国家合作”和“一带一路”建设的热情值得肯定，但应注意到中东欧与我国相距遥远，地方合作的人才需求有限，大多数地区开展相关语种教学的区位优势并不明显。1979年3月教育部印发的《加强外语教育的几点意见》中曾指出：“语种布局要有战略眼光和长远规划……非通用语种应有计划地开设，布点不宜过于分散。一些缺门的稀有语种要创造条件逐步开设，以适应研究工作的需要。”[②] 当前国内外形势虽已发生翻天覆地的变化，但中东欧语种作为非通用语种的基本属性并未改变，人才培养仍离不开国家层面的宏观布局。唯有牢记历史，立足现在，方能放眼未来，为中东欧语种教育制订长期规划，确保政策的稳定性。

在人才培养单位的层面，相关院校应遵循教育内在规律，苦练内功，切实加强教学基础建设，稳步推进学科发展，将“立德树人”与“服务国家需要”有机结合起来。教学基础建设的重中之重在于师资队伍建设。目前，全国的中东欧语种本科专业总数虽然已达71个，但一个专业教研室最多只有4名本土教师，仅靠一人支撑的专业亦不在少数。目前仍有大量专业完全依靠外教授课，教学内容无法得到有效监管，更无从落实2019年全国教育工作会议精神，做到“思政进课堂”。因此，无论采用何种人才培养模式，本土教师都应成为教学的中坚力量，不仅要有一定的数量，还需具备合理的年龄、学历、职称结构，以及多元化的学术研究方向。此外，应狠抓教育质量。针对评估标准缺失、教学水平参差不齐的现象，笔者建议通过研制中东

① 李传松：《新中国外语教育史》，旅游教育出版社，2009，第95~96页。

② 付克：《中国外语教育史》，上海外语教育出版社，1986，第89页。

欧语种能力等级量表来科学指导学科布局和教学改革，提升教学的系统性和规范性。[①] 此外，科研工作在关注当前热点的同时，还应注重基础性研究，逐步减轻学科发展的政策依赖性。中东欧语种专业教师应秉持更为平和务实的治学态度，在平时甘当“闲棋冷子”，国家急需时勇当“过河卒子”。[②]

---

① 董希骁：《研制中东欧非通用语种能力等级量表的必要性和可行性》，《外语学刊》2019年第3期。

② 董希骁：《中东欧国家语言政策对我国非通用语人才规划的影响》，《西南民族大学学报》（人文社会科学版）2018年第10期。

名家谈欧洲

Insights on Europe

多边主义的未来

达尼洛·图尔克*

尊敬的教授和来宾，亲爱的同学们：

众所周知，在学习一种语言的同时，你也在学习一个国家的整体文化，并以此不断丰富自己。这样可以帮助你越过自身生活，到许多有趣的地方去。你的知识将帮助你进行交流，这种交流不只停留在掌握文字和语言结构的层面，还可以让你体会和理解其他文化的深度。

交流是全球化不断加深、组织机构日益多边化的世界生活的一个重要方面。我对多边主义的广阔未来一直持看好态度。这不仅是由于我曾作为外交官或曾在国际机构工作，主要还是因为当今社会的人们。因为现在有越来越多的人为了更好地理解彼此而努力，北京外国语大学的年轻学生们就是一个最好的例子，他们是我们这个时代非常重要的全球化范例。

我想说的是，我非常高兴能看到我们今天的讲座有如此广泛的参与，副校长闫国华先生给了我们一个很好的介绍性发言。同时我非常高兴能见到斯洛文尼亚大使亚内兹·普瑞泽先生和即将上任的中国驻斯洛文尼亚大使王顺卿先生跟我们一起就座。我要祝贺王大使，几天后我将在斯洛文尼亚对他表示欢迎。

---

* 达尼洛·图尔克（Danilo Türk），法学教授，斯洛文尼亚前总统，联合国秘书长竞选人，曾出任斯洛文尼亚共和国首任驻联合国大使。2018 年 12 月 14 日，北京外国语大学授予图尔克荣誉教授称号，在活动中图尔克面向北京外国语大学师生发表了《多边主义的未来》的演讲。本文根据演讲稿整理编译而成（彭麟钧编译，鲍捷审校）。

我还想分享的是，我在北京感觉很自在。我经常在这里出入不同的外交场合。本周早些时候，我和来自世界各地的约40位总统和总理一同在人民大会堂受到习近平主席的接见。我们就世界局势进行了长时间的谈论。这是一次特殊的会面。另外，我经常来北京，出入过各种场合。我尤其喜欢去各个大学，包括你们的大学，每一次活动都能让我学到新的东西。我们今天的会议就将是一个很好的例子。

我必须强调的是，我为在北京外国语大学这所杰出的大学获得荣誉教授称号感到非常自豪。于我而言，这为我个人增添了一些新的感受和一些非常珍贵的经历。几年前，我获得了中国人民大学重阳金融研究所高级访问研究员的称号。我很喜欢和研究所的朋友们一起工作，同时也很高兴看到他们中的一些人在研究所副所长杨清清女士的带领下出席我们今天的活动。北京外国语大学的荣誉教授职位为我的工作增添了新的内容。

因此，我亲爱的朋友们，我要提出今天发言的主题——从我的介绍性发言中你们可以看到——多边主义是一种自然的选择。这个选择不是学术上的，更不是人为的。我选择谈论多边主义是个人经历的一个非常自然的体现。我为联合国工作多年，曾是联合国秘书长科菲·安南的助理。他过去经常访问中国，至少每年一次，我经常在他的代表团中。

根据这一经历和各种其他经历，我想与大家分享我对多边主义的未来的一些看法。

多边主义本质上意味着在国家集团中共同处理国际问题。这项工作超越了双边的“国家对国家”关系或“机构对机构”的关系。它进入了一个更广阔的领域，并且这个领域包括很多因素。多边主义也是世界深刻现实的反映。因此，我们当今必须问自己的问题是：我们生活在什么样的世界中？我们现在经历着什么样的多边主义？未来的多边主义可能如何发展？这是一系列非常重要的问题，特别是对你们其中正在研究国际关系的学生来说。我相信这类问题经常进入你们的讨论。

那么，现在我们生活在一个什么样的世界中？让我为你的深入思考和探索提出几点想法。当今，世界正在从一个存在短时间的单边和单极世界走向一个真正的多极世界。冷战结束后，一个单极世界出现，美国成为世界上的超级大国。在上一代人中，我们可以说20世纪最后20~25年，美国这个主导力量的确领导着世界上所有的重要进程。现在这个时代已经结束了，我们可以看到一种不同的国际格局正在出现。这一格局包括世界上其他几个重要的强国，特别是中国。我们必须把未来的世界看作一个多极世界，其中包括几个历史上被承认的世界强国。

对“强国”概念的理解要求我们超越这个词的技术含义。中国不仅是一个国家，中国代表一种文明。中国具有古代文明的鲜明特点和相应的丰富历史。目前中国在世界上的存在以及中国在所有发展进程中的存在，以非常有力的方式拓宽了现代世界的视野。这种现代全球视野的扩大有机地包括了中国。中国对全世界的政治、经济、文化生活都有着影响。它也将对全球的可持续发展、世界自然环境和人类社会的可持续发展产生巨大影响。

此外，我们必须认识到，在这个多极世界中，不仅存在多样性，而且存在竞争关系。这是一个以多个强大的中心——美国、中国、俄罗斯、欧洲、日本、印度、发展中国家集团等共存为特点的世界，欧盟作为一个密切合作的区域国家集团也包括在内。

所有这些不同的权力中心在以现代化的互动形式工作的同时都会产生竞争。这是非常重要的一点。人们必须明白，竞争是现实，但不一定是坏事。竞争可以丰富合作。竞争也不必以冲突、紧张的局势甚至战争告终。竞争有助于以新的方式发展每一个权力中心，使它们更加丰富、更好地理解其他中心。所以，我在这里提出的假设是，竞争及其各种形式的框架将帮助我们走向更美好的未来——如果我们足够幸运和明智的话。我们必须明白，竞争的参与者——竞争对手并不是敌人。我们不应让敌意成为制约性因素。我们也必须明白，竞争也同样意味着一定的自我完善规划、一定的自律和一定的责任感。

如今，关于中国的和平崛起以及由此对美国构成的“挑战”，人们谈论了很多。一场贸易摩擦正在进行，我们在新闻中能看到一些相当戏剧性的事情。竞争看起来很危险，人们提倡和平的发展趋势。我们必须明白，多极化的积极发展是仍需要努力的。

我不知道你们有多少人听说过古希腊的故事。这个故事发生在欧洲的古希腊城邦时期。这个故事的启示对于理解每一个多极和多边国际体系，包括当今正在浮现的体系，都很重要。这段历史最完整地展现在希腊历史学家修昔底德的作品中，他描述了一段关于雅典人和斯巴达人之间战争的历史。在基督教出现之前的公元前 5 世纪，雅典人和斯巴达人是古希腊时代的两支主要势力，修昔底德的史学解释了雅典的崛起，以及这个崛起的势力如何给斯巴达这个老牌力量制造了恐惧，从而导致了持续几十年的战争。战争给所有人带来了巨大灾难和损失。

这种有力的历史叙述和之后发生的战争历史让一些分析员认为，崛起的新生力量和老牌大国之间的紧张局势将不可避免地导致战争。

有一些观察家说，在我们这个时代，中国作为正在崛起的大国和老牌强国美国之间会发生战争。但我的猜测是不会。这种动态是没有必然性的，两个国家之间总是有相互适应的需要和可能性。战争的替代办法是和平竞争、合作和多边主义。而这类办法总是有用的。

在我们这个时代还有一个额外的因素。我们必须明白，大国之间发生的一切重要事情并不局限于两个大国，即使它们是最强大的两个国家。这些事情总是会影响到其他国家。其他国家将做出自己的反应，寻求实现自己利益的方法。因此，始终有机会发展多边合作。

以上是我想用来引入谈话的假设性概括。当今时代的多极世界是一个相互竞争的大国的世界，这些大国不需要成为敌人，它们可以找到实现和平竞争与合作的途径。当它们以必要的智慧思考时，它们也会意识到，我们生活在核时代。在这个时代，全球性战争可能导致全人类的毁灭。

现在，我想再多说几句话，谈谈这种多极化的动态如何在世界的体制环境层面影响多边主义。多边主义通常是指帮助组织多个国家之间合作的机构。多边主义最典型的案例是联合国，它是一个集体组织，允许世界上所有国家参与通用的体制框架。在经济领域，有几个专门的多边组织，其中包括国际货币基金组织、世界银行和世界贸易组织。联合国还有许多专门机构处理其他专门领域的问题。

我们可以假设，在一个涉及多极化的时刻变化着的世界中，当主要大国帮助国际机构有效执行任务时，解决世界问题将变得更容易。主要大国的帮助将对这些机构产生影响，从而对世界所有国家产生影响。这就是这些机构建立的初衷。

然后，下一个问题将是这些机构是否有能力适应不断变化的情况？当国际形势发生变化时，他们是否应该改革？答案是肯定的。现在的问题是改革该如何操作。国际机构改革是一项容易的工作吗？当然不是。我在联合国工作过多年，我看到，当组织内部及其成员谈论改革时，首先要问为什么。究竟是什么让改革成为必行之事？那些提倡改革的人给出的直接答案是，改革是必要的，因为该机构没有以世界所需要的那种效率开展工作。但当你们开始详细讨论改革时，你们会意识到，使机构运作效率不足的障碍也同样阻碍了改革。因此，你处在一个改革难以成功的境地，而其难以成功的原因与该机构未能发挥最大潜力的原因相同。这就是改革困难的原因所在。

让我们以联合国安全理事会为例，它是处理安全问题、和平与战争问题的最重要的国际机构。我们看到阻碍它有效运作的障碍，也同样阻碍着它的改革。除联合国外，这一问题还困扰着国际货币基金组织、世界银行、世贸组织和其他机构。那么，该怎么办呢？

有一个答案是建立更多的补充组织，中国在这方面很高效。我记得我还在联合国的时候，中国开始在亚洲大部分地区建立安全组织，该组织后来被命名为上海合作组织。它成立于大约 17 年前，现在已成为覆盖亚洲大部分地区的主要区域行为体。中国的这项工作很有价值，有助于联合国的原则和宗旨的实现。

上海合作组织正在处理一些最重要的安全问题，特别是反恐问题。它是一个被添加到当时的现有机构中的组织。在联合国内，我们理解，上海合作组织不是当时已经存在的任何机构的替代品。它不是联合国的替代品，而是对联合国的补充。因此，在必要时增加新的国际组织是发展多边主义和从事实上改革国际体系的途径之一。最近同样做法的一个例子是由中国发起的亚洲基础设施投资银行。在倡议开始时，一些观察员国提出了一个问题，即拟议的新组织是否试图以某种方式取代世界银行或其他现有金融机构。但它们很快就明白，事实并非如此。这是一个实际上正在增加新内容的组织，它正在为现有的国际多边体系增加新的价值。

因此，我们有增设更多组织的趋势，这些组织是使多边主义更加有效所必需的，也是使这个多极世界更易于管理所必需的。我欢迎这种趋势，并希望能看到其他新组织的出现。在不远的将来，世界应该见证一个东北亚安全与合作组织的建立。近几个月来，朝鲜半岛问题经常被讨论。全世界为解决朝鲜半岛的核武器问题做了很多努力。周围国家——朝鲜、韩国、美国、中国和其他国家都各有不同的想法。但我认为，所有这些想法都得出一个结论：最终可能达成的任何解决办法都必须是多边的。这是因为它必须至少涉及六个国家：朝鲜、韩国、中国、美国、俄罗斯和日本。整个东北亚区域和整个北太平洋区域都被牵涉其中，所有国家都必须成为新体系的一部分。最终这可能也必须包括加拿大。

我们生活在一个并不是在任何地方多边主义都能得到赞赏的时代。然而，我们必须牢记已经存在的经验。以前的讨论，包括联合国的讨论，往往就多边解决办法得出同样的结论，认为多边主义是解决朝鲜问题的必要条件。许多其他分析员也得出了同样的结论。例如，亨利·基辛格于2018年1月在美国国会武装部队委员会发言时强调，需要有一个多边框架来解决朝鲜问题，以确保太平洋地区国家的未来安全。这表明多边主义今后将是多么重要。

现在，让我来谈谈同样紧迫的事情。与需要新的多边安排的东北亚安全合作体系不同，一些现有的组织迫切需要改革。在这方面，我想就世界贸易组织讲几句话。世界贸易组织是一个非常重要的多边机制，有相当具体的历史。第二次世界大战结束后，曾经有一种尝试是将各个国家和各多边机构聚集在一起，包括处理货币问题的国际货币基金组织和处理政治和安全问题的联合国。国际贸易被视为需要开展多边合作的领域之一。有人提议建立世界贸易组织，并起草了《哈瓦那宪章》。然而，美国当时反对这一想法，并表示这将违反自由贸易原则。美国希望完全自由贸易，反对成立世贸组织，因此他们拒绝了这一提议。后来一个比较温和的机制被建立起来，这个机制被称为关税及贸易总协定（关贸总协定）。该协定的任务是减少国际贸易中货物贸易壁垒。关贸总协定被证明是一个非常成功的组织。在20世纪五六十年代，关税逐渐降低，贸易壁垒逐渐减少。全球贸易自由化是国际上的主要成功事件之一，中国后来成为主要受益者之一。

建立世界贸易组织的想法在20世纪80年代末重新出现，该组织后来成立于1994年。世贸组织不仅处理货物贸易，而且处理服务贸易问题。世贸组织有一个成熟精密的贸易问题谈判机制和一个有效的贸易争端解决机制。

然而，20世纪的成功在过去十年没有继续。目前国际贸易的形势是非常特殊的。现在我们不仅能看到贸易战的硝烟，而且还谈论贸易战的实际要素。我们看到美国提出的壁垒和进一步提高壁垒的威胁。所有这些都是一种严重的倒退。在经历了长期的贸易自由化之后，我们现在进入了一个贸易壁垒重新出现的时期。人们不会对这一事态发展感到满意。

此外，现在各种国际会议将贸易问题作为一个严重的未决问题来处理。这不再是一个贸易正在进步的世界。而是一个贸易正在成为问题的世界。所以，我们必须慎重地考虑。

我想，你们中的许多人关注了最近在阿根廷布宜诺斯艾利斯举行的二十国集团（G20）会议，这是一次处理国际经济和政治局势的重要会议。二十国集团是占全球国内生产总值85%左右，占全球人口的2/3以上的20个国家和经济体。早在2008年，这个群体就为解决当时的金融危机做出了相对成功的努力。当时，二十国集团汇集了关键角色、最重要的国家和克服金融危机的成熟方法。中国在那次解决方案的提出中发挥了非常重要的作用。从那以后，二十国集团一直持续开展工作。2016 年 9 月，它在中国杭州举行了年度峰会。重阳研究所为中国筹备会议编写了平台文件。杭州峰会非常重要，因为当时二十国集团就解决全球变暖问题的办法达成了一致意见。2016 年 9 月在杭州达成的协议促成了几周后关于全球变暖的《巴黎协定》的生效。

这个例子表明，二十国集团可以扮演一个非常重要的多边角色。它汇集了最有影响力的国家，可以为世界的未来做一些真正重要和积极的事情。不幸的是，后来美国宣布退出《巴黎协定》，正如之前所说，《巴黎协定》是在杭州峰会达成的二十国集团协议促成的。现在全世界必须想办法在将来处理这种情况。这并不容易。但不变的一点是，二十国集团本身是一个重要的多边机制，而不是任何其他已经存在多边组织的替代品。联合国和其他多边机构必须尽自己应尽的力量。二十国集团是一种额外的补充，由于其成员的力量，它拥有改变世界的力量。

2016 年杭州峰会达成的协议很好地说明了各国必须团结解决重要的国际问题。当今的问题是，是否有可能在国际贸易框架内思考类似的问题？国际贸易现在正在成为一个问题。在 2016 年贸易不是问题，但现在是了。是否应该期待二十国集团为国际贸易体系的运作做些大事？我的回答是实际上应该这样做。现在有一个有趣的机会。2018 年 11 月在布宜诺斯艾利斯达成的协议涉及贸易问题。而在这一声明中，重要的不仅是它提到的，还有它没有提到的。布宜诺斯艾利斯公报并不批评保护主义等负面做法，批评保护主义实质上是批评美国的一种方式。没有对保护主义进行批评的动机是希望各国继续讨论，并为未来的全球贸易体系协商进行适当的安排。此外，在布宜诺斯艾利斯达成的《二十国集团领导人布宜诺斯艾利斯峰会宣言》很重要，因为它说，所有成员都同意改革世界贸易组织。因此，二十国集团的沟通提供了一个有趣的倡议。它建议我们不要互相过多批评，让我们把精力花在改革世界贸易组织上。这是一个非常有趣的想法，时机已到。但改革应该如何进行呢？

世贸组织的改革议程并不完全是新的。欧盟和中国于 2018 年 7 月举行了峰会，并同意世界贸易组织进行改革。另一个重要的国家集团，包括巴西、俄罗斯、印度、中国和南非在内的金砖五国在 2018 年晚些时候得出了同样的结论，即让我们改革世贸组织，让我们以尊重发展中国家利益的方式去改革。因此，在整个2018年，我们看到了对世贸组织改革的意识和意愿逐渐出现。在布宜诺斯艾利斯举行的二十国集团峰会上，这一点变得更加重要，因为该协议包括了日本、美国和其他国家。

现在让我把这些与多边主义联系起来。我之前说过，从某种意义上说，改革现有机构比建立新的机构更困难。因此，随着世贸组织的改革，世界面临一项非常艰巨的任务。另一个困难因素是，当今世界正面临持续贸易战引发的危机局势。因此，我们谈论的不是正常时间的贸易谈判，每个人都在考虑在三年到五年谈判的时限内减少各种贸易壁垒。那是过去的时代，是经历关于降低关税的成功的几轮漫长贸易谈判的时代，也是在20世纪70年代减少倾销、国家补贴等非关税壁垒的时代。

在这之前，世界上存在过很长一段时间的贸易谈判。但现在，在贸易战时期，这样奢侈的谈判并不存在。有趣的问题是：世界贸易组织的改革是否有可能在危机管理模式下进行？这是否可行？有一些人会说不可行，因为交易系统是非常复杂和具有技术性的。我们需要许多专家和大量的谈判时间。但也有人会说，可行，这是真的。但谈判代表永远不会达成真正的协议，除非有适当的政治领导，除非作为全球贸易最重要角色的国家领导人走到一起，提出解决方案。

谈判能否迅速取得进展？我们知道谈判议程应该是什么和哪些是不可或缺的项目吗？答案是肯定的。我们知道议程应该是什么，因为在过去六个月的各种文件中，包括在7月欧盟中国峰会的信函中，我们看到了这些谈判的内容，这些内容可以构成未来的议程。关键要素可概括为五点。

第一，迄今为止讨论最多的项目是世贸组织争端解决机制。对改革的建议是存在的，可以立即进行谈判。

第二是决策制度，一些基本问题必须得到解决。决策是以协商一致方式做出，以某种多数表决方式做出，还是以加权表决或有资格的多数票做出呢？协商一致，一般是可取的，因为它通常提供更稳定的解决办法。然而，在达成共识的进程中，每个国家都可以单独阻碍谈判。就多数人投票而言，谈判的动向可能会更快，但决定的权威性却降低。

第三个问题是国家补贴。各国往往帮助其企业在贸易中更加高效。这是国际贸易中的一个老问题，过去曾就不可接受的国家补贴达成过协议。但新的国家补贴的形式存在，损害了公平贸易的理想。现在是确定未来解决方案的时候了。

第四是知识产权保护，这是最困难的问题。作为国际贸易问题之一的创新问题该如何处理呢？技术创新是必要的，是真正推动国家进步的。在中国，人们非常清楚，新时期对中国特色社会主义的整体思考其实是创新的、有技术性的和社会的。我相信中国很多学生都致力于创新理念。但国家如何在不制造不受欢迎的技术垄断的情况下保护创新？另外，在每个经济体中，保护创新带来的知识产权也是必要的。各国在研究发展方面投入了巨额资金，它们有保护创新的合法权利。各国形成了对其成果和研发过程的保护。但过于有力的保护，就会损害创新的动力。找到一个良好的平衡点是有必要的。这一点必须经过协商。

最后，与国有企业有关。不同的国家有各种所有制的企业。在中国，国有企业占经济的很大一部分。但国有企业存在于所有国家，对经济福利具有重要意义。问题是，国有企业是什么？要如何运作才能确保其实际参与贸易遵循市场规律？问题的重点其实是如何确保贸易的公平，避免给予国有企业特权地位。

即使只是大致审视这五点议程，我们也会认识到，世贸组织的改革是复杂和高要求的。同时，我们必须认识到，改革是必要的。依赖于多极世界的多边主义，在我们眼前的许多领域，表达出一个非常复杂和要求很高的议程，特别是在贸易领域。布宜诺斯艾利斯的二十国集团会议实际上是一个机会。问题是这个机会能不能被抓住以及该如何抓住这一机会。世界各国领导人是否明白这个机会的存在？他们是否明白，没有强有力的政治领导，贸易问题就无法解决？他们是否明白，他们必须适当地指导他们的技术专家？他们是否准备在时机成熟时做出艰难的政治选择？时间并不是没有限制的。结束正在进行的贸易战是有必要的，因为这场战争可能产生非常负面的结果。他们必须考虑更好的事情。当机会到来时，他们必须认识到机会。因此，我认为我们现在必须比过去更多地考虑贸易问题，同时我们也必须考虑政治领导。

2019 年二十国集团首脑峰会将在日本举行。现在的问题是在日本会议上会发生什么。非常好的一点是，欧盟和中国已经在 2018 年 7 月的峰会上为改革的想法做出了贡献。欧盟编写了一份关于世界贸易的非常详细的概念文件，该文件已于 2018 年 9 月发表。文件的其中一个方面是我在之前的五点清单上提到的第一项，争端解决制度。这方面已经是相当具体的提案的主题，概念文件和随后的其他文件都对这些提案做了说明。这些提案得到了中国、日本、印度和其他许多国家的支持。因此，我们有了一个良好的开端，世贸组织也于 2018 年 12 月 12 日开始了实际谈判。

过去几个月的经验应该引导出正确的结论，我认为，现在是我们创造历史的时刻。如果世界领导人抓住这一机遇，大力推进，在未来几个月内，在二十国集团下次会议之前或会议上进行世贸组织改革，那么世界将处于更好的境地。如果错过了这一机会，那么我们可能会有长期的贸易战，世界贸易将充满不确定性和不稳定性。

我是在 12 月初在广州和多位前总统和首相进行会谈以及随后在本周早些时候与习近平主席进行了多次讨论后来到北京的。关于多边主义的讨论并不是一项学术活动，这些问题必须由政治领导人讨论。但我感谢你们提供了一个学术环境，让我给你们讲述一些现行的越来越重要的政策讨论的只言片语。多边主义在我们这个时代是必然的。问题从来不在于是否存在，而在于如何解决。让我们共同思考我们时代的要求和现存的机会，让我们对改变世界做出一些切实行动。

感谢你们的关注。

欧洲语言与外语教学

European Languages and Foreign Language Teaching

意大利移民儿童教育政策评析*

张海虹 **

摘　要： 自20世纪90年代以来，随着外国移民的大量涌入，意大利境内的移民儿童教育问题变得日益严峻。为了更好地帮助移民儿童融入意大利社会，意大利政府根据本国的实际情况以及欧盟的整体发展规划，探索和实践本国的移民儿童教育政策。其中，在跨文化教育实践中，坚持教育公平与以人为本、共同学习与跨文化互动、校内教育与校外合作以及宗教教育与跨文化理念的结合，这不仅是意大利移民儿童教育政策的主要特点，也是其取得成功的重要因素。

关键词： 意大利　移民儿童　跨文化　教育政策

20世纪70年代，随着意大利国际经济地位的提升以及其周边国家推行限制性移民输入政策，意大利的移民输入人数开始高于输出人数，逐渐由传

---

* 本文系广东省普通高校人文社会科学研究特色创新类项目（教育科研）（项目编号：2015GXJK033）研究成果。

** 张海虹，广东外语外贸大学意大利语系副教授，主要从事中意文化比较、意大利语词汇语义学和意大利语教学法研究。近期发表论文《意大利现行本科学分制研究及其对中国的启示》（《高教探索》2018年第1期）、《“博洛尼亚进程”框架下意大利本科学分制研究》[“A Study of the Italian Academic Credit System for Bachelor Program the Bologna Process,” *Higher Education of Social Science*（2017）3：pp.21–24]、《意大利研究生教育的变革与发展规划》（《变化中的意大利》，社会科学文献出版社，2017）等，曾出版教材《经贸意大利语》（2019）、《经贸意大利语口语》（2014）、《意大利文学史》（2010）等。

统的移民输出国转变为新兴的移民输入国。但是80年代末以前，外国移民的问题并未引起意大利政府的重视，意大利没有专门针对外国移民制定的法律政策，更谈不上系统的教育政策。其后，意大利政府的更替频繁，而且各届政府在制定相关政策时还需要考虑与欧盟移民政策的协调，因此意大利国内的移民政策体系是在一种“混乱”的状态中建立和发展起来的。①

教育是促进移民实现社会融合的重要方式和手段，因此发展移民教育成了意大利政府面临的重大挑战。参考联合国《儿童权利公约》对儿童的界定，本文的移民儿童系指在意大利生活，但没有或尚未获得意大利国籍，且未满18岁的人员。1983/1984学年在意大利生活的移民儿童仅6104人，1995/1996学年增至5万人，到了2015/2016学年则有近81.5万人，占意大利学生总数的9%。②进入21世纪后，移民儿童人数在移民总人数和中小学注册生总人数中的占比不断上涨，移民儿童的教育问题成为意大利移民教育政策关注的焦点。

与法国和德国等欧洲老牌移民国家相比，意大利的外国移民输入史较短，移民政策体系的建设还不够完善，但其对跨文化教育理念由始至终的坚持，使其移民教育政策呈现独有的特色。因此，对意大利移民儿童跨文化教育政策的分析，有助于深入了解意大利移民儿童教育发展现状和面临的挑战，并对外国移民教育体系尚处于建设初期的中国有重要的启示和借鉴意义。

一　意大利移民儿童教育政策的发展

虽然意大利《宪法》（1947年）第十条第二款明确指出“外国人的法律地位由符合国际条约和准则的法律进行规范”③，但是，直到1991年，意大利才签署了《儿童权利公约》，移民儿童相关政策的制定才有了国际法法律依

① MORGESE Giuseppe: *Lineamenti della normativa italiana in materia di immigrazione*, p.2, http://www.uniba.it/ricerca/dipartimenti/scienze-politiche/docenti/dott.-giuseppe-morgese/morgese-a.a.-2014-2015/copy_of_Lineamentidellanormativaitalianainmateriadiimmigrazione.pdf/view，最后访问日期：2018年12月20日。

② 本文关于意大利移民儿童的统计数据主要是对意大利教育部2017年3月发布的《2015/2016学年移民学生情况报告》的整理。

③ *Costituzione della Repubblica* Italiana，http://www.quirinale.it/qrnw/costituzione/pdf/costituzione.pdf，最后访问日期：2018年12月20日。

据。1989年第44届联合国大会通过的《儿童权利公约》(以下简称《公约》)被视为第一部针对儿童权利的国际法。《公约》在第二条中明确规定“缔约国应遵守本公约所载列的权利，并确保其管辖范围内的每一位儿童均享受此种权利，不因儿童或其父母或法定监护人的种族、肤色、性别、语言、宗教、政治或其他见解、民族、族裔或社会出身、财产、伤残、出生或其他身份而有任何差别”。[①] 因此，作为《公约》的缔约国，意大利政府履行承诺，制定相关政策，确保境内外国移民儿童享有与本国儿童的同等权利。

(一)保障教育权利政策

在保障教育权利方面，意大利移民儿童教育政策发展愈加完善，对移民儿童的受教育权利的规定，从最初只是非常笼统的规定发展到对注册流程、学校组织管理、第二语言学习、学习融入、公平原则等方面都进行了详细规范。

1998年以前，意大利教育部发布的关于教育权利的政策大都是简单地笼统地规范了移民儿童的受教育权。意大利教育部针对移民儿童教育问题的第一部重要法规是1989年《关于外国儿童接受义务教育—外国儿童学习权利保护工作的推广和协调》的第301号通知，该通知强调了移民儿童拥有接受教育的权利，并简单说明了移民儿童进入意大利义务教育体系的程序。[②]

1998年关于《移民管理规范及地位》的第286号法令，对移民子女的入学权利、学校的组织管理、意大利语作为第二语言的教学、移民儿童母语和来源国文化的学习等做出了规范。[③] 该法令不仅从法律上进一步明确和保证了所有移民儿童的受教育权利，也使意大利政府对移民儿童教育权利的保障措施更为具体化。1999年《关于1998年第286号〈法律汇编〉的实施条例》的第394号共和国总统令，为移民儿童的受教育权利提供了进一步保障，主要从注册时间方面给予了更大的自由度。从此，移民儿童在进入意大利后，可以在学期中注册。他们入学后，由教师委员会(Collegio dei docenti)按

---

① 中国儿童中心:《儿童权利公约》(中文版), http://www.ccc.org.cn/html/Home/report/1077-1.htm，最后访问日期：2018年12月20日。

② *Inserimento degli stranieri nella scuola dell'obbligo: promozione e coordinamento delle iniziative per l'esercizio del diritto allo studio*. http://www.edscuola.it/archivio/norme/circolari/cm301_89.html，最后访问日期：2018年12月20日。

③ *Testo unico delle disposizioni concernenti la disciplina dell'immigrazione e norme sulla condizione dello straniero*. http://www.immigrazione.biz/upload/articolo_24_TUI_modifcato_D-Lgs_16_7_2012_n_109.pdf，最后访问日期：2018年12月20日。

各班级实际情况进行分班，避免某个班内的移民儿童人数过多。同时，《条例》还要求教师委员会根据移民儿童的实际能力，为他们制订个性化的教学计划。①

在移民数量激增的背景下，意大利教育部2006年《关于外国儿童的接收和融入指引》的第24号令，从管理角度指导学校如何更好地管理移民儿童的注册、教学和融入等问题。②这一政策的出台，表明意大利政府对移民儿童受教育权利的关注层面发生改变，从保证移民儿童公平进入意大利教育体系提升到关注移民儿童进入教育体系后能否公平获得教育资源。在此基础上，意大利教育部2008年关于《开放型学校——在中学为近期移民学生推行意大利语作为第二母语的国家计划》的第807号部令明确规定了在对移民儿童，特别是近期移民儿童③进行意大利语教学时，教学资源的使用标准和方式。同年，意大利教育部在2007/2008学年的电子统计系统中，首次对在意大利出生的移民儿童和近期的移民儿童进行了区分，以期对不同背景的移民儿童进行类别化管理。

在2010年《关于非意大利籍学生融入的指引和建议》的第2号部令中，意大利教育部启动了沿用至今的"封顶原则"，对中小学阶段各班移民儿童的人数进行限制，规定不得超过本班总人数的30%。④这一原则不仅保证本国儿童和移民儿童能公平享有教育权利，而且能更好地保证教学效果。自此，意大利移民教育政策坚持的公平原则不再是只考虑移民儿童的单向公平原则，而是兼顾本国儿童教育权利的双向公平原则。

2014年，意大利教育部对不同背景的移民儿童开始进行针对性的管理。2014年《关于外国儿童接收和融入指引》的第4233号部令主要针对的是中学阶段的移民儿童教育管理，强调在意大利出生的移民儿童与近期移民儿童在教育需求方面存在差异，并针对不同国籍、第二代移民和成人移民的教育问题提出了相关建议。

---

① *Regolamento recante norme di attuazione del testo unico delle disposizioni concernenti la disciplina dell'immigrazione e norme sulla condizione dello straniero*.http://www.esteri.it/mae/normative/normativa_consolare/visti/dpr_394_1999.pdf，最后访问日期：2018年12月20日。

② *Linee guida per l'accoglienza e l'integrazione degli alunni stranieri*. http://archivio.pubblica.istruzione.it/normativa/2006/allegati/cm24_06all.pdf，最后访问日期：2018年12月20日。

③ 近期移民儿童，是指在意大利教育体系中注册未超过一年的移民儿童。

④ *Indicazioni e raccomandazioni per l'integrazione di alunni con cittadinanza non italiana*. http://hubmiur.pubblica.istruzione.it/getOM?idfileentry=199101，最后访问日期：2018年12月20日。

（二）跨文化教育政策

近三十年的发展过程中，意大利移民儿童的跨文化教育经历了 1990 年至 1998 年的探索期、1998 年至 2007 年的成熟期和 2007 年至今的细化期等三个阶段。

1. 跨文化教育探索期

意大利移民儿童跨文化教育的探索期是指在移民教育政策中首次引入“跨文化教育”（educazione interculturale）概念以后，意大利教育管理部门专注于这个概念内涵及其实施意义的分析阶段。

意大利教育部在 1990 年《关于义务教育学校及外国学生跨文化教育》[①]的第 205 号通知中，首次将“跨文化教育”概念引入移民教育政策中。由此，意大利的移民跨文化教育开始进入发展的探索期。

在探索期，意大利的教育部门和教育委员会主要探讨跨文化教育理念的内涵和实施意义。意大利全国教育委员会（Consiglio nazionale della pubblica istruzione，CNPI）在 1993 年关于《当今社会的种族主义与反犹太主义：学校的作用》的报告中指出，跨文化教育是“预防和抵御种族主义以及实现包容的最佳且最全面的模式”。报告强调即使班级内没有移民儿童，跨文化教育也可以培养意大利儿童的跨文化意识，避免造成对某些人群或某些文化的刻板印象。[②]同年，意大利教育部发布第 138 号教育部令，全文转引了这份报告，向各教学机构强调了“跨文化教育”的重要性和意义。

1994 年，意大利教育部关于《跨文化沟通与民主社会：学校的任务》的第 73 号部令，重申了《马斯特里赫特条约》、欧洲共同体和欧洲议会相关文件的精神，指出“随着欧洲经济和政治一体化进程的推进，多元文化背景下的欧洲不仅要实现一体化，还要以尊重多样性和相互协调为基础，在欧洲范围内推行跨文化教育”。[③]

---

① *La scuola dell'obbligo e gli alunni stranieri. L'educazione interculturale.* http://www.ilnostropianeta.it/wp-content/uploads/2010/09/cm-205_1990.pdf，最后访问日期：2018 年 12 月 20 日。

② *Razzismo e antisemitismo oggi: ruolo della Scuola.* http://www.bdp.it/intercultura/info/normativa/antisem5.php，最后访问日期：2018 年 12 月 20 日。

③ *Dialogo interculturale e convivenza democratica: l'impegno progettuale della scuola.* http://www.edscuola.it/archivio/norme/circolari/cm073_94.html，最后访问日期：2018 年 12 月 20 日。

2. 跨文化教育成熟期

意大利移民儿童跨文化教育的成熟期是指意大利教育管理部门将移民跨文化教育理论运用到对移民教育的实践指导中。1998 年第 40 号移民法的颁布，标志着意大利的跨文化教育从探索期进入了成熟期。

1998 年第 40 号移民法的第 36 条要求“教学机构在实行教学和自主管理时，为所有的学生提供跨文化教育，以便学生能客观评价语言与文化的差异，进一步完善对（外国学生）的接收以及交换”。①

1999 年《关于 1998 年第 286 号〈法律汇编〉的实施条例》的第 394 号共和国总统令，提出了在跨文化教育角度下的教师培训问题，要求教育部依据相关法律制定相应的措施，以实现跨文化教育为目标，制订全国和地方的人员培训计划。②

2005 年 12 月 19 日，意大利全国教育委员会发布了关于《跨文化问题》的报告，全面分析和研究了学校在多元文化社会发展中的作用，并强调融合并不等于同化，教师们要采取各种实施策略，实现教育公平与跨文化维度的有效结合。③

3. 跨文化教育细化期

意大利移民儿童跨文化教育的细化期是指意大利教育管理部门对移民跨文化教育进行全面细致规划的时期。2007 年，《意大利跨文化教育之路》这份研究报告的正式发布和推行，标志着意大利的移民跨文化教育进入了发展的细化期。

《意大利跨文化教育之路》是由意大利教育部移民儿童融入及跨文化观察组（Osservatorio per l’integrazione degli alunni stranieri e l’educazione interculturale）④完成的研究报告。它对跨文化融合背景下的意大利模式进行了分析，指出移民跨文化教育应遵循的四大原则以及措施实施的三大领域和十个行动方案。四大原则是教育公平、共同学习、以人为本和跨文化。三大领域为融合行动、

---

① *Disciplina dell’immigrazione e norme sulla condizione dello straniero*. http://www.camera.it/parlam/leggi/98040l.htm，最后访问日期：2018 年 12 月 20 日。

② *Regolamento recante norme di attuazione del testo unico delle disposizioni concernenti la disciplina dell’immigrazione e norme sulla condizione dello straniero*.http://www.esteri.it/mae/normative/normativa_consolare/visti/dpr_394_1999.pdf，最后访问日期：2018 年 12 月 20 日。

③ *Problematiche interculturale*. http://cms.csa.fi.it/Intercultura/Normativa/Archivio20051986/tabid/255/Default.aspx，最后访问日期：2018 年 12 月 20 日。

④ 移民儿童融入及跨文化观察组，根据意大利教育部 2006 年 12 月 6 日的部令组建，本次建立的观察组的任务旨在为中小学的工作研探有效的组织方案和有用的指引。

跨文化互动和主体与资源。三个领域的行动又可以进一步细化为十个行动方案。融合行动旨在保证移民儿童的教育权、受教育过程的平等性以及学校生活的参与等。与它对应的行动方案主要包括学生注册的程序、学习意大利语作为第二母语、多语言评价机制、与外国家庭的关系和志愿者服务。跨文化互动是在学校和全社会范围内针对教育过程中的所有参与者。与它对应的行动方案主要包括校内及校外关系、歧视与偏见、跨文化策略。主体和资源是指校内和校外主体的合作形式和方式。与它对应的行动方案主要包括领导人员、教育机构、各主体的自主权和关系、教师和非教师的培训。[①]《意大利跨文化教育之路》从理论内涵到具体行动上对意大利的移民跨文化教育进行了全面细致的规划。因此，意大利教育部此后发布的教育政策均遵循报告中的原则，探讨行动方案的实施和经验总结。

2015 年 9 月 9 日，意大利教育部以通知的形式，向全国中小学下达了移民儿童融入及跨文化观察组[②]的报告《与谁不同？移民儿童融入及跨文化的建议》。在报告中，观察组对 2007 年报告的实施经验进行了总结，指出在实践跨文化教育过程中应注意的十个方面的问题及其改进意见。此外，值得注意的是，在报告中，专家们没有沿用 25 年来对移民儿童的常用表述“外国儿童”（alunni stranieri），改用“有移民背景的学生”（studenti con background migratorio）、“移民子女”（figli di migranti）、“移民儿童”（alunni con origini migratorie）等表述[③]，目的是在表述中使用非标签式的词语，进一步淡化民众对移民儿童的刻板印象。

二　意大利移民儿童教育政策的实施

2007 年以来，意大利的移民跨文化教育政策全面实施，政策实施涉及的对象不限于移民儿童、教育机构或教师，而是面对整个意大利社会。

① *La via italiana per la scuola interculturale e l'integrazione degli alunni stranieri*. http://hubmiur.pubblica.istruzione.it/alfresco/d/d/workspace/SpacesStore/cecf0709-e9dc-4387-a922-eb5e63c5bab5/documento_di_indirizzo.pdf，最后访问日期：2018 年 12 月 20 日。

② 移民儿童融入及跨文化观察组，2014 年再次组建。

③ *Diversi da chi? Raccomandazioni per l'integrazione degli alunni stranieri e per l'intercultura*，最后访问日期：2018 年 12 月 20 日。http://istruzioneer.it/wp-content/uploads/2015/09/MIUR.AOODGSIP.REGISTRO_UFFICIALEU.0005535.09-09-2015-indicazioni-stranieriOss1.pdf，最后访问日期：2018 年 12 月 20 日。

教育政策的实施主要涉及移民儿童的注册、语言教育、校内教育等多个方面。

（一）注册程序

在注册阶段，教师委员会根据移民儿童来源国的教育体制、在来源国已学习的课程、已获得的学历证书、能力或水平证明等学习背景信息，决定其注册的具体班级。与此同时，为了更好地实现融合和保证所有学生的学习效果，教师委员会还需要平衡移民儿童在同一年级的分班情况，以避免移民儿童人数过高。移民儿童的注册阶段决定了整个教育过程的效果。

政策的具体实施主要包括五个方面。第一，背景认识：通过提交的文件、与家长的交流和语言文化协调员（mediatori linguistico - culturali）的合作，了解移民儿童的个人背景、学习背景和语言背景。第二，行政管理：根据此前对新注册移民儿童背景调查的评估，决定学生应注册的年级和班级。第三，互动：与移民儿童家庭建立教育合作协议，实现家校共建，并在移民儿童所在班级内建立学生间的积极互动。第四，教学设计：关注移民儿童的语言和学习需求，并根据他的能力和已有知识，为其制订个性化的学习计划。第五，组织管理：学校制定措施以满足移民儿童的语言和学习需求，例如确定将意大利语作为第二母语学习的方式和时间、确定校内和校外资源的分配、提供校外学习帮助等措施。

不难发现，意大利政府和学校积极行动以保障移民儿童受教育权利。以帕多瓦市政府为例，为了能客观评价移民儿童的意大利语水平，保证他们能进入符合其实际语言能力的班级，与意大利籍同学一起学习，帕多瓦市政府专门设计和组织了中小学的意大利语考试（Kit）。考试分为三个等级，分别为小学一二年级、小学三四五年级和初中。主要考查意大利语听、说、读、写四项基本能力。考试结束后，政府委托的组织机构根据考试结果，分析移民儿童的个人学习能力并为其制订个性化的学习计划和帮助方案。

（二）语言教育

语言学习是实现融合的根本因素，是实现了解和被了解、融入学校和社会的关键。意大利针对移民儿童的语言教育策略可以概括为三大类别：浸泡式意大利语教学、意大利语作为第二语言教学、过渡性双语教学。

浸泡式意大利语教学是指不考虑移民子女的教育背景，不考虑他们是否已经接受过意大利语训练，教师在意大利语教学中完全不使用移民儿童的母语，不为其提供特殊语言帮助，移民儿童在以意大利学生为主的课堂中学习。这种教学模式是意大利中小学主要实施的课堂教学方式。它的优势是移民儿童在学习初期能较快掌握意大利语。劣势是在学习高峰期过后，移民儿童学习的后劲不足。在单一的语言环境下，移民儿童在学习过程中缺乏教师的跟进指导，他们的语言理解能力会停滞不前，难以达到继续高年级课程学习的要求。

意大利语作为第二语言教学，要求移民儿童在意大利语课堂上和其他意大利学生一起学习；同时，为移民儿童另外安排课时，由获得对外意大利语教学资格证（Certificazioni in Didattica dell'Italiano a Stranieri）的教师进行意大利语教学。而对外意大利语教学资格证并不容易考取。教师需参加由锡耶纳外国人大学、威尼斯大学或佩鲁贾外国人大学组织的资格考试。考试通过后，还需在对外意大利语教师专业名录（Albo professionale di docenti d'italiano a stranieri，APIDIS）上登记注册，才最终具备教学资格。

过渡性双语教学是指先以移民儿童的母语为主，并慢慢向意大利语过渡的教学模式。与单语教学的成果相比，过渡性双语教学的教学效果最好、长效性最佳。学生意大利语和其他课程的学习都会十分顺利。这一方式主要用于正常教学计划之外的辅助性教学活动中。在移民儿童完成注册初期，学校与志愿者和社会机构合作，为移民儿童安排语言文化协调员。初期，语言文化协调员主要使用移民儿童熟悉的母语与之交流，帮助他们解决在语言学习、文化交流等方面的问题。之后，语言文化协调员要根据移民儿童的语言掌握情况，在交流中逐渐增加意大利语的使用频率。

在语言教育的组织管理方面，学校要确定组织管理模式，如建立第二语言学习课程、课程的时间安排和期限、个性化教学方案的设计等，同时要明确校外机构以及校内教师的职能，制定方案推动学校和其他机构建立合作关系。校外机构主要包括地方政府、协会、研究中心、高校以及基金会等，而校内教师主要包括校内专职教师、受过相关培训的教师和语言文化协调员等。同时，在语言教学过程中制定意大利语水平划分的标准。

（三）校内教育

意大利移民儿童教育政策在校内教育部分的实施主要表现为多语言机制的建立、跨文化互动的要求以及新“公民式”教育的推行。

第一，多语言机制，即能力考核中可选择外语的增加。对意大利籍学生和移民儿童来说，多语言的出现都是一个机会。此前，意大利的学校要求学生学习两个欧盟国家的语言，而在能力考核方案中仅有英语、法语、德语、西班牙语和俄语可选。随着跨文化教育政策的推行，意大利教育部鼓励各区域的教育单位根据本区域移民学生群体的数量，增加移民的母语作为本区域语言能力考核的可选择语言，供包括意大利籍学生在内的全部学生选择。在小学阶段，教师也可以教授其他语言的语音等，引导学生发现语言间的相互影响。

第二，跨文化互动。跨文化教育并不只是针对移民儿童，不是把移民儿童看作“问题学生”，而是全部学生都积极参与。此前，在跨文化教育实践中曾出现误区，如过度强调移民儿童母国文化的“文化主义”和强调移民儿童的个人行为不具有母国文化影响的文化“个人主义”。跨文化教育认同移民儿童的背景文化和个体性，承认文化差异的存在，但并不受其禁锢，在尊重差异的同时建立有效的沟通渠道。对所有学生而言，特别是对移民儿童而言，学校起到文化协调和社会融合的功能。多元文化班级对所有学生而言都是与外界交流、自我身份建设的场所。因此，学校在学习过程中鼓励学生多开展“互助式学习”。

第三，新“公民式教育”，即培养公民的跨文化意识。意大利的学校并没有专门设立跨文化教育课程，而是将跨文化教育融入学校的所有教学中。在教学计划中，鼓励所有人对差异保持开放态度，平等对待所有的学生，增强社会的凝聚力。因此，学校所有的科目，不管是在内容上，还是在教学方式上都要考虑如何面对差异，并根据新的教育法规和指引调整的教学安排，例如在历史课上要跨越以欧洲为中心的旧理念，专注历史与公民的关系；在地理课上关注对全球意识的培养；加强对各种宗教的了解，了解宗教多元化是社会和学校的特点，强调宗教层面的跨文化交流。

（四）校外合作

意大利移民儿童教育政策在校外合作方面主要表现在家校合作以及与地方政府和其他团体合作两个方面。

首先，家校合作。学校与移民家庭的关系是所有关系的枢纽，而语言文化协调员在所有的互动中发挥重要作用。学校要帮助移民家庭主动选择学校，即帮助移民家庭了解区域内各学校的具体情况，并根据移民儿童的实际状况选择学校。在注册阶段，移民家庭要积极与学校互动，同时学校要主动了解移民家庭所处的环境、文化适应过程以及隔代间的冲突关系等。完成注册后，移民家庭要积极参与学校的活动，协助校内教育活动的正常开展以及教育活动在家庭的延伸。

其次，与地方政府和其他团体合作。学校教育并不是移民跨文化教育的唯一环节。政府要与学校共同努力，邀请各方机构协同合作。这样有助于深入了解状况，实现资源有效整合，并能积极推广宣传跨文化教育。

三 意大利移民儿童教育政策的特点

自 20 世纪 90 年代初以来，意大利的移民儿童教育政策经历了从无到有的过程，并将不断地发展完善。在近三十年的发展中，主要呈现了教育公平与以人为本的结合、共同学习与跨文化互动的结合、校内教育与校外合作的结合、宗教教育与跨文化理念的结合等四个方面的特点。

（一）教育公平与以人为本的结合

教育公平是意大利移民儿童教育遵循的四大原则之一。首先，它明确了每位移民儿童的受教育权利与其父母的社会、政治等地位无关。因此，即使移民儿童没有拿到意大利政府出具的居住许可，仍可注册接受教育。其次，受教育的权利是所有成人都必须尊重和保护的。最后，所有人在入学、毕业和专业选择方面拥有平等权利。与此同时，为了保证教学水平一致和降低移民儿童在教学过程中被淘汰的风险，允许对移民儿童实施“选拔性政策”。

在保证对移民儿童无差别对待的同时，按照以人为本的原则为移民儿童制订定适合其个人发展的学习计划，即按照跨文化教育的理念，以文化多样性为中心，降低标准化和同化的风险，同时考虑移民儿童的人际关系特点，避免因对其过度关注而形成个人主义思想。这要求学校准确了解移民儿童的生活背景、家庭背景和社会背景。

21 世纪以前，意大利政府对移民儿童教育问题的关注主要集中在如何保证移民儿童拥有接受义务教育的同等权利，并顺利进入意大利的教育体系中学习。进入 21 世纪以来，意大利政府对公平原则的理解更为深刻，深入探讨对教学资源的合理分配，制定更加细化的教学指引和规范，以保证更加有效地实现跨文化教育理念下的公平原则，即对移民儿童和意大利籍儿童的双向公平原则。

（二）共同学习与跨文化互动的结合

共同学习是指让移民儿童直接进入正常班级与意大利籍儿童共同学习。与其他欧洲国家不同，意大利政府虽然会考虑学习者性别、能力、社会背景的不同，但不为移民儿童专门建设分离性的学习场所。它在要求移民儿童参与正常教学活动的同时，会根据移民儿童的具体情况进行短期分组学习，如专门为移民儿童开设意大利语学习课程或者母语学习课程等。

跨文化教育互动鼓励“互助式学习”。它要求学校把文化多样性作为自身的特色，整个教育体系要对移民儿童的来源国、性别、社会水平、受教育历史等采取开放态度，既要避免被某一文化禁锢，也要避免产生刻板印象。关注文化的相对性，但不强调绝对的相对主义，因为绝对的相对主义会强调文化差异的独立存在而阻碍了两者间的交流。跨文化教育鼓励文化间的碰撞、交流和相互转换，允许差异的共存和正视因差异而产生的冲突，建立对共同利益的趋同。在多文化班级中，所有学生相互交流学习，并实现自我身份的建设。

（三）校内教育与校外合作的结合

意大利跨文化教育政策推行过程中，强调教育融合，认为校内的常规教育是社会融合中的重要环节，但并不是唯一环节，政府要与学校共同努力，积极落实移民儿童跨文化教育政策。

学校在校内积极推行跨文化教育的同时，要深入了解区域内的移民现状，积极应对已存在的问题，并与地方政府建立积极的合作模式。例如，学校和地方政府签订合作协议，携手合作，对教育资源进行整合，同时邀请各协会、移民团体、移民家庭和文化协调员共同参与其中。学校是推广跨文化教育理念的最有效渠道。

此外，政府要对区域内的学校进行有效指导和积极宣传，引导移民儿童进行合理选择，避免因某一学校、某一学区的移民儿童过于集中，影响教学资源的合理使用和教育政策实施的成效。

（四）宗教教育与跨文化理念的结合

宗教教育是一个相对敏感的话题，在意大利政府的教育政策中，几乎很难找到关于移民儿童宗教教育的具体规定。意大利是传统的天主教国家。直到 1947 年 12 月《宪法》的通过，意大利才宣布实行政教分离，但是至今仍有 90% 的意大利民众信奉天主教。自 1929 年墨索里尼政府将宗教课引入中小学教学计划后，天主教宗教课被固化在意大利中小学的必修课时中，周学时为 2 个小时。虽然这项规定不符合意大利跨文化教育的实际需要，一直被诟病，但是至今未能被取消。

因此，为了贯彻跨文化教育的主导思想，意大利教育部要求教师在宗教课的教学中不能单一宣传天主教文化，而要践行跨文化教育理念，对各宗教文化进行比较，让移民儿童了解意大利国家文化中的宗教背景，帮助他们了解意大利社会，更好地实现融入，同时也让意大利儿童了解移民儿童国家的宗教文化，降低刻板印象对同学间互动的负面影响。

四　意大利移民儿童教育政策面临的困境

意大利从其他老牌移民输入国的移民教育政策中吸取经验和教训，积极践行跨文化教育理念，在移民儿童教育方面取得一定的成果。但是，2008 年的全球性金融危机以及 2010 年的欧债危机不仅导致欧洲经济一体化面临重创，而且造成意大利国内经济低迷。与此同时，2010 年至今持续的欧洲难民危机，导致意大利境内难民和移民数量激增，给意大利社会带来沉重的负担。因此，意大利移民儿童教育政策的实施在国家教育经费、移民儿童正常升学率和师资建设等方面面临重重困难。

（一）国家教育经费投入减少

国家财政拨款是意大利中小学移民教育的主要经费来源。但是，自 2009 年以来，意大利国家财政性教育经费支出在国内生产总值中所占比例持续下降。意大利国家统计局的数据显示，2013 年意大利教育财政支出仅占当年 GDP 的 4.1%。虽然该比例仍高于世界平均水平，但远低于欧盟各国的平均值，在欧盟 28 国内处于倒数第五位。在意大利国家财政性教育经费占 GDP 比例降低的同时，意大利财政教育经费投入净值也在大幅度下降。2008 年至 2013 年，意大利的国内生产总值萎缩超过 7.5%。而 2009 年至 2013 年，意大利的教育经费净值的降幅超过 16.8%，年平均降低率为 4.2%。

教育经费实际投入的紧缩幅度过大，导致意大利的中小学面临财政紧张的局面。在考验学校能否更好地与其他机构合作的同时，很大程度上制约了学校对移民教育在经费和人员上的投入。而学校是移民儿童教育实施的主要场所，移民教育政策在学校实施的成效直接影响意大利移民儿童教育政策整体实施的效果。

（二）移民儿童正常升学率低

相比本国儿童，移民儿童更容易在教育上遭遇“不公平对待”。正常升学率和意大利语水平是衡量移民儿童在学校融入程度上的两个重要指标。

正常升学是指移民儿童就读的班级与其年龄对应的班级一致或者高于其年龄对应的班级。移民儿童的非正常升学主要有两种情况。第一种情况是在移民儿童注册时，因其个人的学习能力未能达到实际年龄对应班级的要求，教师委员会将其编入较低的年级；第二种情况是在学习过程中，移民儿童因为学习成绩没有达到升学要求而不得不留级。意大利教育部 2017 年的统计数据显示，与 2009/2010 学年相比，2015/2016 学年移民儿童的升学率有所提高。但不容乐观的是，在 2015/2016 学年有 32.9% 的移民儿童未能正常升学，这个数字是意大利儿童相应比例的 3 倍。此外，年满 17 岁的移民儿童中有 61.3% 的人未能正常升读高中四年级。

意大利语水平不仅反映移民儿童在学校融入的程度，而且也是影响其融入意大利社会的重要因素。意大利统计局的数据显示，在 2014/2015 年的全国意大利语考试中，各级移民儿童的成绩均低于全国的平均成绩，与意大利儿童的分差为 7~27 分。

这些数据说明移民儿童在学校的融合情况并不乐观，特别是高中阶段移民儿童的情况最为严重。因此，在教学过程中，如何进一步保证移民儿童公平获得教学资源和机会仍是各方应该思考和解决的问题。

（三）符合资质的师资紧缺

多年来，意大利教师烦琐复杂的聘用流程导致意大利中小学的师资长期处于紧缺的状态。以对外意大利语教师的入职流程为例，在高校或研究机构获得学位后，参加者还需参加锡耶纳外国人大学、威尼斯大学或佩鲁贾外国人大学组织的资格考试，考试通过者才能申请在对外意大利语教师专业名录上登记注册，注册成功后方可获得教学资格证。获得资格证后，参加者需要通过意大利教育部的选拔考试，才能在教师候选名单（Graduatorie ad Esaurimento，GAE）中登记，拥有备选资格。即便获得备选资格，由于教育部、地方政府和学校的行政流程繁复，候选人也有可能永远等不到入编的通知。为此，2015/2016 学年，意大利政府不得不推出一个临时雇用方案，决定一次性聘用候选名单中的 14.8 万名教师以缓解师资紧缺的难题。

经济合作与发展组织（OECD）2014 年的统计报告显示，意大利小学在编教师与学生的比例为 1∶12.1，低于欧盟 1∶14.4 的平均水平。① 意大利教育部的报告更是明确指出，学校的教师缺口超过 14 万人，学校急需可以开展校内跨文化教育活动的教师，包括那些可以帮助学校为移民儿童设计个性化学习计划的教师、拥有对外意大利语教学资质的教师等。

长期的师资紧缺，特别是符合跨文化教育资质要求的教师的不足，不仅影响学校正常教学活动的开展，而且在很大程度上限制了校内跨文化教育活动的开展，直接影响了意大利移民儿童教育政策的实施成效。

结　语

在过去近三十年间，意大利政府的移民儿童教育政策发展主要关注受教育权利的保障和跨文化教育的实践两个方面。在保障教育权利方面，意大利的移民儿童教育政策不断完善，政策关注的层面不断扩大，政策指导的细化度不断提升。政策从 20 世纪 90 年代初只是笼统地进行规定发展到对注册流程、学校组织管理、第二语言学习、学习融入、资源分配、公平原则等方面进行详细规范。在跨文化教育方面，意大利移民儿童教育政策经历了探索和成熟两个时期后，进入目前的细化期。在细化期，意大利移民儿童教育政策坚持教育公平与以人为本、共同学习与跨文化互动、校内教育与校外合作以及宗教教育与跨文化理念的结合，这不仅是意大利移民儿童教育政策的主要特点，也是意大利移民儿童教育取得成功的重要因素。

虽然意大利移民儿童教育政策的实施在国家教育经费投入、移民儿童升学率以及师资等方面仍面临重重困难，但是移民儿童教育政策在保障教育权利和跨文化教育实践中的经验一定能对外国移民教育体系尚处于建设初期的中国有所启示和借鉴。

① Fondazione Giovanni Agnelli，*La Buona Scuola - Scheda piano di assunzioni*.https://labuonascuola.gov.it/area/a/23957/，最后访问日期：2018 年 12 月 20 日。

语法翻译法、“自然”教学法与中国的拉丁语教学*

李　慧**

摘　要： 目前，中国拉丁语教学中绝大多数采用所谓的“传统教学法”——语法翻译法。该方法于19世纪欧洲现代教育改革后开始被广泛采用，虽然有课程结构稳定、知识系统性强等优点，但是也有课程内容枯燥、效率低下等缺陷。为此，西方学界不断探索新的教学法，编写与之配套的新教材，其中奥尔伯格主张的“自然”教学法及其编写的教程《自释拉丁语教程》效果最好。“自然”教学法通过模仿自然的语言学习过程，阅读情节连贯的长篇故事，以语境、同义词、生活常识、图片等方式，使学生不借助翻译直接理解语法现象和生词，再通过丰富的练习和每课之后语法要点的学习将所学知识巩固和系统化，从而在一开始就形成流畅阅读的习惯。该方法在国内外拉丁语教学实践中均取得了很好的效果，但是需要密集的课时安排，教师须具备用拉丁语讲课和写作的能力，引进教材和具体教学方式须针对中国学生学习外语的习惯和思维特点进行改编。

关键词： 拉丁语　拉丁语教学　语法翻译法　“自然”教学法

---

* 本研究受中央高校基本科研业务费专项资金资助（Supported by the Fundamental Research Funds for the Central Universities），项目名称为“青年教师科研启动经费——西塞罗著作与欧洲拉丁语文教育”，项目号：2016QD005。

** 李慧，罗马智慧大学（Sapienza Università di Roma）文学博士，北京外国语大学欧洲语言文化学院拉丁语言与文学讲师、拉丁语教研室主任。主要研究方向为拉丁语、古希腊语言文学，拉丁语教育史、教学法，明清传教士汉学，法国汉学。

近年来，拉丁语教学在中国得到了快速发展。笔者统计，目前全国有 23 所高校开设有拉丁语课程[①]，其中，北京外国语大学于 2011 年开设拉丁语本科专业，2018 年 9 月招收了全国首批拉丁语专业本科生。如今拉丁语教学资源越来越丰富，拉丁语教材、语法书、辞书、经典译著、研究成果也相继出版。这些进步都大大推动了拉丁语在中国的传播和普及。

但是拉丁语教学方法和教学资料种类仍比较单一。2017 年笔者所负责的“中国拉丁语教学现状调查”项目研究显示，绝大多数拉丁语教师采用的是语法翻译法（Grammar-Translation Method），在中国出版且容易购得的拉丁语教材也多为语法翻译法教材。[②]语法翻译法以培养学生的语法分析能力、阅读能力和翻译能力为目标，以系统的语法学习为教学的核心，通过翻译练习来巩固语法知识。该方法也是今天西方主流的古典语言教学法。然而，语法翻译法有诸多局限性，如课堂内容枯燥，学习效率低下，学生在阅读时十分依赖词典和语法表格，依赖翻译，难以达到流畅地、直接地赏析原著的水平。

事实上，该方法的诞生和广泛应用有其特定的渊源和历史，而西方从古到今也一直并行着其他方法，古典语文学家、教育家一直对其缺陷有很清晰的认识，并试图将传统与新科学结合，探索出更为高效的教学法。随着国内西方古典学的发展，拉丁语学习者的动机十分多元化，拉丁语教学方法单一的现状已不能满足广大学习者的要求，因此必须学习和引入语法翻译法以外的古典语言教学方法。

本文首先将语法翻译法的发展置于西方近现代拉丁语教学史中来探讨，以明晰其优点和缺陷的成因，然后介绍汉斯·亨宁·奥尔伯格（Hans

① 目前开设拉丁语课程的高校主要有:（北京）北京外国语大学、北京大学、中国人民大学、清华大学、中国社会科学院、北京师范大学、北京语言大学、首都师范大学、北京第二外国语学院、中国农业大学;（上海）复旦大学、上海外国语大学、上海师范大学;（重庆）重庆大学、西南大学;（天津）南开大学、天津师范大学;（广东）中山大学、中山大学珠海分校;（吉林）东北师范大学;（辽宁）辽宁大学;（陕西）西安外国语大学;（湖南）湖南科技大学。

② 根据笔者于 2017 年所做的“中国拉丁语教学现状调查”，在受访的 28 名中外教师中，仅有 3 人采用语法翻译法以外的教学法；关于教材，使用《韦洛克拉丁语教程》（*Wheelock's Latin*）的人数最多，占一半以上，也有不少人使用麦克雷的《拉丁语基础教程》和雷立柏的《简明拉丁语教程》和《拉丁语入门教程》，以上几种教材皆为语法翻译法教材。也有人使用《阅读拉丁语》（*Reading Latin*）、《自释拉丁语教程》（*Lingua Latina per se illustrata*）等其他教学法的外国原版教材，但人数较少。参见 Li Hui, “The Status of Latin Language Teaching in China,” in *Latinitas*, 2018 Volumen Prius, pp.137–152。

Henning Ørberg, 1920–2010）的“自然”教学法及其教材，最后结合中国拉丁语教学的实际情况，探讨“自然”教学法在中国的应用和推广。

一　拉丁语教学史上的语法翻译法

何为拉丁语与古希腊语的传统教学方法？多数人会说：词法教学、句法教学、句子和文段翻译，这些都属于上文提到的语法翻译法。事实上，这种所谓“传统”的语法翻译法在两千多年的拉丁语教学史上并不传统，它是从19世纪中期才正式形成并开始被广泛应用的。[①]它的产生主要有以下几个原因。

首先，启蒙运动和实证主义哲学改变了语言学观，波尔－罗瓦雅尔（Port-Royal）学派的安托诺·阿尔诺（Antoine Arnault, 1612–1694）、克洛德·朗斯洛（Claude Lancelot, 1615–1695）的《普遍唯理语法》[②]影响最为深远。该书认为，人类具有普遍一致的思维方式，其基础是共通的逻辑结构或统一的理性原则，而这方面的高度一致又决定着人类诸语言的深层的构造，使之为一些共同的结构规律所贯通。语言知识来自对其规则的学习，即标准语法（grammatica normativa）的学习，需要对词法、句法及其逻辑进行科学、理性、透彻地分析。[③]

其次，18世纪以来，传统天主教国家的启蒙运动者对教会教育，尤其是耶稣会教育体系进行批判，他们认为天主教会只重视古典语言文学教育，培养循循善诱的诡辩者，忽略自然科学，这样的系统无法提供完备的教育，教育的目标应该“考虑社会的关键需要”，能够“创造出合格的公民，他们将能有效地履行社会有朝一日将会派给他们的功能”。[④]因此在欧洲多国，耶稣会的古典语文教育，甚至是其古典语言学习方法，都成了摒弃和改造的

① 持此观点的有 Louis G. Kelly, *25 Centuries of language Teaching*, 500 BC–1969 (Rowley, Massachusetts: Newbury House Publishers, 1969), p.53; Luigi Miraglia, *Nova Via Latine doceo* (Roma: Edizioni Accademia Vivarium novum, 2009), p.9。

② 完整的书名是《普遍唯理语法——兼论言语术之要义》（*Grammaire générale et raisonnée. Contenant les fondements de l'art de parler*. Paris, 1660），此书又叫《波尔－罗瓦雅尔语法》。波尔－罗瓦雅尔是坐落于凡尔赛近郊的波尔－罗瓦雅尔修道院，是冉森派的一批学者探讨、聚谈的场所。

③ 姚小平:《西方语言学史》，外语教学与研究出版社，2018，第152~153页。

④ 〔法〕涂尔干:《教育思想的演进》，李康译，渠敬东校，商务印书馆，2016，第414页。

对象。[①]

再者，19 世纪以来，普通语言学在德国创立和发展，语言的规律和规则被当作科学研究的对象。拉丁语、古希腊语学习受到其他学科的挤压，不再拥有大量的课时，而用古典语言阅读、演说、写作的能力也不再是古典语言课程教学的主要目标，而是锻炼思维能力的一种手段。分析和学习艰深、严谨的语法可以培养学生的耐心、注意力、审慎力、逻辑能力，而这些能力的养成可应用于其他学科的学习。

在以上因素的推动下，“普鲁士方法”（the Prussian Method），即语法翻译法，在欧洲各国日渐流行。[②]该教学法的基础是实证主义哲学，其基本理论为，语言学习要基于词的分类，词类的划分被认为是普遍的，无法归入类的被认为是例外，学习者应具有良好的逻辑分析能力，而逻辑分析必须依赖母语，学习过程中最基本的问题是“如何翻译？”。早期的语法翻译法课堂要求拉丁语和母语的互译，但随着教师们拉丁语演说和写作能力的降低甚至丧失，母语译拉丁语这种练习方式也逐渐减少，甚至被完全摒弃。

这种方法的学习目标是通过学习语法和阅读原著来锻炼思维能力，能够阅读和翻译原典。学习过程首先是学习和记忆语法规则，然后将规则运用于翻译句子和文段。母语是外语学习的参照系统[③]，是教学的基本语言，用于解释语法和与拉丁语进行词法、句法、结构等方面的对比。教学的重点是读和写，听和说几乎被忽略。教学和语言训练的基本单位是句子。课堂大多数

① 然而批评者们忽略了一点事实，耶稣会所使用的古典语言教学法是从文艺复兴时期的人文主义者所提倡的教学法中吸收而来的，二者都是通过最简单、最基本的语法将学生引入门，然后进行大量的对话和写作练习，深入地阅读古希腊、罗马经典，通过古典来认识和探究人性，进行所谓心智教育。耶稣会学校还采取写作、演讲竞赛机制激励学生拉丁文水平的提高，特别重视修辞和演说技能的培养。关于耶稣会古典教育方法，参见 Luigi Miraglia, *Nova Via Latine doceo* (Roma: Edizioni Accademia Vivarium novum, 2009), pp. 9-10;〔法〕涂尔干:《教育思想的演进》，李康译，渠敬东校，商务印书馆，2016，第 332~368 页。

② 关于语法翻译法的发展历史和特点，参见 Richards, Jack C., Theodore S. Rodgers, *Approches and Methods in Language Teaching*（外语教学与研究出版社，2008）, pp.5–7；Luigi Miraglia, *Nova Via Latine doceo* (Roma: Edizioni Accademia Vivarium novum, 2009)；Andrea Balbo, *Insegnare latino, sentieri di ricerca per una didattica ragionevole* (Novara: UTET, 2007, pp.55–59. Luciana Preti, *Metodi e strumenti per l'insegnamento e l'apprendimento del latino* (Edises, Napoli 2014), pp.192–199. Louis G. Kelly, *25 Centuries of language Teaching, 500 BC–1969* (Massachusetts : Newbury House Publishers, 1969)。

③ Hans H. Stern, *Fundamental Concepts of Language Teaching* (Oxford: Oxford University Press, 1983), p.455.

时间用于练习将拉丁语句子翻译为现代语言。教材通常由一本母语所著的规范语法作为核心，辅以若干本练习册。教材内容通常按如下顺序安排：语音（字母、发音、重音），名词词法（名词和形容词的变格），代词，动词词法，不变形的词类，名词句法（格的功用），动词句法，句子句法，间接引语。每课通常由语法讲解、例句或文段翻译、基于文段的双语单词表几个部分构成。较新的教材中通常包含古罗马文化介绍部分，用于扩展词汇量和提供文段背景知识。练习和考核形式主要为拉丁语—母语单句对译和原典文段翻译，对翻译的准确度要求很高。学习初级阶段，原典文段常需改编，以适应学生水平。

这种方法有一定的优点。第一，它是目前使用最为广泛的古典语言教学法，教学资料丰富，课程结构稳定，学校间、教师间课程的衔接较为容易。第二，课程内容建立在严谨的语言学研究基础之上，知识点系统性强。第三，课程以母语讲授，外语以母语为参照，学生容易入门，对教师的能力和教学技巧的要求也较低。

然而，这种方法的缺陷也十分明显。首先，语法翻译法对拉丁语的语言能力的训练仅限于“被动吸收能力”中“读”的能力，而仅通过“读”的能力的训练，学习者需要达到“转换”（翻译）的能力目标（见表1）。

表1 “转换”（翻译）的能力目标

能力	口头	书面
被动（吸收能力）	听	读
主动（产出能力）	说	写
吸收与产出	应用、转换（翻译）	

资料来源：Luciana Preti, *Metodi e strumenti per l’insegnamento e l’apprendimento del latino* (Edises, Napoli 2014), p.195。

由此可见，语法翻译法对语言能力训练的手段十分单一，这就导致这种方法效率较低。而大量实例证明，为达到较为流畅地阅读原典以及熟练翻译的水平，学生需要花费多年时间，并只能通过大量的阅读积累来实现目标。而目前无论是在国外还是在国内，大多数拉丁语学习者的学习时间是十分有限的，他们用语法翻译法通常能达到的水平是借助辞书、语法书、译著来慢速阅读。

语法翻译法教材通常没有情节连贯的课文，而用于阅读和翻译的练习材料多为篇幅短小的原典选段。这些选段通常仅有作者和作品标题，至多有对作者和作品内容的简短介绍，这些介绍难以为拉丁语初学者提供阅读语境，选段的内容因此显得十分枯燥、艰深。由于生词通常来自原典选段，词汇的学习就缺乏系统性和连贯性，而且词汇学习多数情况下仅限于记忆它在母语中的意义，而其真正的用法和搭配，例如动宾搭配、介宾短语、动词引导虚拟式从句等结构，极少被讲解和专门训练。

语法翻译法课本常在简练地介绍语法规则之后，用更多的篇幅介绍特例。例如，caelicola 这个词，作为第一变格法的特例，在所有语法翻译法课本中几乎都被提到，然而在整个古典拉丁语文学作品中，仅出现了 15 次，其中 9 次出现在西里乌斯·意大里库斯（Silius Italicus）的作品中。[①] 这些例外不仅用处不大，而且大大加重了学生记忆的负担。

语法翻译法不只在古典语言教学领域，而且在现代外语教学领域也统治了欧洲一百年（1840~1940）的时间。现代外语教学学者如此评价：

> 这种方法被很多学者批评，被学生厌弃，对于他们来说，学习外语意味着枯燥地记忆语法规则，记忆各种特例、互不相关的单词，还要试图精准地翻译文段。语法翻译法让学生头痛，对老师的要求却不高，尤其对老师的外语口语水平几乎没有要求。对于古代语言如此，对于一些现代语言也是一样。语法翻译法被认为是一个没有理论的方法。没有任何文献能为其提供一个逻辑依据或正当理由，或将它与语言学、心理学或教育理论挂钩。[②]

在意大利和英国，对于语法翻译法的批评尤其激烈。18 世纪意大利语言学家尼科洛·托马赛奥（Niccolò Tommaseo, 1802–1874）疾呼：

> 为什么年轻人学习现代语言如此容易，学习拉丁语却如此之难？因为他们认为拉丁语已经死了，因为在学校和作业之外，他们将它弃之

① Andrea Balbo, *Insegnare latino, sentieri di ricerca per una didattica regionevole* (Novara: UTET, 2007), p.59.

② Richards, Jack C., Theodore S.Rodgers, *Approches and Methods in Language Teaching*（外语教学与研究出版社，2008）, p.7。

如履。①

1894年，意大利著名文学家、诗人乔万尼·帕斯科利（Giovanni Pascoli, 1855–1912）被当时的教育部部长费尔迪南多·马尔蒂尼（Ferdinando Martini）提名，负责调查拉丁语教学质量下滑的原因。帕斯科利写道：

> 学生阅读量太小，将名家的句子压抑在语法、格律、语言学之中。最热爱学习的人觉得无聊，变得麻木……随着学习的深入，学生遇到的困难越来越多……学生一走出高中，便将维吉尔、贺拉斯、李维、塔西佗都扔掉！
>
> ……
>
> 意大利学校所采用的古典语言教学法是最难的，也是最低效的，对语言的掌握用处极小，对于文学精神的吸收更无用。②

意大利维真古典学院院长路易吉·米拉利亚（Luigi Miraglia）一针见血地指出语法翻译法的问题：

> 我们的学生并不懂拉丁语本身，而是靠翻译来理解，这是不正确的，这种方法永远不能培养学生真正的阅读能力。③

该方法自19世纪中叶被广泛应用以来，西方学界对其缺陷一直有很清晰的认识，并进行了大量的研究和实践，将传统教学法与语言学、心理学等学科的发展成果相结合，探索出新的教学法，如直接法（direct method）、得斯尼埃—哈普法（Tesnière-Happ method）、自然法（natural method）、

① Niccolò Tommaseo, *Esercizi letterari ad uso delle scuole italiane e di chiunque attenda ad addestrarsi nell'arte dello stile* (Firenze: Le Monnier, 1869), p. 604.（转引自 Miraglia, 2009, p.11）

② 帕斯科利以上关于拉丁语教学的言论，参见 Giovanni Pascoli, *Prose* (Milano: A. Mondadori, 1946), vol. I, pp. 592–593, 595–596; M. P. I., *Commissione reale per l'ordinamento degli studi secondari in Italia* (Roma: 1909)，转引自 G. Pittano, *Didattica del latino* (Milano: B. Mondadori, 1978), p.35。

③ Luigi Miraglia, *Metodo natura e storia culturale*, in G. Milanese., *A ciascuno il suo latino: la didattica delle lingue classiche della scuola di base all'università, atti del convegno di studi* (Galatina: Congedo, 2004), pp. 35–36.

“自然”教学法（nature method）、阿希米尔法（Assimil method）、阅读法（reading method）等。①

随着国内西方古典语言教学和古典学科的发展，拉丁语教学方法单一的现状已不能满足广大学习者的要求，因此必须学习和引入语法翻译法以外的古典语言教学方法，以弥补语法翻译法的不足。

二 “自然”教学法——另一种可能

笔者在欧洲留学期间曾使用过若干教材，体验过不同的教学方法。在国内也针对业余学习者、大学选修课学习者、大学专业课学生三种不同的人群开设课程。经亲身学习和教学实践，笔者认为，汉斯·亨宁·奥尔伯格的“自然”教学法效果最好，可以有效地弥补语法翻译法的缺陷，让拉丁语从一门科学（disciplina）回归语言技艺（ars）本身。

汉斯·亨宁·奥尔伯格是丹麦古典语文学家、古典语言教育家。1953~1961年，他在自然教学法语言学院（Naturmetodens Sporginstitut）教授拉丁语，结合自己的教学经验，于1955年出版了一部题为《根据自然的方法讲解的拉丁语》（*Lingua Latina secundum naturae rationem explicata*）的教材。此后，他不断完善这部教材，1990年，他以《自释拉丁语教程》（*Lingua Latina per se illustrata*）为题将它重新出版。这套教材所采用的方法叫作“自然”法（〔拉〕Ratio naturae/Orbergiana，〔英〕Nature method，〔意〕Metodo natura）。②

该方法的主要特色是模仿自然的语言学习过程，通过阅读情节连贯的长篇故事，通过语境、同义词、生活常识、图片等方式，使学生在读课文的同时直接理解语法现象和生词，再通过丰富的练习和每课之后的语法要点的学习搭建知识框架，循序渐进地达到流畅阅读原典的目标。

① 关于拉丁语教学法的种类介绍，笔者另撰文详述。

② 此“自然”法与现代语言教学法自然法（Natural Method or Approach）不同，为了区别，笔者将奥尔伯格方法的汉译名称中的“自然”二字加上了引号。它们的区别在于，奥尔伯格“自然”教学法摒弃其他语言的中介，但也重视综合性的语法学习；而现代语言自然教学法允许在初级阶段借助母语，通过阅读或翻译领悟和总结语法，避免系统的语法学习。关与两种教学法的区别，参见 Balbo, *opt. cit.*, pp. 69–71; D. W. Reck, *The Role of the Oral Method in the Teaching of Modern and Classical Languages*, in *The Classical Journal*, Vol. 57, No. 4 (Jan., 1962), p. 335。

“自然”教学法来源于文艺复兴古典语言教学传统（via degli umanisti），而该传统源于对中世纪晚期摩迪斯泰学派（Modistae）即思辨语法家学派的批判。Modistae一词来源于modus，字面意思为“方式论者”或“方法论者”。这一派语法学家长于概念的辨析，喜好哲理推演，代表作有德国埃尔福特的托马斯（Thomas of Erfurt）所著的《思辨语法》（*Grammatica speculativa*）。他们讨论存在方式（modi essendi）、认识方式（modi intelligendi）、表意方式（modi significandi），即存在、思维、语言三者的关系，而不从文学、思想的维度赏析古典文本。对于他们来说，西塞罗的拉丁语与中世纪的拉丁语并无不同，都是文人创造的一种交流工具，任何人、任何行业都可随意改造拉丁语。在这种思潮之下，中世纪拉丁语常混合了方言成分和生造词汇，哲学拉丁语、法学拉丁语、神学拉丁语各不相通，而极少人能够赏析古代经典。①

人文主义者认为，拉丁语的这种无序的变化会导致拉丁语真正的消亡，以至于没有人能够领会古代经典的精神。他们试图制止拉丁语的腐化，让拉丁语保持古典时代的纯洁，在他们的努力下，古典拉丁语得以延续了四百多年。②他们首先摒弃中世纪冗繁的语法和词典③，而编写精简的语法书，让学生学习最基本的变格、变位知识之后就开始使用拉丁语进行日常交流和写作。除了语法书之外，他们还编写了形式丰富的练习，如按照主题分类的词汇手册、对话练习、短文写作练习，仿写西塞罗或普林尼的书信等。

对话体教材和对话练习有特定情节和语境，话题统一，生词同类，词汇变形滚动复现，同义词和表达法可由不同的对话者说出，能极大地方便学生的理解和记忆，刺激学生主动使用语言。很多学者都编纂过教学用拉丁语对话集（Colloquia），如伊拉斯谟（Desiderius Erasmus Roterodamus, 1466–1536），胡安·比维斯（Juan Luis Vives, 1493–1540），马蒂兰·科尔迪耶（Maturinus Corderius 或 Mathurin Cordier, 1479–1564），贾科莫·蓬塔诺

① Luigi Miraglia, *Nova Via Latine doceo* (Roma: Edizioni Accademia Vivarium novum, 2009), pp.20–21; Eugenio Garin, *L'educazione in Europa* (1400–1600) (Bari: Laterza, 1976), p.24.

② Jozef Ijsewijin, *Companion to neo-Latin studies, part I* (*History and diffusion of neo-Latin litterature*) (Leuven: Leuven university Press - Peeters Press), p.42.

③ 即使是最负盛名的亚历山大·德维拉德依（Alexander de Villa Dei, 1175–1240）的《少儿语法》（*Doctrinales puerorum*）和多纳图斯的《语法术》（*Ars grammatica*），都无法避免冗繁、琐碎、过度描述、忽略应用等缺陷，学习全书需要十几年的时间。如拉伯雷的《巨人传》就对这种教育进行了讽刺。

（Giacomo Pontano, 1426–1503）等。对话体教材和教学方法本身有悠久的传统，如影响巨大的3世纪的拉丁语、古希腊语教材《多西得阿诺斯的阐释》（*Hermeneumata Pseudodositheana*）。[①] 无论教会内还是教会外人士，无论天主教人士还是新教人士，在拉丁语教学方法、理念上都形成一致观点。虽然19世纪欧洲的教育观经历了由古典向现实主义的转变，但这种人文主义古典语言的教学传统在不少教会学校、古典高中、文法学校中仍被保留到20世纪中叶。

除此之外，奥尔伯格还吸收了英国古典语文学家劳斯（William Henry Denham Rouse, 1863–1950）将直接法（direct method）应用于古典语言教学的经验。语法翻译法也曾被广泛运用于现代语言的学习，但效果不尽如人意。19世纪后半期，随着语言学、心理学、教育学等学科的发展，不少教师和学者试图探索新的外语教学法，直接法应运而生。该方法的基本理念是，语言学习最好的方式是主动运用，重视口语表达，以归纳的方法，而不是推演的方法来学习语法。[②]20世纪初，劳斯执教剑桥大学的附校珀斯学校（Perse School），采用直接法来教授少年拉丁语和古希腊语，取得了非常瞩目的成绩。[③] 虽然由于各种原因，珀斯学校的教育模式没能延续，但是欧美很多教师开始学习、效仿和改良，让其更容易被普通教师应用，而由该方法演变而来的阅读法（reading methods）直到今天仍十分流行。[④] 奥尔伯格工作过的丹麦自然教学法语言学院也是受直接法影响的教学机构。

“自然”法的学习目标是流畅地进行各个时代的拉丁语原著阅读。正如该教学法最主要的推动者之一米拉利亚博士所说：

> 让学生轻松、愉快地阅读拉丁散文，较为轻松地阅读诗歌，感受和

---

① 参见 Debut J., Les *Hermeneumata Pseudodositheana. Une méthode d'apprentissage des langues pour grands débutants*, in *Koinonia* 1984, pp. 61–85。

② 关于直接法的发展历史和教学理念，详见 Richards, Jack C., Theodore S.Rodgers, *Approches and Methods in Language Teaching*（外语教学与研究出版社，2008）, pp.9–14。

③ 关于珀斯学校直接法古典语言教学实践，劳斯及其同事出版了多部专著和教材，其中最主要的有 William Henry Denham Rouse - Reginald Bainbrideg Appleton, *Latin on the Direct Method* (London: University of London Press, 1925); *The teaching of Latin at the Perse School, Cambridge* (London: HM Stationery Office, 1910); Rriginald B. Appleton, *Some practical suggestion on the direct method of teaching Latin* (Cambridge: W. Heffer & sons, 1913) 等。

④ 较著名的阅读法拉丁语教材有《剑桥拉丁语教程》（*Cambridge Latin Course*）、《阅读拉丁语》（*Reading Latin*）等。

倾听历代文人、抄工、图书馆尽力保存下来的文字所传达的信息，不是解密、猜谜、吃力拼读、冥思苦想、抓耳挠腮地搞清几行拉丁文的意思，拉丁文献不是艰深的文字游戏，不是找不到出口的迷宫，不是充满陷阱的密林。①

“自然”法的学习过程是，首先阅读简单的、不用翻译便能轻松理解的课文，而课文有连贯的、能体现古罗马文化的故事情节，生词和新知识点以拉丁文解释；学生在学习课文之后，再系统学习语法并大量练习；课堂讲解、课文、语法、练习都以拉丁文进行。

该方法的教材为《自释拉丁语教程》系列教材。第一版于1955年出版，经过作者和其他学者多年来不断地完善，逐渐形成一套完整的、丰富的、成熟的体系。课本第一册《罗马家庭》（*Familia Romana*）讲述的是公元1世纪尤里乌斯（Iulius）一家人的故事，内容包含古罗马地理、家庭生活、奴隶主与奴隶、家庭教育与学校教育、航海、军事、农业、文学、神话、戏剧、诗歌等；第二册《永恒的罗马》（*Roma Aeterna*）讲述古罗马史，包含维吉尔、李维、奥维德、奈波斯、革利乌斯、西塞罗、萨路斯提乌斯等人的原典。教材还配有内容丰富、形式多样的课后练习、阅读材料和教师用书，如初阶教程的学生用书《我学拉丁语》（*Latine Disco*），其中包括人物对话、课后练习、逐章语法讲解、语音、词法、句法、词汇表等丰富的内容，其他练习包括习题集《练习册》（*Quaderni d'esercizi*）、《新拉丁语习题》（*Nova Exercitia Latina*）等。进阶读物包括普劳图斯、卢克莱修、卡图卢斯、萨路斯提乌斯、西塞罗、恺撒、维吉尔等古典作家的原典。

与语法翻译法相比，该方法有诸多优势。首先，课本和练习全部为拉丁文，避免其他语言的中介，提高学习效率。课文、练习、阅读材料都是通过图片、边注、符号、旧词、同义词、反义词、迂回的说法、引申义等来解释生词和新知识，因此被称为per sēillustrāta，即“通过（拉丁语）自己来解释”。其次，课文篇幅较长，故事内容连贯，使学生从一开始就形成流畅阅读的习惯，避免逐句翻译。随着词汇的积累和语法知识的增加，课文的风格逐渐接近古典拉丁文原典，学生阅读的速度依然保持，直到能够以流畅的速度阅读古典作家原典。再次，课文的词汇是按照词频来安排的，第一册课本

① Luigi Miraglia, *Nova Via Latine doceo* (Roma: Edizioni Accademia Vivarium novum, 2009), p.8.

《罗马家庭》所包含的2000多个常用拉丁语词汇占拉丁文原典的80%。最常用的词汇被安排在初阶课文中，较不常用的词汇在进阶课文中逐渐出现。常用词汇以各种形式在课文中滚动复现，使学生不知不觉记住其意义及变形，避免枯燥的背诵。课文内容的连贯性和趣味性也有助于词汇和语法在语境中的记忆。复次，形式丰富的习题多为“输出”类型，包括填空、句型转换、写作等，以训练学生运用语言知识的能力，帮助加深理解，强化记忆，将理论（doctrina）与实践（usus）结合。最后，除了书面练习外，该方法还倡导使用对话、短剧表演、诗歌朗诵、游戏、多媒体音频视频等多种教学手段，使课堂生动活泼，让学生在轻松愉快的气氛下学习。总之，“自然”教学法使古典语言学习回归自然的语言学习过程，通过听、说、读、写全方位的训练，让学生更扎实地掌握词汇和语法，更高效地培养其流畅阅读的能力，去掉翻译的中介，直接赏析拉丁文原典。

三 “自然”法在中国的应用

“自然”教学法被意大利公共教育部推荐使用。除意大利外，英国、法国、比利时、西班牙、德国、荷兰、俄罗斯、波兰、克罗地亚、美国、墨西哥、巴西、阿根廷、哥伦比亚、日本等多个国家和地区数以万计的学生都在使用奥尔伯格教材。世界知名的古典学学校维真古典学院（Accademia Vivarium Novum）一直致力于“自然”教学法的研究和推广，学院内日常生活和教学全部用拉丁语、古希腊语。在维真古典学院和欧洲、北美、南美多所学校的推动下，越来越多的课堂采用“自然”教学法。总的来说，这种方法在其他有别于语法翻译法的方法中是最成熟、最完备的一种方法，如果教师使用得好，这种方法可带来非常好的效果。[①]

中国社会科学院研究生院的拉丁语、古希腊语专家杜大伟（David Quentin Dauthier）经过多年教学实践后认为，奥尔伯格教材效果最好，但是由于课时有限，他无法完全采用“自然”教学法的方法和技巧。北京外国语大学拉丁语专业是国内最早以充足的课时、全面的课程体系、流畅使用拉丁语讲课的师资这三大条件来应用“自然”教学法的机构。经过每周8课时

---

① Andrea Balbo, *Insegnare latino, sentieri di ricerca per una didattica regionevole* (Novara: UTET, 2007), p.59.

共7个月课程的学习，学生已学完初阶课本，学完全部基础语法，已熟练掌握2000个左右的单词，测试平均分为89分，能听懂外国专家的拉丁语授课并进行互动，能用拉丁语进行简单的对话和写作，教学效果令人满意。除了拉丁语精读课，本专业在文学史、历史、诗歌赏析等课程上也不同程度地运用“自然”教学法，与精读课内容相辅相成。在北京外国语大学三外拉丁语选修课堂上，该方法也取得很好的效果，经过两学期每周4课时的课程学习，学生能够掌握1000个左右的单词，并进行简单的拉丁语写作。

对于中国学生来说，避免翻译的教学法的好处尤其明显。翻译需要译者的译入和译出语都具备较高的水平，而译入语最好为母语。西方学校采用语法翻译法时，都是将拉丁语译成母语，而且如前文所述，其教材中常会出现古典语言与其母语渊源分析的部分。然而中国学生在使用语法翻译法时，若将拉丁语译为汉语，很多语法信息完全无法体现，因此不少教师要求学生将拉丁语译为英语。但是大多数学生的英语水平十分有限，译文的准确性无法把握，对英语翻译的关注也分散了拉丁语学习的精力，增加了学生的负担，也使练习和考核复杂化。

当然，任何教学法都有其缺陷，“自然”教学法也受到过质疑。

第一，初阶课文和练习是现代人所编写，非古典拉丁文原典，因此，有人怀疑“生造”课文的“正确性”或“古典性”。但是该方法的支持者认为，在语言学习初级阶段，学生的语法和词汇极其有限，“现编”或“改编”是必须采取的策略，语法翻译法教材中也会对原典进行改编。

第二，如上文所说，拉丁语被用于课堂交流语言，那么教师和学生所用的拉丁语也有“人工”之嫌，在多大程度上能复原古代原典中的语言取决于教师的水平，教师必须具备拉丁语演说和写作的能力。这也是劳斯的直接法在珀斯学校之外应用和推广时遇到的最大困难。该方法的支持者强调，拉丁语口语并不是学习的目的，而是达到流畅阅读原典的方式和方法，是学生主动运用语言知识的最高效的途径；教师可通过专门训练和精心的备课来逐渐提高自己的水平，获得运用拉丁语教学的能力。① 据笔者的亲身实践和若干中国学者的经验，中国人在经过训练之后也能达到教学法所要求的拉丁语表达能力。

---

① 关于教师如何应用“自然”教学法，如何备课，参见Luigi Miraglia, *Nova Via Latine doceo* (Roma: Edizioni Accademia Vivarium novum, 2009), pp.89–99。

第三，要达到“自然”教学法所要求的流畅阅读原典的目标，课程安排须密集、紧凑，以尽量创造拉丁语的语言环境。在较为密集的课程下，至少须216个课时才能学完第一册课本，学生能够不借助词典和语法工具书来阅读简单的、经过一些改编的原典。① 此外，若能同时辅助以古代文化、历史、文学史、泛读和拉丁文写作课程，效果更佳。换言之，目前来看，“自然”教学法更适合能够安排大量课时的拉丁语言文学专业学习。而对于以能借助词典理解和翻译个别字词句为目标的短期拉丁语课程，语法翻译法或更为实用。

第四，整套教材目前在国内不易购得，引进版须按中国学生学习外语的习惯和思维特点进行改编。例如，“自然”法教材由于针对西方学生编写，语音部分讲解较为简略，中国教师则须安排更多时间解释和训练学生的发音。② 中国学生语法功底普遍较弱，对于非外语专业的学生来说，教师可在开学时用一至两节课串讲基本的语法概念，然后再进入课文的学习。每课结束后，教师应带领学生系统梳理本课知识点，以帮助学生搭建语法框架。

结　语

语法翻译法虽然是目前国内外拉丁语教学的主流方法，但是它有诸多缺陷，常使拉丁语学习艰辛、枯燥，效率低下。“自然”教学法有悠久且深厚的传统，有成熟、系统的教材体系，回归自然的语言学习状态，而不是把语言抽象为规则，因此能够高效地培养流畅阅读拉丁文原典的能力，弥补语法翻译法的缺陷。该方法不仅在国外被广泛采用，经实践证明，在国内的拉丁语专业教学和选修课教学中也取得了很好的效果。目前，国内越来越多的中学生也对拉丁语感兴趣，“自然”教学法生动、活泼的授课形式有助于拉丁语在中学的推广。

① 第一册书中已经有《新约圣经》，卡图卢斯、奥维德、马尔提拉利斯的简单的诗歌选段，第一册书学完后，可阅读配套的阅读材料《罗马人的话语》（*Sermones Romani*），其中包含普劳图斯、加图、费德鲁斯、塔西佗、西塞罗、贺拉斯、小普林尼等作家的原典选段，以及《高卢战记》。

② 该套教材的初阶课本和学生用书版权已由外语教学与研究出版社引进，经笔者改编，预计于2019年以《拉丁语综合教程1（课本）》以及《拉丁语综合教程1（学生用书）》为书名出版。在《课本》中，笔者增加了教材使用说明、课后习题答案和课文录音。《学生用书》中，笔者重新编译了分章语法讲解和词法部分，重写了语音部分，增加了习题答案。

但是，“自然”教学法比较适合以流畅阅读原典为目标的、课程密集、课时充足的课程，教师须具备用拉丁语讲课和写作的能力。全套教材还有待引进和改编。中国教师团队须通过更多实践和研究，探索出最适合中国学生学习习惯和思维特点的拉丁语教学方式方法。

总之，引进“自然”教学法是逐步提高我国拉丁语教学水平、丰富教学资源、促进中国拉丁语教学理论研究的重要契机，能使我国在传统悠久、成果丰厚的西方古典语言教学研究领域占有独具特色的一席之地。

关注欧洲文坛

European Literature

作为历史文化现象的20世纪20~30年代的俄罗斯波兰、南斯拉夫侨民文学

张建华 *

摘　要：侨民文学是民族文学的重要组分，从其出现的一开始就是民族文学的本质性构成。侨民文学的重要性在于它是一种深重且悲怆的历史文化记忆，是侨民作家面对历史欺凌所做的执拗拒绝和抵抗，是以民族语言和民族精神为依凭的原生文化承载，还是与“他者”文学、文化交融的产物。从20世纪20年代初到30年代末的近20年时间里，俄罗斯波兰和南斯拉夫侨民所创造的文学经历了三个不同阶段：20年代前期、20年代后期和30年代。尽管“流浪与漂泊”是几代俄罗斯侨民知识分子的宿命，但他们不甘成为失去足下乡土的“精神流浪者”，文化身份变化所引发的文化记忆既使他们念念不忘俄罗斯精神文化传统对他们的哺育，新的文化语境又向他们提供了反观故土、文学和文化传统的机会。

关键词：俄罗斯　波兰　南斯拉夫　侨民文学

侨民文学或被西方文学界称为“流散文学”的域外文学始终是民族文学

---

*　张建华，教授，北京外国语大学“长青学者”。主要从事俄罗斯语言、文学的教学、研究和文学翻译。代表作有《新时期俄罗斯小说研究（1985~2015）》（该专著入选2016年国家哲学社会科学成果文库）、《20世纪俄罗斯文学：思潮与流派（理论篇）》（获北京市第十三届哲学社会科学优秀成果二等奖、第三届中国大学出版社图书奖优秀学术著作一等奖），另发表学术论文108篇。

和民族文化重要的组成部分，它们与本土文学拥有同样的文化之根，从其出现的一开始就是民族文学和文化的本质性构成。缺乏对这一部分文学和文化的体察观照，民族文学和民族文化的完整性是缺失的，没有了侨民文学的参照及其作为“他者”存在的思考，便不可能有对民族文学、文化历史全面、完整、深刻的认识。我们对作为历史文化现象的侨民现象及其侨民文学、文化重要性的强调基于这样四个基本认知。

第一，侨民运动，无论其成因是怎样的，对于一个民族而言，是一种深重且悲怆的历史文化记忆。这是因为迁徙主体的身份漂移和人生“流散”往往是充满悲剧性的。侨民毕竟离开了生养他们的故土，告别了熟悉的“血缘文化”或者说“原生文化”。被纳入频繁转换、不可逆料的人生经历中，个体在历史中遭遇的被动与无奈总是令人唏嘘叹惋的。因而，从他们离乡背井的故事中可以窥见充满悲剧的时代的影子，侨民现象为民族命运的历史思考提供了一个重要的契机。

第二，侨民运动中的相当一部分人是民族的文化精英，民族的精神脊梁，侨民作家的离去是民族精神文化的一种“历史溃堤”，是本土民族文化的一种散失。侨民作家面对历史欺凌所做的执拗拒绝和抵抗，遭遇到的摧折以及展现的隐忍力、爆发力和创造力，他们对精神、人格独立性的诉求，其生命的完整性，这一切都是民族精神的生动体现。苦苦坚持守护独立性、自由灵魂和生命空间的侨民文学无不是民族文学、文化流衍赓续的体现，是民族精神在异域的坚韧、卓越的守护者。

第三，决定民族文学和文化本质的是书写者的民族语言和民族精神，而不是作家的生活疆域及其在这一疆域中的日常生活。俄国侨民诗人霍达谢维奇（В.Ф.Ходасевич, 1886–1939）说，“真正具有深刻民族性的作家和艺术家可以通过任何一种日常生活，任何一种自然风光，任何一种氛围写出不朽的民族文学作品来”。[①] 俄罗斯文学的卓越天才普希金在他的“四小悲剧”《吝啬骑士》《莫扎特与萨利耶里》《石客》《瘟疫中的飨宴》中所讲述的故事及其描述的风光没有一个是纯粹俄罗斯的，但丝毫不影响诗人对俄罗斯民族精神的深刻思考、深邃探究和精准表达。

第四，每一个侨民作家都有属于他自己的故事，那些湮淹没于历史中的故事蕴含着丰富的历史文化和想象，它们与本土作家汇聚在一起演绎着民族

① http://aleho.narod.ru/book/_russian_liter.htm，最后访问日期：2019 年 6 月 20 日。

文化精神的演变及其与异域文化融合、生长和发展的历史。由侨民作家以不同方式书写的文学、文化作品中不仅有深厚的民族文化血脉，还有与异域文化碰撞、交流、互补的深深印记。侨民文学和文化从来就是民族本土文学与“他者”文学、文化交融的产物，在一定程度上更具多样性、多元性和全人类性。值得指出的是，21 世纪以来，我国文学研究出现了一个新的名词——“文学地理学”。2011 年首届全国“文学地理学”研讨会的召开确立了这一学科作为显学的存在。近年来又有了“新文学地理学”概念的提出。其宗旨在于重建文学的整体性或总体性。“新文学地理学”提倡文学学科的“版图复原、场景复原、精神探原”的“三原论”，主张文学研究的四个维度:“家乡—他乡之维”“城市—乡村之维”“本土—异域之维”“现实—超越之维”，提出了在跨学科、跨文化、跨国家的视域中发现并探究文学历史发展和现状的思路。2017 年，由中国社会科学出版社出版，篇幅达 118 万字的《文学地理学原理》[①] 理论著作的问世标志着我国“新文学地理学”学科的理论成熟。我国文学研究界学术研究思路的拓展与精进也应该为我国外国文学研究的延展和深化提供有益的参照。

独特的社会历史情状使得侨民运动在 20 世纪的俄罗斯和中东欧国家成为一个非常重要的文化现象。20 世纪早期俄国“白银时代”的一批文学和文化精英以及苏联时期的三次侨民运动中有相当多的侨民知识分子是具有世界影响的作家和文化活动家。诺贝尔文学奖获得者布宁（И.Бунин, 1870–1953）、索尔仁尼琴（А.Солженицын, 1918–2014）、布罗茨基（И.Бродский, 1940–1998）、阿·托尔斯泰（А.Толстой, 1883–1945）、纳博科夫（В.Набоков, 1899–1977）等就是俄罗斯侨民文学浪潮中的一些重要代表。中东欧国家也不例外。捷克裔的法国作家、思想家昆德拉（Milan Kundera, 1929–　），被他称为 20 世纪最伟大作家之一的波兰旅阿根廷作家贡布罗维奇（Witold Gombrowicz, 1904–1969）、罗马尼亚旅美作家诺曼·马内阿（Norman Manea, 1936–　）、《〈十日谈〉的语法》一书的作者保加利亚裔的法国文论家托多罗夫（Tzvetan Todorov, 1939–　）等都是具有世界影响的大作家、理论家。无疑，侨民文学理所当然地应该被视为 20 世纪俄罗斯和中东欧文学中十分重要的文学现象。

① 梅新林、葛永海合著《文学地理学原理》上下卷，2017 年初于中国社会科学出版社出版，2018 年重版。

从20世纪70年代开始，俄罗斯侨民及其文学已经成为俄罗斯文学研究者关注的重要对象。20世纪80年代，随着长期以来被禁忌的侨民文学与苏联读者见面，侨民运动及其文学研究已经在俄罗斯广泛开展并取得了重大的研究成果。苏联解体前后，大多数20世纪侨民作家、文学批评家、理论家的创作和研究成果被发掘，90年代还涌现出了一大批专门研究侨民文学的知名学者，如斯米尔诺娃（А.И.Смирнова）①、布利希（Н.Л.Блищ）②、阿格诺索夫（В.В. Агеносов）③、娜斯鲁特季诺娃（Л.Х.Насрутдинова）④等。而在21世纪的今天，20世纪俄罗斯侨民文学已经成为俄罗斯中学和大学文学教科书中的重要内容。丰厚的侨民文学资源以及研究者所取得的研究成果对于了解俄罗斯文学的整体性具有不可替代的重要作用。可以毫不夸张地说，没有这些成果，就不可能有今天我们对20世纪俄罗斯文学的整体认知。

20世纪20~30年代是俄罗斯百年文化史上出现的第一个强大的侨民潮，其强大性不仅在于侨民文化的精英构成——“白银时代”的一大批文化和文学精英在十月革命前后离开俄罗斯，还体现在这个数量众多的群体几乎遍布欧洲大陆的各个角落，流散在东方的多个国家。欧洲的巴黎、柏林、布拉格，中国的哈尔滨、上海等地成为大部分俄罗斯侨民聚集的西、东方中心，这些地区的侨民文学是迄今为止研究者们最关切的和研究热点所在。然而，去往波兰和南斯拉夫的一脉却鲜有学者关注。作为20世纪俄罗斯侨民文学、文化的一个“隐性存在”，他们始终处在一个被遮蔽状态，他们与这一地区文学、文化的交流、碰撞和共融也从未得到研究者应有的关注。

从20世纪20年代初到30年代末的近20年时间里，大量的俄罗斯侨民涌向波兰和1918年12月1日成立的“塞尔维亚－克罗地亚－斯洛文尼亚王国”（1929年更名为“南斯拉夫王国”）。其实，十月革命前就有很多俄罗斯人侨居在那里。他们中的大部分人是一战后留在那里的沙皇军队的官兵、神职人员、科技界知识分子、文化艺术活动家、政治家，还有少数以家庭、个人移居形式住在这一地区的俄罗斯侨民。其中的相当一部分人只是把波兰和南斯拉夫当作赴西欧的中转站，但也有相当一部分人永久地留在了那里。

① А.И.Смирнова, Литература русского зарубежья 1920–1990, Флинта-наука, М., 2012, 640 с.

② Н.Л.Блищ , История литературы русского зарубежья: проза и поэзия первой волны, Белорусский государственный университет, Минск, 2017, 143 с.

③ В.В. Агеносов Литература русского зарубежья 1918–1996, Терра , Спорт, М. 1998.

④ Л.Х.Насрутдинова Литература русского зарубежья, Казанский государственный университет, Казань, 2007, 72 с.

旅居波兰与南斯拉夫的俄罗斯侨民所进行的文学创作和文化活动是俄罗斯第一个俄罗斯旅欧侨民潮中十分活跃的文化构成。以1924年为例，在旅居欧洲的俄罗斯侨民出版的665种书籍、报刊、文集中，在波兰和南斯拉夫出版的波兰语、塞语、俄语出版物分别占了22、19和31种。俄罗斯旅欧的政治活动家萨文科夫（Б.Савинков, 1879–1925）创办的政治、文学、社会周报《自由报》（*Svaboda*, 1920–1925），随后又改编为《为了自由报》（Za svobodu, *За свободу*, 1925–1932），侨民宗教哲学家、作家、批评家、政论家费洛索弗夫（Д.В.Философов, 1872–1940）担任主编的时政报纸《言论报》（*Молва*, 1932–1934），还有他与诗人、批评家梅列日科夫斯基（Д.С.Мережковский, 1865–1941）共同担任主编的政治、文学周刊《剑》（*Меч*, 1934–1939），由19世纪俄罗斯著名报人阿列克谢·苏沃林（А.С.Суворин）的儿子米哈伊尔·苏沃林（М.А.Суворин, 1860–1936）在贝尔格莱德创办的《新时代日报》（*Новое время*, 1921–1930）等成为在欧洲侨民界享有崇高威望和广泛影响的俄侨报刊。这些报刊发表时事评论和政论文章，刊登不同流派和风格的俄罗斯侨民文学创作，成为整个欧洲俄罗斯侨民表达时代心声、展现文学创作成就的重要阵地。其撰稿人中不仅有侨居南斯拉夫的俄罗斯作家，还有侨居在芬兰的俄罗斯作家阿姆费捷阿特罗夫（А.В.Амфитеатров, 1862–1938），侨居巴黎的侨民作家阿尔志跋绥夫（М.П.Арцыбашев, 1878–1927）和“白银时代”的著名神学家、哲学家布尔加科夫（С.Н.Булгаков, 1871–1944）等。

俄罗斯侨民认为，捍卫并传承俄罗斯民族文化是其主要的文化使命所在，而与和俄罗斯文化有亲缘关系的斯拉夫文化紧密的互动更是他们责无旁贷的历史责任。这些俄罗斯侨民作家在继续俄语文学创作的同时，还关注波兰和南斯拉夫的本地文学、文化，成为向俄罗斯人民介绍这些国家文学、文化的宣传者和推广者，他们在向苏联推介波兰和南斯拉夫优秀作家、作品，促进两地文化交流方面起到了重要作用。此间，华沙和贝尔格莱德都出现了年轻的俄罗斯侨民作家和诗人群体，涌现了各种文学团体。20年代俄罗斯侨民在波兰创建的“俄罗斯文化联合会”为与波兰知识分子保持紧密而友好的联系和互动产生了积极的影响。1925年在贝尔格莱德创建的“俄罗斯作家和记者协会”积极组织俄罗斯文学经典作品的译介、出版，其中有20世纪的俄罗斯经典作家布宁、梅列日科夫斯基、什梅廖夫（И. Шмелев, 1873–1950）、阿尔丹诺夫（Алданов, 1886–1957）等。这些经典作品的问世不仅是俄罗斯侨民精神生活中的重要事件，也满足了塞尔维亚知识阶层认知俄罗斯文学的需求。1928 年，旅欧侨民在贝尔格莱德举办了第一次，也是唯一一次全欧的“俄罗斯侨民作家和记者代表大会”。侨居巴黎的“白银时代”著名诗人梅列日科夫斯基和霍达谢维奇专程前往参加了这次盛会。1933 年在贝尔格莱德创建的，以沙皇尼古拉二世命名的“俄罗斯之家”成为南斯拉夫文化生活中的重要事件，而以塞尔维亚文出版的报纸《俄罗斯档案》（*Puski arhiv*）的问世对塞尔维亚学术界了解俄罗斯历史文化传统和苏联现状起到了重要的作用。南斯拉夫学者对俄罗斯历史比较学派研究成果的了解和认知大大推进了塞尔维亚“俄罗斯学”的形成和发展，此后相当多的俄罗斯史学研究者成为南斯拉夫大学和科研部门从事这一学术工作的专家。南斯拉夫民众通过俄罗斯侨民的积极活动对俄罗斯文化和文学获得了深入且系统的认知。俄罗斯侨民以及所在国出版家组织、策划、出版的俄罗斯诗歌、小说、学术著述对这一地区的俄罗斯文学教学和研究起了重要的推动作用，“俄罗斯学”研究在此 20 年里达到了一个很高的水平。

俄罗斯与波兰之间特殊的文化渊源与历史纠葛使得波兰人民，特别是波兰知识分子，对俄罗斯侨民有较为复杂的文化心态。一方面，波兰民众因为历史的原因对俄罗斯及其民族是高度警惕的，这种不信任的文化背景一度影响着俄罗斯侨民在当地文化中的融入。另一方面，波兰老一代知识分子中有相当多的人曾经在俄罗斯上过大学，他们对俄罗斯文学和文化有深厚的情感，与俄罗斯文学家和艺术家保持着密切的关系；而俄罗斯侨民中也有一些人在波兰有许多亲人，他们与波兰民族有较为亲密的血缘亲情关系，一些知识分子甚至还能流利地使用波兰语交流和创作，这为俄罗斯人融入波兰社会提供了可能。其中的一些俄罗斯青年诗人在华沙创办了诗歌创作俱乐部“诗人酒吧”（1921~1925）和“文学友联会”（1929~1935），他们以这种方式团结了一大批在波兰的俄罗斯作家、艺术家，结交了波兰的文化精英。

20 世纪 20~30 年代，随着俄罗斯侨民潮来到波兰的杰出的俄罗斯文化精英有“白银时代”的著名诗人吉皮乌斯（З. Гиппиус, 1869–1945），她的丈夫——诗人、作家、思想家梅列日科夫斯基，费洛索弗夫，批评家萨文科夫，作家阿尔志跋绥夫等人。这期间华沙出现了多个“俄罗斯之家”，俄罗斯侨民与当地作家、文化活动家一起举办各种文学晚会和音乐晚会，创建文学创作团体，还与当地的记者、出版人一起策划俄罗斯文学的出版工作。在波兰的俄罗斯侨民不仅出版俄罗斯的报纸、杂志，还建立出版社，创办学校、图书馆、影剧院。纪念普希金诞辰的周年纪念活动成为侨民最重要的文化活动。从 1925 年开始，6 月 6 日普希金诞辰日成为欧洲范围广阔、形式多样、影响深远的“俄罗斯文化日”之一，普希金的名字成为凝聚波兰俄罗斯侨民，坚守民族精神的重要象征。作为普希金的后人，他们为自己是俄罗斯祖国，伟大的俄罗斯文学、文化、民族精神的构成者和传承者而深感自豪。这些活动不仅团结了侨居欧洲的俄罗斯知识分子，也引起了波兰知识分子的高度关注。此后，“俄罗斯文化日”成为此间波兰各大学举办俄罗斯文学读书会、学术研讨会和各种纪念会的重要日子，带动了波兰学者对普希金及其俄罗斯作家作品的翻译及学术研究。他们在波兰的俄文报刊上介绍俄罗斯文学，推介俄罗斯旅欧侨民的文学创作，同时还向俄罗斯侨民介绍波兰文学，为促进俄波文学和文化交流起到了重要作用。此间波兰书市充斥着俄罗斯经典文学作品和苏联文学作品。记忆、传承、发展民族文化和文学在很大程度上左右了波兰俄罗斯侨民的精神生活。

俄罗斯旅波侨民积极、有效的文化和文学创作活动既是他们离开祖国后难以排遣的怀乡情绪的反映，也是他们传承俄罗斯优秀的民族文化传统的一种精神返乡。批评家、政论家费洛索弗夫，语文学家、批评家、翻译家库拉科夫斯基（С.Кулаковский，生卒年不详），批评家、政论家菲舍尔（В. Фишер, 1885–1941），白俄罗斯记者出身的诗人、小说家和文学批评家博翰（Д.Бохан, 1878–1942），记者、批评家、小说家和翻译家西利雅科娃（Евгения Семеновна Вебер-Хирьякова, 1893–1939）等就是其中的杰出代表。①

费洛索弗夫是著名的华沙《艺术世界》联合会的创始人之一，早在侨居波兰之前，他就撰写了一系列宗教哲学、文学方面的批评著作。1920 年梅列日科夫斯基离开华沙西去巴黎后，他成为波兰的俄罗斯侨民领袖。在波期间，他仍然坚持对普希金、别雷（Андрей Белый, 1880–1934）、纳博科夫、密茨凯维奇（Adam Mickiewicz, 1798–1855）的研究，发表了大量政论和文学批评文章，为客观评价密茨凯维奇并确立他在波兰文学史上的地位和影响做出了独特的贡献。他提出，“对密茨凯维奇的生平与创作的审视不仅要用一个崭新的自由人、自由波兰公民的眼光，而且还应该用新的

① О.В. Розинская, Литературные критики эмигрантской Варшавы. Русско-польские литературные связи в 1920–1930-е гг. http://stephanos.ru/izd/2013/2013_1_9.pdf，最后访问日期：2019 年 6 月 20 日。

方法论要求进行评价”。[①] 他的观点得到了以波兰玛莉亚·多姆布罗芙斯卡雅（Maria Dąbrowska, 1889–1965）为代表的一些学者的高度肯定。1923年，著名的俄罗斯作家阿尔志跋绥夫来到华沙后，费洛索弗夫又为宣传、推广他的《作家札记》做了大量工作。1927年，他在《为了自由报》上撰文，对作家爱伦堡（И. Эренбург, 1891–1967）、谢富琳娜（Л. Сейфулина, 1889–1954），诗人马雅科夫斯基（Владимир Владимирович Маяковский, 1893–1930）来华沙与俄罗斯侨民聚会受苏联当局阻挠一事进行了批判性报道。30年代，他还在《言论报》上对波兰俄罗斯侨民文学进行了全面、深入的研究。他不仅是波兰20~30年代各种重要文化活动的参与者和评论者，同时又在积极地从事各种创作。30年代后期他开始淡出俄罗斯侨民界，更多与波兰创作界交往。但是，为了团结和支持有才华的青年作家和诗人，1934年他曾提出创立“俄罗斯侨民文学院”的倡议和方案。尽管这一方案最终没能实施，但其策划、筹备工作大大促进了波兰俄罗斯侨民的文学创作活动。

库拉科夫斯基在促进俄罗斯与波兰的文化交流方面做出了巨大贡献。他从20年代末开始发表文章，向俄罗斯侨民介绍“年轻的波兰”诗歌。他对布宁、纳博科夫的研究成果得到了俄罗斯和波兰学界的高度评价，对斯坦尼斯拉夫斯基（Константин Станиславский, 1863–1938）、叶赛宁（Сергей Александрович Есенин, 1895–1925）作品的评价客观、公正，有别于此间的大多数侨民作家，受到俄罗斯侨民和波兰各界的好评。1927年他在《文学纪念碑》（*Па-метник Литерацки*）杂志上发表系列文评，如《亚历山大·勃洛克与波兰》《尼古拉·列斯科夫与波兰》等。他于1929年在布拉格召开的第一届斯拉夫学术研讨会上的报告《当代波兰诗歌中的浪漫主义》以单行本的形式于1931年出版。1939年，华沙还专门出版了波兰文的库拉科夫斯基的学术专著《俄罗斯文学五十年（1884~1934）》，论著详细分析了俄罗斯文学50年间的发展状况。此外，他还发表了专门介绍阿·托尔斯泰的专著。作为一个比较文学学者，他还发表了大量的对波兰诗人与俄罗斯诗人进行比较研究的学术论文。作为一个翻译家，他还翻译了密茨凯维奇等著名近现代诗人的诗歌。作为一个文化交流活动家，他先后在30年代和40年代

① Философов Д. Споры вокруг смерти Адама Мицкевича // Молва. 1932 №113, 119, 125, 131；转摘自 О.В. Розинская, Литературные критики эмигрантской Варшавы. Русско-польские литературные связи в 1920–1930-е гг。

为波兰学生编撰了俄语教科书。二战后，他曾担任波兰罗兹大学俄罗斯语言文学教研室主任。1937 年，波兰文学院①向波兰宗教事务和社会教育部部长建议，为传播俄罗斯文学和波兰文学做出重要贡献的库拉科夫斯基授予“科学院银桂”奖章。

在传播俄罗斯文学、文化方面，诗人菲舍尔也起了重要作用。早在旅波前，批评家菲舍尔就发表了大量关于莱蒙托夫（Михаил Юрьевич Лермонтов, 1814–1841）、屠格涅夫（Иван Сергеевич Тургенев, 1818–1883）的研究论著，编写了 19 世纪俄罗斯文学史教科书。20 年代来到波兰后他成为俄罗斯侨民作家和记者协会成员，用波兰文发表了大量关于普希金、屠格涅夫、陀思妥耶夫斯基（Фёдор Михайлович Достоевский, 1821–1881）、托尔斯泰、契诃夫（Антон Павлович Чехов, 1860–1904）、高尔基［Алексей Максимович Пещков（Максим Горький）, 1868–1936］的研究文章，较为客观、全面地介绍了苏联时期的文学创作状况和俄罗斯侨民作家的创作情况，受到波兰读者的广泛喜爱。小说家和批评家博翰在离开苏联取道维尔纽斯到了波兰后，于 1929 年创作了长诗《耶稣与罗斯》，小说《修道院的故事》《神秘的修道院》等。他还翻译了大量的波兰诗歌和小说，例如密茨凯维奇、斯洛瓦茨基（Juliusz Słowacki, 1809–1849）等作家的诗歌与剧作，撰写了许多关于俄罗斯、波兰、白俄罗斯文学的随笔和论文。俄罗斯科学院院士，具有世界影响的自然科学家斯坦尼斯拉夫·齐文斯基（Станислав Цивинский, 生卒年不详）说，“博翰无疑促进了俄罗斯与波兰的文化亲近”，并称他是波兰文学的“真正的朋友、行家和传播者”。②取道巴黎最后在华沙定居的西利雅科娃是俄罗斯记者、小说家和批评家，她是波兰最有影响的俄罗斯侨民报纸《为了自由报》《言论报》《剑》的编委和最活跃的撰稿人。同时，她也是波兰报刊 *Droga*、*Marcholt*、*Verbum*、*Pion* 的合作撰稿人。在二战初的 1939 年 10 月，当波兰投降德国，德国军队开进波兰领土时她自戕身亡。西利雅科娃与第二故乡波兰共存亡的决绝姿态及其悲壮之举说明，斯拉夫人的文化史其实也是一部共同抗拒

① 根据波兰部长会议的命令成立于 1933 年 9 月 29 日，成员是最有声望的波兰老一代作家、文学批评家。

② О.В. Розинская, Литературные критики эмигрантской Варшавы. Русско-польские литературные связи в 1920–1930-е гг. http://stephanos.ru/izd/2013/2013_1_9.pdf，最后访问日期：2019 年 6 月 20 日。

异族入侵的文化史。值得指出的是，在推广、介绍俄罗斯文学经典方面，波兰的俄罗斯学者也起了重要作用，如波兰的政治和文化活动家列德尼茨基（Aleksander Lednicki, 1866–1934），语文学家、文学史家兹杰霍夫斯基（Marian Zdziechowski, 1861–1938），文学史家、语言学家布留克涅尔（Aleksander Brückner, 1856–1939）等。

南斯拉夫的俄罗斯侨民文化是一个颇具特色的文化现象。一是侨民人数众多，其中又以沙皇时代的军队官兵为主；二是侨民在当地的居住时间相对较短，其中的大多数人来后不久便北上或西去，分别迁徙到了捷克、法国、德国；三是俄罗斯侨民赢得了塞尔维亚、克罗地亚、斯洛文尼亚王国，后来的南斯拉夫王国君王的强有力的庇护。南斯拉夫是十月革命后俄罗斯白卫军官兵流散的中心之一。从 1919 年到 1920 年短短的两年时间里，被布尔什维克粉碎了的白卫军完成了有组织地向塞尔维亚、克罗地亚、斯洛文尼亚的三次转移：1919 年 4 月以哥萨克部队官兵为主的第一次转移，1920 年 1 月至 3 月，战败了的邓尼金领导的武装部队的第二次转移，1920 年 12 月弗兰格尔男爵领导的白卫军官兵的第三次转移。仅贝尔格莱德一个城市就收容了 4 万 ~7 万名俄罗斯白卫军官兵。他们大多居住在塞尔维亚的俄罗斯国外的东正教大教堂辖区。到了 1921 年 2 月，塞尔维亚已经形成了 211 个俄罗斯难民点，在斯洛文尼亚和克罗地亚的难民点也达到了 30 个。曾在俄罗斯接受教育，对俄罗斯文化、民族精神有着深深的崇敬之情的亚历山大君王（Александр I Карагеоргиевич, 1888–1934）曾对负责俄罗斯难民事务的南政府官员、塞尔维亚科学院院长贝里奇有这样一番令人动情的言说："你们应该让俄罗斯人坚守其俄罗斯精神。你们知道，他们是拉家带口来到我们这里的。每一个家庭都是民族的缩微景观，这是每一个民族的本源所在。你们应该相信，俄罗斯人必定会在他们生活的空间中找到自己的祖国，如果他们的家庭中充满了俄罗斯的氛围。俄罗斯学校——无论是小学还是中学——都应该永远保留俄罗斯的民族性，失去了它就如同高大的树上掉下的落叶一般。但这还不够，这还是太少。若无法满足其精神需求俄罗斯人是无法存活的。你们永远要记住这一点。让他们有房住、有饭吃、有病医，这是必需的，也是非常有益的。但是如果同时你们不能在课堂上、音乐会上、展览会上，特别是在他们自己的剧院里、自己的歌剧中让俄罗斯人做到心情舒畅——那等于你们什么也没做到……你们永远要记住，世界上有这样一个民族，为了实现精神需求他们宁可不吃饭，对于他们而言，艺术、科学、戏剧——同样是面包。这就是我们的俄罗斯人。”[①] 由于他的指示和贝里奇的鼎力相助，塞尔维亚政府给予了俄罗斯侨民巨大的物质支援和精神支持。这批侨民中的绝大多数是受过高等或中等教育的青年，他们抱着感恩之心对南斯拉夫的科学技术、教育、医疗卫生、文学艺术事业的发展发挥了不小的作用。塞尔维亚史学家约万诺维奇（М. Йованович）说，“大量有知识的不同领域的俄罗斯专业人员的出现（其中 9 人成为塞尔维亚科学院院士，600 余人成为高校教师）填补了刚刚结束的战争导致的大量专业人员阵亡的塞尔维亚和南斯拉夫在社会、经济、文化领域的空缺。俄罗斯难民的出现是对饱受创伤的当地人民的一个强劲的社会推动，尤其重要的是，这是发生在民族知识分子刚刚形成的历史时刻”。[②] 20 世纪 90 年代的俄罗斯侨民史研究成果表明，20 世纪 20~30 年代，在塞尔维亚，在后来的南斯拉夫，有着一种强大的，几乎无所不在的“俄罗斯文化存在”，俄罗斯侨民与塞尔维亚人在科学技术、文化艺术等多个领域的合作取得了显著的成效。20 世纪南斯拉夫思想与学术流派的源头无不可以追溯到这一时期俄罗斯侨民与本地民族之间思想、科技、文化方面的交流与融合。

尽管俄罗斯侨民在南斯拉夫居住的时间相对短暂，但南斯拉夫各地仍出现了大量的俄罗斯难民救援组织、俱乐部、文化社团，甚至还出现了由不同政治立场和思想倾向的俄罗斯社会革命党人和保皇党人分别成立的党派和政治团体。1928 年在贝尔格莱德，侨居欧洲的俄罗斯作家举办了由南斯拉夫政府支持的第一次俄罗斯侨民作家代表大会。塞尔维亚科学院还出版了两套丛书：“俄罗斯系列丛书”和“儿童系列丛书”。白银时代最著名的作家、诗人布宁、库普林（А. Куприн, 1870–1938）、梅列日科夫斯基、什梅廖夫、列米泽夫（А.Ремизев, 1877–1957）、吉皮乌斯、苔菲（Н.Тeффи, 1872–1952）、谢维利亚宁（И. Северянин, 1887–1941）等均被收入俄罗斯图书系列中，而“儿童系列丛书”中也不乏俄罗斯儿童作家的作品。1933 年，各社会团体合并，在沙皇尼古拉二世家庭成员出席的情况下成立了以沙皇命名的“俄罗斯之家”，这是在欧洲任何一个国家和地区都没有的现象。在俄罗斯侨民的生活中，“俄罗斯之家”承担了一个文化、组织、社会中心的角色。

---

① “Нетленный венок” Составитель М. Кожина-Заборовская.Белград, 1936, с.95, 转引自 http://www. perspektivy. info/rus/rassey/russkaja_emigracija_v_jugoslavii_19201945_2007-03-19.htm，最后访问日期：2019 年 6 月 20 日。

② https://historical-fact.livejournal.com/143393.html，最后访问日期：2019 年 6 月 20 日。

毕业于沙皇时代武备学校的士官生杜拉科夫（Алексей Дураков, 1898–1944）是这一时期侨居南斯拉夫的代表性作家之一。他于1920年1月侨居塞尔维亚，贝尔格莱德大学毕业后一直在那里生活，直到二战期间在战场牺牲。1923年，他加入当地的文学小组；从1928年起，他成为巴黎《十字路口》（*Перекресток*）文学联合会贝尔格莱德分部的成员。除了自己创作的诗歌外，在1933年贝尔格莱德出版的《南斯拉夫抒情诗选集》中还有他翻译的作品。作为一名诗人、翻译家，他始终活跃在南斯拉夫文坛。

尚在20年代末，俄罗斯侨民作家安费捷阿特罗夫（Анфитеатров А.В., 1862–1938）在意大利米兰语文协会所做的报告《流亡者的文学》（"Литература в изгнании"）中指出，"尽管物质窘迫，精神上备受挫折，流亡者并没有气馁，俄罗斯文学在这一时期达到了相当的高度"。① 他罗列了百余名俄罗斯新老侨民作家的创作，指出作家们继承了19世纪后半期和20世纪初俄罗斯文学的优良传统，形成了两种不同的文学创作倾向：被他称为新屠格涅夫主义的客观主义与陀思妥耶夫斯基式的主观主义。前者的代表是奥索尔金（М.А.Осоргин）和苔菲，后者的代表是阿尔志跋绥夫和什梅廖夫。由于时间短暂，旅居南斯拉夫的俄罗斯侨民并没有实现其所有的文学和文化创意，但他们一方面见证了侨居异乡的历史语境与社会身份的变迁；另一方面又始终在与苏联本土的知识分子对话，在俄罗斯文化历史和塞尔维亚文学历史上留下的印记是难以磨灭的。俄罗斯侨民诗人和讽刺作家施波良斯基（А. Шполянский, 1888–1957）说，"所有的人都在写，都在发表和出版作品。……25年的时间里几乎没有停顿"。② 值得指出的是，在表现历史时代、表达侨民心理，特别是在塑造苏联形象上，俄罗斯波兰南斯拉夫侨民作家和批评家不仅具有与其他地区侨民文学创作高度的内在一致性，即对新生的苏维埃政权的异见性，同时也表现出其不同于其他地区侨民的独特性。与旅居欧洲其他国家的俄罗斯侨民一味的批判性立场不同，他们更多的是从比较客观的立场介绍苏联文学的成败得失，这赢得了所在地区知识分子读者的认同。

从整体来看，20年代前半期俄罗斯旅波兰、南斯拉夫的侨民作家宗教情绪高涨，文学创作中的东正教宗教意识强烈，这是俄罗斯侨民作家身在他国异乡时所追求的一种民族文化精神。正如侨民哲学家、文学批评家斯捷彭

---

① http://aleho.narod.ru/book/_russian_liter.htm，最后访问日期：2019年6月20日。

② http://aleho.narod.ru/book/_russian_liter.htm，最后访问日期：2019年6月20日。

（Ф. Степун, 1884–1965）在他的哲理长篇小说中所言，“如同所有受伤的野兽都会躲进自己巢穴中死去一样，人在生命的艰难时刻也会本能地躲进其精神巢穴中。这一黑暗的精神巢穴就是血缘——家族、出生、祖先的遗嘱、记忆、童年。对于俄罗斯 20 年代的侨民来说，最普遍的走进巢穴的表现就是回归宗教”。[①] 回忆录体裁、宗教探索成为这一时期俄罗斯波兰南斯拉夫侨民文学的典型特征。强烈的东正教情怀与对发生在祖国大地上的现实的愤懑交织在一起，成为此间文学的精神性特征。俄侨史学家、神学家费多托夫（Г. Федотов, 1886–1951）在他的《我们为什么来到这里？》一文中说，“也许，从来没有任何一次侨民潮获得过这样的命令式的民族训示：承载文化的遗产”。大量涌现的侨民报纸杂志成为此间俄罗斯侨民作家重要的文化、文学宣传园地。20 年代初还涌现了大量的宣传神学、东正教的作品。

20 年代后半期是两地侨民文学的高涨繁荣期。时间的流逝使得离开祖国的伤痛得以缓解，激进的情绪被更多、更深的沉思与分析所取代。此间，俄罗斯青年侨民积极的文学创作活动开始显现，出现了一批像格连尼雪夫－库图佐夫（И.Н.Гленищев-Кутузов, 1904–1969）、别克－索菲耶夫（Ю. Бек-Софиев, 1899–1975）、阿列克谢耶夫－杰维利（Л. Алексеев-Девель, 1909–1989）等为代表的青年侨民作家，他们的文学创作不仅是俄罗斯侨民文学中的一个组成部分，而且深深烙印着异域斯拉夫文化的色彩，为俄罗斯与塞尔维亚的文学和文化互动做出了应有的贡献。其“血缘文化”“原生文化”得到了异域文化的哺育，他们在异乡的漂泊中获得了新生。这些离开俄罗斯土地的新一代知识分子注定要承受两重文化模式带来的身份挤压。白银时代建立起来的对俄罗斯原生文化的依恋以及父辈在俄罗斯社会文化转型之后所形成的与现实的尖锐对立和鲜明的批判立场造就了他们新的文化和情感特征——痛苦、焦虑、彷徨、呐喊在淡化，沉郁、明亮、个性化的审美元素在增长。在他们的文学创作和思想著述中，既有对“前俄罗斯”的怀旧，还有对“现苏联”的冷静审视，浸透着深刻的反思与冷峻的思考。

到了 20 世纪 30 年代，波兰和南斯拉夫的俄罗斯侨民文学进入一个更为沉静、深邃的时代。作家文学作品的创意空间和情感探索更加开阔和丰富。作为流亡者，俄罗斯侨民作家将家园转换成了永远的流离失所，将记忆转换成了终生的乡愁，将渴望转换成新的精神家园建构。家园改变后的忧思和对

---

① http://aleho.narod.ru/book/_russian_liter.htm，最后访问日期：2019 年 6 月 20 日。

丢失了存在之基的恐惧，这两重心绪催生了俄罗斯侨民作家渴求保护语言和文学传统的新的关切。他们的每一部作品不再是被打破的思想碎片，而是由此创造出不同的，具有各自完整性的俄罗斯文学和文化。

尽管“流浪与漂泊”是几代俄罗斯侨民知识分子的宿命，但他们不甘成为失去足下乡土的“精神流浪者”，文化身份变化所引发的文化记忆既使他们念念不忘俄罗斯精神文化传统对他们的哺育，又向他们提供了在异国他乡反观故土、文学和文化传统的机会。这不是真正的精神逃逸，因为他们力求卸下“侨民”意识，将俄罗斯语言、俄罗斯文学当作真正的家园，回忆、寻求生命与土地、文化之间的联系，并因此体会到俄罗斯人的另一种精神“幸福”。他们自创了独特的文学表现形式，在传承俄罗斯文学中排解精神的苦闷与疼痛，以文学创作的成功与乐趣作为精神苦闷的慰藉和补偿，把文学事业看成民族的精神守望。或许，他们感到幸福的，还有以无拘无束的自由方式，疏离、缓解了当年知识分子的精神困境和表述困境，从而能获得再度握手“浪漫”的时空。经过了大半个世纪的磨难和淘洗，20世纪的俄罗斯侨民文学仍然还是一个未完成的故事。之所以未完成，是因为它还在继续，它的影响也在延续，它不同于本土文学的理念、形式、方法也越来越深入地融进了俄罗斯文学的整体中。

圣·埃克絮佩里作品中的空间趋变*

王　牧**

摘　要：享誉世界的法国作家安托万·德·圣·埃克絮佩里在作品中构建了一个多层次、多意义的动态空间体系。空间不仅是他叙事的背景，更是其哲学思辨的主体。在本文中，我们将分析埃克絮佩里作品中的空间层次，阐明其空间寓意，并揭示这个多维度动态空间体系的趋变轨迹：从大自然到被开垦的"人类大地"；从陌生的世界到"驯化"的世界；从"封闭的空间"到"开放的空间"；从真实的空间到虚拟的空间。我们的研究旨在通过剖析作家的哲学思想和艺术创作风格，审视现代人的生存境况，探讨新的价值观和人生观。

关键词：圣·埃克絮佩里　空间趋变　寓意

引　言

"埃克絮佩里的故事是我们周围的空间改变的路线，是文本在想象的大

---

*　本文为2018年度教育部人文社会科学研究规划基金项目"圣·埃克絮佩里作品中的空间构建和趋变研究"中期成果，项目批准号：18YJA752013。

**　王牧，博士，广东外语外贸大学西方语言文化学院副教授，硕士生导师，研究方向为法国现当代文学与西方文艺理论。

树上萌芽或产生的形象，他的故事从来不是静止和既定的。”[①]

法国飞行员作家安托万·德·圣·埃克絮佩里（Antoine de Saint-Exupéry, 1900–1944）是20世纪西方文坛的一位传奇人物。他既是在“云海之上”[②]与暴风雨搏斗的勇士，又是一位充满想象力、感情细腻、思想深刻的作家。在他的笔下，星辰河海、高山沙漠不仅构成了叙事的空间，同时也是哲学思辨的主体。就像亨利·列斐伏尔（Henri Lefebvre）[③]在《空间的产生》（*La Production de l'espace*）中所揭示的空间构建过程：实践、构想和感知[④]，埃克絮佩里以自己的亲身经历为素材，讲述了飞行员们的英勇事迹，同时，创造了一个多层次、多意义，从实渐虚的多维度动态空间，并通过这个丰富多彩的文学世界阐明了他对人类社会的现实观照和理想构建。

一　从大自然到“人类大地”[⑤]

“大地对我们的教诲胜过所有的书本。因为大地并不是随我们摆布的。当人类与障碍进行较量时，人类便发现了自己。”[⑥]

埃克絮佩里的一生都和大自然联系紧密。作为20世纪初的一名邮政飞行员，在飞机制造技术还不完善的时代，他选择了向风雨雷电、高山大海挑战的危险职业，为地面上安居乐业的人们建立彼此之间联系的“桥梁”。书中的主人公和他本人有着相似的经历，壮阔旖旎的大自然并不仅仅是他们生活和战斗的背景，更是他们“耕耘”的“人类大地”和精神家园。

大自然在飞行员的视野中时而安谧静逸，时而雄伟壮丽，如梦想般让人着迷，又如穹渊般神秘莫测。小说《夜航》（*Vol de nuit*，1931）讲述了飞行员法比安（Fabien）在运送邮件的途中突遇雷雨而牺牲的故事。在航程的一

① Sully Bernadie, L'Imagination de l'espace dans l'œuvre de Saint-Exupéry (Ph.D diss., Université Paris VII, 1971), p.11.

② Antoine de Saint-Exupéry, *Œuvres Complètes*, Tome I, *Terre des Hommes* (Paris: Gallimard, 1994), p. 175.

③ 亨利·列斐伏尔（Henri Lefebvre, 1901–1991），法国著名的哲学家、美学家和评论家。

④ Henri Lefebvre, translated by Danold Nicholson-Smith, *The Production of Space* (Uk : Wiley-Blackwell, 1992), pp. 65–82.

⑤ 出自埃克絮佩里的一部作品的名称《人类大地》(Antoine de Saint-Exupéry, *Terre des Hommes*, Paris: Gallimard, 1939)。

⑥ Antoine de Saint-Exupéry, *Œuvres Complètes*, Tome I, *Terre des Hommes* (Paris: Gallimard, 1994), p. 171.

开始，“安详的云海泛起轻柔的涟漪，夜晚临近，法比安似乎驶进了一个浩瀚无边、令人神往的停泊港”。[①] 然而，危险一触即发，雷雨就潜伏在某一个角落，“就像蛀虫藏在水果里”[②]，坏天气一旦发作便是灾难。几千米的高空之上，飞行员仅凭一己之力和风雨雷电对抗。但是，大自然与人类的较量早已胜负了然，飞行员不可避免地付出了生命的代价。“就像农民长眠于土地”[③]，埃克絮佩里笔下的主人公“最终都安息在他们曾经飞翔的航线”[④]，如法比安坠于云海之下，贝尼斯（Bernis）[⑤] 迷失在荒漠之中，贝勒汗（Pellerin）[⑥] 被围困在雪山之巅，纪尧姆（Guillaumet）[⑦] 在地中海上机毁人亡。自然的神力既是死亡的绳索，也是生命的指引，无数次的险境中，大自然有时也会成为拯救飞行员的神迹。《航线》（*La Ligne*，1939）中梅尔莫斯（ Mermoz）凭借星辰的指引穿过了被暴风雨覆盖的海洋上空，《在沙漠中心》（*Au centre du désert*，1939），“我”因偶然遇见的贝都因人而获救。在人类和大自然这场力量悬殊的对抗中，埃克絮佩里的英雄们创造了意义非凡的战绩，《人类大地》（*Terre des hommes*，1939）中就描述了纪尧姆从雪山死里逃生的故事：“一场持续了四十八小时的暴风雪，封锁了所有的空间，使智利境内的安第斯山山坡上积满了五米厚的白雪……”[⑧] 纪尧姆驾驶的邮政飞机因为天气迫降在雪山，他在雪地徒步前进寻找帮助，直到第七天终于被同伴找到。在极端的天气条件下，他没有食物，没有工具，凭借顽强的意志和对家庭、对事业的责任心坚持到最后，创造了生命的奇迹。事实上，人与大自然的博弈远远没有结束。当埃克絮佩里和他的同伴们都消逝于浩渺的宇宙，他们的生命如同划过夜空的彗星，照耀了年轻飞行员的征途。作者在《南方邮件》（*Courrier sud*，1929）的结尾写道：“达喀尔呼叫图卢兹：信件安全到达。完

① Antoine de Saint-Exupéry, *Œuvres Complètes*, Tome I, *Vol de Nuit* (Paris: Gallimard, 1994), p. 113.

② Antoine de Saint-Exupéry, *Œuvres Complètes*, Tome I, *Vol de Nuit* (Paris: Gallimard, 1994), p. 114.

③ Antoine de Saint-Exupéry, *Œuvres Complètes*, Tome I, *Terre des Hommes* (Paris: Gallimard, 1994), p. 188.

④ Antoine de Saint-Exupéry, *Œuvres Complètes*, Tome I, *Terre des Hommes* (Paris: Gallimard, 1994), p. 188.

⑤ 《南方邮件》中的主人公。

⑥ 《人类大地》中的人物。

⑦ 《人类大地》中的人物，也是埃克絮佩里现实中的好友。

⑧ Antoine de Saint- Exupéry, *Œuvres Complètes*, Tome I, *Terre des Hommes* (Paris: Gallimard, 1994), p. 192.

毕。”[①] 这是贝尼斯在失踪前发出的最后一条信息。英雄们留下的英勇无畏的气魄和牺牲奉献的精神激励着机组乘务员继续投入人类的事业。

在埃克絮佩里的作品中，“航线”[②] 不仅是人类和大自然对抗的战场，也是普通人成为“大写人”（Homme）的熔炉。因此，作家笔下的“航线”被赋予了神圣的意义，当回忆自己第一次执行任务的经历时，他写道：“我们职业的洗礼就是这样进行的……。”[③] 从此，他将忍受孤独和痛苦，面对危险和死亡，同时，也会收获友谊和“真正的人类财富”[④]，他将从碌碌无为的普通人，蜕变成为人类的事业而敢于向大自然挑战的英雄。于是，“航线”上所有的自然风景，因为有了人的踪迹成为“人类大地”。在这片大地上，飞行员“耕种云海”[⑤]，就像农民开垦土地。作家在书中反复地使用了一系列意义相近的动词，如开垦（défricher）、耕种（labourer）、种植（cultiver）、开发（explorer）、建造（construire）、创造（bâtir）、建立（établir）等，它们和高山大海、沙漠平原联系在一起，诠释了埃克絮佩里独特的“人与自然”思想。在他看来，飞机之于飞行员如同犁之于农民，船之于水手，锄头之于园丁，都是人类改造大自然的工具。根据马克思所提出的“人化自然”理论，人类始终是改造大自然的主体，而人在改造自然的过程中也改变着自己。同样，埃克絮佩里强调和肯定了人对大自然的改造，但他更注重的是人在改造自然的过程中对事物和自身存在意义的改变。

二　从陌生的世界到“驯化”的世界

“如果你想要一个朋友，就请驯化我吧。”[⑥]

① Antoine de Saint-Exupéry, *Œuvres Complètes*, Tome I, *Courrier Sud* (Paris: Gallimard, 1994), p. 109.

② Antoine de Saint- Exupéry, « La ligne », le premier chapitre de *Terre des Hommes* (Paris: Gallimard, 1994), p. 192.

③ Antoine de Saint-Exupéry, *Œuvres Complètes*, Tome I, *Terre des Hommes* (Paris: Gallimard, 1994）, p. 180.

④ Antoine de Saint-Exupéry, *Œuvres Complètes*, Tome I, *Terre des Hommes* (Paris: Gallimard, 1994), p. 189.

⑤ Stacy de La Bruyère, *Saint-Exupéry Une vie à contre-courant* (Paris: Albin Michel, 1994), p. 324.

⑥ Antoine de Saint-Exupéry, *Œuvres Complètes*, Tome II, *Le Petit Prince* (Paris: Gallimard, 1994), p. 295.

马丁·布伯（Martin Buber）[①] 曾用“相遇的世界”来解释人与人之间相互关联的状态。埃克絮佩里在作品中也用“相遇”的故事建构了一个“驯化的世界”。他在《小王子》(*Le Petit Prince*，1943）中写道：“什么是驯化（apprivoiser)? 这是一件大家都忘了的事情，那就是建立联系。”[②]《人类大地》中，作者就用“一次美丽的相遇”(une belle rencontre）[③] 来描述再次见到纪尧姆时的情景。正是这种“美丽的相遇”让孤身奋战在浩渺宇宙中的飞行员不再孤独，旅途中的擦肩而遇让他们感到自己并不是唯一为了事业而奉献的人，相遇时哪怕是只言片语的问候，都让整个机组的成员被共同的纽带联系在一起。这种共同的纽带是双方在精神上的高度契合，不受世俗偏见的约束，不因时空变换而泯灭，是比任何物质都更为珍贵的真正的人类财富，正如作家在《人类大地》中所写的：“只有一种真正的人类财富，那就是人类的联系。”[④] 埃克絮佩里和他的同伴们飞越高山大海、沙漠桑田，把邮件传送到世界各地，帮助人们建立彼此之间的联系，在“开垦”自然的同时，也创造了一个“驯化”的世界。从此，陌生的存在成为生命中不可或缺的部分，就如狐狸一听到小王子的脚步，即使冒着被猎杀的危险也会从藏身之处跑出来一样；小王子哪怕付出死亡的代价，也要再次回到玫瑰的身边。

在作家看来，“驯化”不仅发生在人与人之间，也发生在人和大自然之间。同时，“驯化”可以让人更好地了解这个世界，因为“人只能认识他驯化的对象”。[⑤] 埃克絮佩里曾在沙漠腹地的朱比角（Cap Juby）驻守三年，在这片荒无人烟的大地，他逐渐摆脱了阴郁沮丧的心情，发现了生活的乐趣。他会和当地人一起喝茶聊天，会在休息时去沙漠中打猎，他欣赏繁星闪烁的夜空，穿越生机盎然的绿洲，这片曾经冷漠而贫瘠的土地给他留下了美好的回忆和对生命本质的领悟。他由此认识了沙漠的真正面貌，一望无际的空虚只

① 马丁·布伯（Martin Buber, 1878–1965），奥地利哲学家、翻译家、教育家。

② Antoine de Saint-Exupéry, *Œuvres Complètes*, Tome II, *le Petit Prince* (Paris: Gallimard, 1994), p. 294.

③ Antoine de Saint-Exupéry, *Œuvres Complètes*, Tome I, *Terre des Hommes* (Paris: Gallimard, 1994), p. 192.

④ Antoine de Saint-Exupéry, *Œuvres Complètes*, Tome I, *Lettres à sa mère* (Paris: Gallimard, 1994), p. 189.

⑤ Antoine de Saint-Exupéry, *Œuvres Complètes*, Tome II, *le Petit Prince* (Paris: Gallimard, 1994), p. 295.

是留给“朝三暮四之人”[①]的印象，一旦深入其中，“我们就爱上了沙漠”。[②]然而，人类在“驯化”自然的过程中必须付出时间、汗水，甚至是生命的代价，正如作家在《城堡》(*Citadelle*，1948)中所写的：“当我说山，我指的是让你被荆棘刺伤，从悬崖跌下，搬石头流过汗，采过上面的花，最后在山顶迎着狂风呼吸过的山。”[③]对于飞行员来说，航线上并不只有美景，更多的是难以预测的危险。万里晴空顷刻就会电闪雷鸣，碧海银沙随时会掀起狂风巨浪，只有经历过困境且奋力拼搏的勇士才会最终了解大自然复杂而多变的本质。因此，投身于事业的人才会真正了解大自然不为常人所知的一面，并与之建立某种特殊的联系，正如“驯化”田野的时候，农民会了解天气变化；“驯化”花园的时候，园丁会知晓植物的生长规律；“驯化”海洋的时候，水手会熟知潮汐的涨落；“驯化”天空的时候，飞行员会理解“云海之下是永恒”的真理。在纪尧姆的地图上，一个不知名的农场会比大城市更加重要，因为在事故多发的旅途中，只有这个农场上的人可以及时赶到并提供救援。因此，“从出发的那一刻开始，航线上的一切，就被一种强大的魔力赋予了生命”[④]，就像作者所说：“一种景物，如果不从一种文明、一种职业的角度来观察，那便毫无意义。”[⑤]

三 从“封闭的空间”到“开放的空间”

“我不能不把这两个宇宙对立起来：飞机的宇宙和地面的宇宙。”[⑥]

列斐伏尔认为“空间是一种社会产物”[⑦]，空间可以产生社会，也可以反映一定社会的文化和观念。埃克絮佩里在作品中就通过建构对立空间来阐

---

① Antoine de Saint-Exupéry, *Œuvres Complètes*, Tome I, *Terre des Hommes* (Paris: Gallimard, 1994), p. 215.

② Antoine de Saint-Exupéry, *Œuvres Complètes*, Tome I, *Terre des Hommes* (Paris: Gallimard, 1994), p. 215.

③ Antoine de Saint-Exupéry, *Œuvres Complètes*, Tome Ⅱ, *Citadelle* (Paris: Gallimard, 1994), p. 467.

④ Antoine de Saint-Exupéry, *Œuvres Complètes*, Tome I, *Articles* (Paris: Gallimard, 1994), p. 302.

⑤ Antoine de Saint-Exupéry, *Œuvres Complètes*, Tome I, *Terre des Hommes* (Paris: Gallimard, 1994), p. 175.

⑥ Antoine de Saint-Exupéry, *Œuvres Complètes*, Tome II, *Pilote de Guerre* (Paris: Gallimard, 1994), p. 204.

⑦ Henri Lefebvre, translated by Danold Nicholson-Smith, *The Production of Space* (Uk : Wiley-Blackwell, 1992), p. 26.

释他对不同的价值观和人生观的理解，《夜航》与《南方邮件》两部小说集中体现了作家的矛盾观念在空间上的折射。

在飞行员的世界中，壮丽的山河、浩渺的宇宙是他们执行任务的征途，也是与大自然搏斗的战场，构成了作家笔下“开放的空间”（espace ouvert），同时也是“职业的空间”（espace professionnel）；地面上熙熙攘攘的城市、窄小逼仄的房屋组成了“封闭的空间”（espace fermé），即“日常的空间”（espace quotidien）。前者隐含了以行动改变人类处境的信念，为他人承担责任、牺牲自我的人生观，和超越于物质之上、个人之外的真正的人类文明；后者代表像白蚁一样庸碌无为的人生，其中的幸福、爱情、友谊都是有局限的。在《南方邮件》中，作者讲述了飞行员贝尼斯和昔日情人热娜芙（Geneviève）之间的爱情故事。全文采用倒叙的手法，表达了作者对结局的预见性：女主人公香消玉殒，男主人公葬身沙漠，正如李维埃（Rivière）[①]所说：“爱，仅仅是爱，真是一条死路！”[②]另一部小说《夜航》，开篇讲述了飞行员法比安黄昏时分降落在一个小村庄，他感到“地面的生活如此地吸引他……很想在这个地方做一个普通人，通过窗户来张望不再活动的景物”。[③]但是，当他看到家家户户点亮的灯光，他明白了自己为什么“怀着必胜的信念穿越风暴”。[④]地面上的人以为他们的灯光只是照亮了面前的桌子，殊不知这灯光感动了航线上孤独的跋涉者，正因为这灯光，飞行员们才出生入死，放弃了自己的那一盏明灯。

埃克絮佩里在作品中构建了一个开放的、意义隽永的空间，一个新的人类世界。在俯瞰千里的高空，面对生与死的挣扎，作家对生命、对存在展开了趋向本体论的思考。他认为，当人不再为自己而存在，而是为理想而奋斗，为他人奉献时，那么他也许就能摆脱世俗的琐碎和羁绊，从而获得真正的幸福。这种幸福不局限于个人、家庭，而是发自人的内心，存在于整个世界，超越生死，惠及他人。贝尼斯因为一次偶然的降落遇到了一位中士，这是一个在荒漠中驻守多年的老兵。在常人看来，他理应孤独潦倒，但这位

---

① 《夜航》中的指挥官。

② Antoine de Saint-Exupéry, *Œuvres Complètes*, Tome I, *Vol de Nuit* (Paris: Gallimard, 1994), p. 152.

③ Antoine de Saint-Exupéry, *Œuvres Complètes*, Tome I, *Vol de Nuit* (Paris: Gallimard, 1994), p. 114.

④ Antoine de Saint-Exupéry, *Œuvres Complètes*, Tome I, *Vol de Nuit* (Paris: Gallimard, 1994), p. 116.

中士在飞行员的眼中却是一个内心温暖、充满理想、带来美好希望的人。因为，在这个人的身上，对于家人、爱人、陌生人和大自然的爱，以及对上帝的信仰融为一体，成为他生存的意义所在。

米塞尔·艾利亚德（Mircéa Eliade）[①]认为“开放的空间”更是“神圣的空间”，因为“这种神圣空间的经验让世界的建立成为可能”。[②]从这一点来说，他与作家是不谋而合的，因为他们都主张通过职业的行动来建立新的人类世界。在这个新的世界中，自我、物质享受、个人生活乃至生命都是可以抛弃的；而他人、集体、事业、使命则是新的人类文明的奠基石。相反，“封闭的空间”产生的是一种相对闭塞的文明，“在这种文明里，走路有走路的讲究，事物有事物的意义，而这种讲究和意义在其他任何文明里都是不存在的”。[③]对埃克絮佩里而言，“闭塞的文明”是对真正的人类文明的遗忘，对危险的不自知，对责任的回避，是面对生存困境的怯弱与退缩。因此，一旦出发的命令下达，地面上的一切都被飞行员们主动或是被动地放弃了，因为这些远不能与为了造福他人而向大自然挑战所产生的作为人的骄傲相提并论。

四 从真实的空间到虚拟的空间

“城堡，我将把你建在人类的心中。”[④]

埃克絮佩里早期的作品主要是以飞行员为主人公，讲述他们在执行任务的途中发生的故事。作者采用夹叙夹议的写作手法，歌颂人与大自然抗争的英雄主义精神，阐明他对生、死、爱情、友谊等人生重大问题的见解。《飞行员》（*L'aviateur*，1926）、《南方邮件》、《夜航》是这个时期的三部主要作品，作者在其中构建的空间以实景为主，同时包含了隐喻。首先，《飞行员》以皮雄（Pichon）训练营为主要叙事空间，讲述了飞行员们的学习和训练生活。其中的天空、大海、平原象征着“职业空间”；基地附近的小餐馆代表了学员和教练员的“日常空间”；训练场则是飞行员从普通

① 米塞尔·艾利亚德（Mircéa Eliade, 1907–1986），罗马尼亚哲学家、神学家、小说家。

② Mircéa Eliade, *Le Sacré et le Profane* (Paris: Gallimard coll.Folio, 1965), p. 60.

③ Antoine de Saint-Exupéry, *Œuvres Complètes*, Tome I, *Terre des Hommes* (Paris: Gallimard, 1994), p. 236.

④ Antoine de Saint-Exupéry, *Œuvres Complètes*, Tome II, *Citadelle* (Paris: Gallimard, 1994), p. 374.

人成长为英雄的“过渡空间”。作者通过这三类空间的交替预示了人物的命运，书中写道：“皮雄学员明白了些什么：人是会死的，而死亡不会有多大动静。这种与死亡的亲密接触让他们几乎感到骄傲……然而，死亡就在那里，毫不夸张，纯粹地存在着。”①接下来，埃克絮佩里在《南方邮件》中讲述了一对相爱的恋人因为不同的人生理想而生离死别的故事。作者将两个人物分别置于不同的空间，贝尼斯属于“职业空间”，他每天面对的是充满危险、前途未卜的航线；而热娜芙属于“日常空间”，她在其中过着舒适、奢侈、一成不变的生活。双方为了追求新的人生，都进行了逃离原属空间的尝试，但最终都不得不回归自己的世界。在之后的《夜航》中，作家延续了空间对立和并置的模式，进一步突出了职业与家庭的矛盾。小说中的黑夜，既是时间，也是空间：一夜之间，飞行员、家庭、整个机组的命运都发生了改变；在危机四伏的夜空，法比安驾驶着飞机和突然到来的雷雨进行搏斗。作者通过航线、办公室和家庭等多重空间的转换将人物命运紧紧地联系在一起，并且随着情节的推进，加快切换节奏以渲染气氛、突出矛盾，成功地刻画了法比安、李维埃、妻子等人物形象。另外，虽然作家早期的作品大都以真实的空间作为背景，但是其中的某些形象被赋予了特殊的寓意，比如“城市”隐喻物质文明主导下的现代社会，“灯”象征人类的友谊和关怀，其他类似的意象如“星星”“太阳”“蜡烛”等都代表光明和希望。

《人类大地》是埃克絮佩里的“转型之作”，从此之后，他的作品从小说逐渐转向哲理散文，出现了淡化情节、虚拟时空的特征。从空间构建的角度来说，一方面作者将现实空间和虚拟空间进行叠加，扩大了空间维度，将读者带入了一个超越时空的世界，比如平原上的岩石层让人回想起远古的历史，古老的熔岩通道让人仿佛看到了火山爆发时的情景，还有点缀在冰川上的土地也在讲述着荒芜大地上繁荣的过去…… 另一方面，书中的空间被赋予了多重寓意，比如航空公司的老式班车，不仅是一种交通工具，更是一个过渡的空间。飞行员乘着它去机场是对进入“职业空间”的准备，因为几小时后，一个普通的乘客将变成向风雨雷电挑战的英雄。班车就像“一个灰色的蝶蛹，蝶将从这里脱蛹而出”。②书中另一个典型的寓意空间就是“沙漠”，

① Antoine de Saint-Exupéry, *Œuvres Complètes*, Tome I, *L'Aviateur* (Paris: Gallimard, 1994), p. 33.

② Antoine de Saint-Exupéry, *Œuvres Complètes*, Tome I, *Terre des Hommes* (Paris: Gallimard, 1994), p. 178.

一望无际的黄沙表面上孤寂而匮乏，一旦真正了解这片大地，作家感到“这些印象都只不过是文学字眼，根本解释不了什么”[①]，因为它就像人类，具有自己的生命，甚至情感。《在沙漠里》（“Dans le désert”，1939）一章讲述的是当地居民的历史和日常生活，揭示了这片荒凉大地所蕴藏的蓬勃生机。其中黑奴巴尔克的故事表现了人类对生命和尊严的渴望，影射了现代人荒谬和虚无的存在状况。书中还提到了一位独守沙漠多年的中士，面对这样一种被世人遗忘的存在状态，作者不禁想道：“中士，撒哈拉对你来说意味着什么呢？它意味着总在向你走来的一位神明，意味着离沙漠五千公里之遥的一位温柔、可爱的金发表妹。”[②]由此可见，沙漠被赋予了人性和神性，在这个空间里，大自然、神、人融为一体，成为生命的意义。还有《在沙漠中心》突然出现的神秘的贝都因人，因为偶然的相遇拯救了陷入绝境的飞行员，更被视为神的化身。此时，沙漠、人类、神的形象叠加在一起，彼此互为隐喻，又同时存在于虚实交替的文学空间中。

在埃克絮佩里创作的后期，他作品中的空间已经完全虚拟化，时间和情节都进一步被淡化，甚至人物也不再是叙述的主体，取而代之的是作者凭借丰富的想象力所构建的一个超越时空的多维度空间，以及其中一系列充满寓意的形象。《小王子》（*Le Petit Prine*，1943）和《城堡》是作家这个时期的代表作品。他在《小王子》中根据逃离—历险—回归的情节发展轨迹，建构了一个动态的虚拟空间：首先，小王子居住的 B612 星球是一个用天文望远镜也难以发现的地方，但这里美好、宁静、和谐，隐喻“乌托邦”式的人类乐园。当小王子离开 B612 星球之后，他先后经过了六个宇宙中的行星。每一个星球虽然处于不同的轨道，却给人留下了相同的印象：“奇怪”（bizarre）、“陌生”（étrange）、“荒谬”（absurde）。显然，这六个行星正是现代人类社会在作家思想意识中的折射，“这些星球反映了人与人之间的绝对的疏离，这些人被认为就是生活在同一片土地上的人们”。[③]最后，小王子来到了地球，故事的主要背景设定在荒无人烟的沙漠，正是在这片远离现代文明的贫乏之地，摆脱了物质的桎梏，人类才发现了真正的“宝藏”。小

① Antoine de Saint-Exupéry, *Œuvres Complètes*, Tome II, *Lettre à un Otage* (Paris: Gallimard, 1994), p. 92.

② Antoine de Saint-Exupéry, *Œuvres Complètes*, Tome I, *Terre des Hommes* (Paris: Gallimard, 1994), pp. 217–218.

③ Pierre Aubray, “A propos du Petit Prince,” *Paroles nouvelles françaises* (14 mai 1946): 33.

王子和飞行员寻找井的经历象征着人类寻找生命意义的艰难历程，并且揭示了人与大自然不可分离的真理。

埃克絮佩里的遗作《城堡》，模仿尼采（Friedrih Zihelm Nietzsche）的《查拉图斯特拉如是说》（*Ainsi parla Zarathoustra*，1885），对其一生的哲学思想进行了回顾和总结。作品的背景是一个多重空间叠加的虚拟世界，其中的沙漠是大自然和人类社会的双重隐喻，既有盐场、荆棘、狂风、砂砾这些真实的元素，又有高山、树木、泉水、草原等虚构的形象。在陌生人看来，沙漠是大自然孤寂匮乏的角落，但对于真正进入其中的人来说，这里是一片充满蓬勃生机的乐园，士兵、囚徒、女人、孩子、水手、柏柏尔族的居民纷纷登场，演绎着一幕幕生动的人间悲喜剧。同时，书中的沙漠还表现为一个超越物质层面的虚拟的存在，可以被视为作者精神世界的外化。在这个世界里，充满了哲学思辨的意象，其中的“庙宇”“城市”“帐篷”都是人类社会的象征，题目中的“城堡”更是以一个虚拟的空间来隐喻人类本身，体现了埃克絮佩里关于人、社会、大自然融为一体的思想。在作家看来，人如果没有责任的束缚，就会失去存在的意义，因此他在书中写道：“我觉得人正像是城堡，想确认自己的自由，却只留下一堆暴露于星空下的断壁残垣。”[①] 除此之外，“树”也是人的另一个重要隐喻，在书中出现的“橡树”“橘子树”“松树”“雪松”等各种形象都是人的化身，因为从形态上来说，树扎根于土地，却向着太阳的方向生长，象征着人生于大地，却满怀理想；树的枝叶繁茂、相互交缠，象征着人类不断繁衍，彼此依靠。事实上，关于“人”，作家提出的是一个抽象的本质化的概念，在他的眼中，“农民”“园丁”“水手”“工匠”“士兵”“飞行员”“家中的女人”“奴隶”等各种身份和职业的人，在本质上都是一样的，他们都是大地的“开垦者”。人类在大自然中建立起自己的家园，由此也构建了有意义的空间，就像书中写的：“我发现了一个伟大的真理，即人定居下来，事物的意义对他们而言就随着家庭的意义有所变化。”[②]

结　语

对埃克絮佩里而言，空间并不是静止的容器或平台，而是一个运动的

① Antoine de Saint-Exupéry, *Œuvres Complètes*, Tome II, *Citadelle* (Paris: Gallimard, 1994), p. 374.

② Antoine de Saint-Exupéry, *Œuvres Complètes*, Tome II, *Citadelle* (Paris: Gallimard, 1994), p. 375.

实践过程。因此，他在作品中构建了一个动态的、多层次、多意义的空间体系，以阐明自己的人生观和价值观。并且，通过多重空间的叠加和隐喻，向读者展现了一个人类社会的理想范型。相对应地，读者可以跟随作家文学创作的空间趋变轨迹进入他充满哲学思辨的精神世界。埃克絮佩里在作品中所构建的文学空间就像一扇大门，开启了一个绚烂多彩、亦真亦幻的“新宇宙”，它隐秘而生动、真实而高远。这是“一个寓意的空间，让高雅后退，同样将平庸拒之门外”。① 这个空间也许并不存在于现实之中，但它却实实在在地存在于人类的生命中，并因为人类的行动和联系不断地被赋予新的意义，就像作者在《城堡》中所写的：“我写了诗，还有待修改……我一改再改，向着上帝走去。”②

① Alban Cerisier, *Il était une fois...Le Petit Prince* (Paris: Gallimard, 2006), p.276.

② Antoine de Saint-Exupéry, *Œuvres Complètes*, Tome Ⅱ,*Citadelle* (Paris: Gallimard, 1994), p. 641.

聚焦欧洲社会

European Society

迷茫、反思与探索

——有关在英国的波兰大学毕业生自我认同建构的质性个案研究

张和轩 *

摘　要： 本文采用吉登斯的自我认同理论，以质性研究方法探究在英国的波兰大学毕业生的自我认同和身份建构过程。通过对一位在伦敦做餐厅服务生的波兰青年的个案研究，我们可以看出赴英国的波兰高校毕业生的自我认同，在“犹豫和迷茫”“反思和怀疑”“探索和建构”中交织与发展。为追逐自我理想来到英国的波兰高校毕业生，往往需要在工作和理想的双重身份中不断转换。研究还发现，个人的选择和发展不可一概而论，要放在具体的环境下衡量和分析。

关键词： 自我认同　波兰　高校毕业生　职业规划

一　问题的提出

（一）问题的缘起

2004年欧盟第五次扩大，8个中东欧国家（波兰、捷克、匈牙利、斯洛伐克、斯洛文尼亚、爱沙尼亚、立陶宛、拉脱维亚）以及马耳他、塞浦路斯共10个国家正式加入欧盟，欧盟成员国达到25个。此次东扩的10个国家

* 张和轩，博士在读，广东外语外贸大学西方语言文化学院波兰语专业讲师，主要研究方向为波兰历史、波兰当代社会与文化。

与欧盟原有成员国之间在人均收入水平上相差很大，贫富差距远远大于以前陆续加入欧盟的国家。[①]受高工资、高福利以及更好生活环境的吸引，来自中东欧地区新入盟国家的移民潮开始大量进入老欧盟国家[②]，使得欧盟内部的移民模式发生巨大变化，其中以英国和爱尔兰的变化最为显著。部分学者[③]的研究显示，伦敦几乎整个城市都在依靠移民劳工维持运行。波兰作为中东欧地区最大的国家，同时拥有长期的向外移民传统，加入欧盟后流向英国的移民数目大幅攀升。据统计，在英国的波兰人从2004年的约54万人，增长到2016年的约85万人。[④]这些移民中既包括经济因素驱使的劳动移民，也包括倾向于获取阅历的青年“探索者”。[⑤]对于身处英国的波兰移民现象的学术研究，主要集中在四个主题，一是移民动机，二是移民的暂时性与永久性，三是工作经历，四是工作外的生活。[⑥]这几乎构成了波兰移民在英国生活的全部。

2014年夏天，笔者曾到英国进行为期半个月的自由行，在此期间认识了波兰青年艾德里安。艾德里安出生于1990年，从波兰大学毕业后就来到英国，辗转诺维奇和伦敦两地，先后当过工人、咖啡店雇员和餐厅服务生等。但谋生并不是他的全部，他的梦想是成为一名舞台演员，为此他付出很大的努力，有过获得小成就的欢喜，也有过碰壁的无奈。在与他相处的三天时间里，笔者零距离目睹了一名波兰大学的高才生如何在不规律的作息中调适着自己的生活。他并没有自怨自艾或自暴自弃，而是在努力工作的同时积极与人交流。在交谈中，笔者了解到他对波兰的失望，对英国的向往，对梦想的追逐，对自我的认同以及对未来的展望。所有这一切让笔者对波兰年轻人以及波兰移民的图景产生全新的感受，并对这个话题产生了浓厚的兴趣。

---

① 李宁:《欧盟东扩对区域内初级劳动力市场的影响分析》,《中国软科学》2004年第12期，第107页。

② 张黎:《欧盟东扩后劳动力西移与就业市场一体化——冲突的制度性原因浅析》,《世界经济情况》2008年第8期，第45页。

③ Kathy Burrell, *Polish Migration to the UK in the "New"European Union: After 2004* (London: Routledge, 2016).

④ A.Easton, (2016). EU Referendum: Is Brexit bad News for Poland? http://www.bbc.com/news/world-europe-36620886.

⑤ M.Fabiszak, "Migration as Learning, Migration as Holidays. *New Europeans under Scrutiny*," *New Europeans under Scrutiny: Workshop on State-of-the-art Research on Polish Migration to the UK*, 2 (2007).

⑥ Kathy Burrell, *Polish Migration to the UK in the "New"European Union: After 2004* (London: Routledge, 2016).

（二）研究问题

波兰大学的优秀毕业生，在英国做餐厅服务生，本身就有一种强烈的反差。据艾德里安所言，像他这样的波兰青年还有很多，在他工作的餐厅就有不少类似的案例。这种现象对波兰国内的就业市场而言是一种人才流失，对劳动者本人来说也是一种人才浪费。①②这种现象产生的原因是什么？波兰青年面对这种情况的自我感受是怎样的？他们对于自己的未来又有何打算？这些都是本研究希望探讨的问题。具体来说，本文的研究问题是“在英国的波兰大学毕业生是如何建构自我认同的”，这个研究问题可以围绕以下三个子问题展开。

（1）波兰大学毕业生对自我的预期是怎样的？

（2）波兰大学毕业生对现在从事的工作态度如何？

（3）波兰大学毕业生对自己将来有何规划与打算？

二　理论框架

与我国的整体情况不同，波兰青年在成长过程中非常看重自己的独立性和自我意识。③孩子进入 18 岁以后，家长便将其视作独立自主的成年人，很少再替孩子的生活做决定。波兰青年因此有了更多的自主空间，其成长与发展的原动力便不再是为了获得权威的认同，而是为了自我认同。

本文使用吉登斯的自我认同理论，对波兰青年的思考与行动进行分析。英国社会理论家和社会学家吉登斯认为，现代社会中个体自我的成长路径面临更多的选择，自我被“探索和建构”，个体的生活变化与外在的社会环境更加紧密地联系在一起。个体的生活变化总是需要其相应的心理上的变化，富有命运特征的时刻变得更加不确定，因而反思和怀疑成为生活于其中的个体做人做事的普遍性原则。个体的生活历程变成一个内在

① Fihel, Agnieszka, Paweł Kaczmarczyk, and Marek Okólski, “Labour Mobility in the Enlarged European Union: International Migration from the EU8 Countries,” *CMR Working Papers* 14/72 (2006).

② 陈志强：《从孤立走向多元——中东欧转型中的波兰移民管理》，《上海商学院学报》2009 年第 1 期，第 12 页。

③ Kinga Dziwańska, “Wartości cenione przez młodzież–wybrane uwarunkowania społeczno-kulturowe,” *International Letters of Social and Humanistic Sciences* 07 (2013): pp. 96–112.

参照性的历程，自我就是在这样的生活历程中被不断地形塑与建构甚至重构。[①]

三 研究方法

（一）研究对象

在波兰年轻一代的移民案例中，最重要的移民动因除改善经济状况外，还有冒险、探索自我、认识新的地点和新朋友、尝试独立、增强自我素养和获取经验等。然而在英伦三岛，他们从事的通常都是食品加工制造业、餐饮业和建筑业等产业的低端工种。[②]这些行业中会聚了大量的波兰人，也因为集聚效应而吸引了越来越多的波兰同胞投入其中。

从日常交流中笔者发现，艾德里安是一个非常典型的案例。作为一名90后，他在大学毕业后就毅然决然地离开波兰，奔赴英国追逐自己的戏剧梦想。为了生计，他不得不放下自己波兰名牌学府毕业生的身份而长期从事低端产业的工作。他在这几年的生活中如何构建自我，又是如何达到自我认同的，具有典型的研究价值。而本着方便抽样的原则，将艾德里安作为个案的研究对象也是本研究最好的选择。

（二）资料收集方法

由于研究对象空间距离较远，难以进行实地的考察，因此本次研究比较适合的资料收集方法是电话访谈法。笔者在2016年7月通过网络电话对艾德里安进行了若干次的电话访谈，而且在后期成文的过程中又通过邮件等方式进行了补充采访，并将访谈录音和结果进行了转录和编码。此外，2014年6月的那次见面，笔者还保留了自己的日记和照片记录，其鲜活性和一手性，同样是本文的重要资料来源。

四 研究结果

在吉登斯的自我认同理论中，自我因为现代社会不确定性因素的日益凸

① 李慧敏、雷庆:《由“教化”到“内生”的教育——探求安东尼·吉登斯自我认同理论的教育意义》,《教育研究与实验》2006年第1期，第40页。

② Edyta Czop, *Migranci polscy w krajach unijnej piętnastki (1992–2011): wybrane zagadnienia* (Rzeszów: Wydawnictwo Uniwersytetu Rzeszowskiego, 2013).

显而开始摒弃传统社会里自我成长的标志，转而在环境的紧密联系中通过自我反省来塑造、建构新的自我。艾德里安的个人经历，即从在波兰上大学开始，到做出决定毕业后赴英国，再到赴英国以后的工作以及逐梦，正是依据自己的经历和生活变化不断反思、调整，同时围绕理想自我（自己的梦想）能动地建构自我的过程。这一过程从时间和空间的角度可以分为三个阶段，即在波兰上大学、离开波兰奔赴英国的决断过程和毕业后赴英国生活，第三个阶段又可以分为两个部分：工作谋生和追逐梦想。从思想层面来看，有三个要素一直充斥着艾德里安生活变化的每个阶段，影响着他对自我的认同和构建，即“犹豫和迷茫”“反思和怀疑”“探索和建构”。

（一）在波兰

波兰的高等教育系统与我国不同，其普通全日制大学的设置为本科三年，硕士研究生两年，除非专门提出申请只读三年，一般情况下都会选择读完五年拿到硕士学位。[①]艾德里安所就读的雅盖隆大学位于波兰古都克拉科夫，是波兰排名第一的高校。每年都会有众多的国内外学生到克拉科夫学习，学生人数有时甚至占到全市人口的40%以上。在这样浓厚的学术氛围中，艾德里安却有些迷失了自己：

> 我在克拉科夫雅盖隆大学学习环境保护专业，事实上这个专业很无聊……不不不，我没有撒谎，我是认真的。对未来我没有——呃——事实上我没有怎么计划。我在读书的时候改变了主意。我以为这（环境保护）会是我毕生的追求，但是开始学习后不久我就决定只读三年（就毕业）了。我改变了自己的未来规划，我想做一点别的。

从以上的谈话中我们清楚地看到了艾德里安的犹豫和迷茫。在谈到自己的专业时，他反复强调其“无聊”，特别是现实与自己原来的毕生志向产生冲突时，他继续怀疑和反思，并做出决定不再视之为职业生涯，而是读完最低限度的三年，拿到本科学历即可。进入大学以前的原设自我在此刻得到修正和转变。

---

① Zhang Hexuan, “Porownanie Systemu Szkolnictwa Wyzszego w Polsce i w Chinach, ” *Spotkania Polonistyk Trzech Krajów – Chiny, Korea, Japonia – Rocznik*, 2014/2015 (2015): pp. 315–329.

但艾德里安的修正并不是在将学业年限调整到三年就结束了，对于自我他还有更高的要求，并坚决付诸实践：

> 一开始其实我想去读表演学院。（不喜欢读环境保护）然后我就开始同时就读两所学校。对，我在两所不同的学校读书。对，表演才是真正使我开心的事。这也是我来到英国的原因所在。

如果说前面是个体依据自己的经历所反思、理解到的自我，那么这里展示的就是一个典型的个体围绕理想能动地探索和建构自我的过程。演艺生涯开启了艾德里安生活的新篇章，也让他的人生目标从环境保护彻底地转移到表演舞台上。从今往后，他的生活方向就与表演产生了密不可分的关系，从而指引着他的人生选择，比如“来到英国”。

（二）离波赴英

> 我觉得（来到英国）这对演艺来说是一个更好的选择，我还可以提高自己的英语水平。还有更多的钱，更好的生活吧，是我自己做的决定。在英国也有很多跟我一样的波兰人，大家来都是为了赚更多钱，过更好的生活吧。我觉得经济因素是主要原因吧，更高的工资就意味着更好的生活。不过我来的主要原因是为了表演……嗯……（思考一阵）我觉得还是英国情况更好一些，而且比起波兰我更喜欢英国。我对波兰演艺环境的感觉并不好。演员的收入实在太低、太低了，你不得不为此挣扎。当然在哪儿你都要挣扎奋斗，可是在波兰实在太难了。不过在英国也并不容易，也是很难的，非常非常难。

在艾德里安下定决心从事演艺生涯后，他的未来选择也就提上了日程。但是，波兰国内的情况使他不得不怀疑和反思。微薄的收入、上升空间不明朗等演员的现实困境使艾德里安对在波兰的前景产生了怀疑，而当他又希望追逐自己的梦想时，离开波兰便成为理所当然的选择。在这段访谈对话中，艾德里安经常使用一个词“更好的”（better）来形容在英国的情况。英国能够提供更好的收入、更好的生活、更好的演艺环境，这一切都是在波兰难以获得的。他多次使用比较级就表明两者之间存在明显的落差，同时存在斥力和引力。斥力来自波兰，促使艾德里安离开原来的环境。而引力来自英国，促使他选择前往这里而不是别处。在这一推一拉的带动下，艾德里安选择了更换环境，在新的环境下探索和建构自我，去追寻他心目中“更好的生活”。移动在此被视为对传统波兰生活的一种替代品，被视为个人的、与众不同的个性解放。①

（三）在英国

1. 工作：自我认同的往复

艾德里安和他的波兰同伴们选择来英国的原因是这里有更高的收入和更好的生活，那么事实到底如何呢？从访谈中我们可以看到，情况也许并不是想象的那么简单：

> 我干了几份不同的工作。我首先到了诺维奇，在一个工厂工作，在生产罐头的流水线上工作。工作非常非常无聊，我做了四五个月就觉得很没意思，于是决定换一个工作，换一个能够有机会跟人交流的工作。于是我去一个咖啡厅做了吧台服务员，做做咖啡啊，客人服务啊这些东西，做了大概一年吧，然后就来伦敦做了两年的餐厅服务生。（现在这份工作）我有时上白班有时上夜班，有时一起上，视情况而定。大概每周工作 40 个小时吧，周末也要上班。我做的这些工作给我的影响，也许就是提升了英语吧，我不知道。

艾德里安主要是为了发展自己的演艺生涯才来到英国的，但是首先他面临的是生计问题。从这里我们可以看到，艾德里安在探索的过程中首先表现出反思和怀疑，即发现工作的“无聊”。这个词语经常被他使用，包括在形容自己的工作，以及自己波兰的学业时。这表明艾德里安有年轻人身上常见的对新鲜事物感兴趣，但是专注度较低的特点。随后，他在工作的变换中表现出犹豫和迷茫。首先每一份工作从事的时间都不长，而说到这些工作对自己的帮助时，他仅仅提到提高了英语水平这点，可见工作本身对于他的身份建构和认同帮助有限，现实拷打着这位年轻人的意志。

① Katherine Botterill, “Mobility and Immobility in the European Union: Experiences of Young Polish People Living in the UK,” *Studia Migracyjne-Przegląd Polonijny* 37.1 (139) (2011): pp. 47–70.

不过当被问及英国人对于在餐厅工作的波兰人的看法，以及他们对英国人的看法时，艾德里安的自我认同感似乎被激发了：

> 大家觉得我们（波兰服务生）很勤奋，干得很棒。我也觉得我们是好的员工，我们并不懒（双方笑）。如果你足够专注，你真的想做好的话，这并不困难，你可以在这里面学会很多……英国人很有趣，有英式幽默，可是作为顾客有时他们让人很头疼。他们并不太懂得，怎么说呢，感谢你的服务吧。

2004年波兰加入欧盟后，英国人很快就发现这些来自波兰的新鲜面孔是优秀可靠并且廉价的劳动力。① 不知不觉中，艾德里安也接受并认同了这种说法，尽管工作的内容有点无聊，但是在这个过程中还是“可以学会很多”，说明他在自我的建构中获得了认同，哪怕是在与自己的展望相去甚远的工作中，也仍然能够有所收获。工作了将近四年的艾德里安已经展现出与读书时有所不同的思想状况。

2. 演艺：两个角色的切换

据笔者的观察，英国当地的戏剧表演活动确实非常多。哪怕是一个小城镇也有属于自己的剧院，并且基本上每天都有戏剧演出。戏剧表演的整体氛围比波兰更浓厚，表演的受众面确实更大一些，也有更多的机会。艾德里安正是看中了这一点，所以在英国工作之余，他也会想尽一切办法追逐自己的梦想：

> 是的，在诺维奇我参加了市剧院的演出。而在伦敦，因为生计和时间的关系，就没有继续参与演出……在诺维奇我去参加了试镜，并被选中了……对对对（大声，自豪）那部剧非常棒，虽然我不是什么重要角色……是一部英文原版剧，叫《菲利普》……

作为来英国的主要原因，艾德里安显然对参加表演是充满期待的，也切切实实地付出了努力。艾德里安在谈到这次表演时，他的语气和之前有明显

---

① Adam Romejko, “A Polish Oedipus. On the Situation of the Polish Community in Great Britain in the Context of the TV Serial Londoners，” *Studia Gdańskie* 25 (2009): pp. 195–212.

的不同，显得更加积极，音量也明显提高。可以看出，艾德里安在涉及自己的演艺历程时并没有任何的犹豫和怀疑，而是积极热心地探索和尝试。作为自己的梦想，艾德里安在实践时有着与工作和读书时截然不同的行动力，与之前的“无聊”等词语形成鲜明的对比。“演员艾德里安”虽然比“服务员艾德里安”的角色更短，但是给予他本人的成就感和满足感显然多得多。艾德里安的自我认同也在这里达到了高峰，尽管他的演艺之路才刚刚开始。在这两个角色中切换构成了艾德里安在英国生活的基本模式。不论在心理上还是在生理上，二者都有显著的差异。

（四）未来

经过重重洗礼，现在的艾德里安早已不是当初那个在雅盖隆大学苦闷地学习环境保护的热血青年。将近四年的工作经历已经使他不再担心生计，而对于表演的尝试也让他对大环境有所了解。在谈到自己的未来时，艾德里安这样说：

> 过去几个月我一直在旅行，我之前的工作有点太多了。但是我觉得应该不会再那样使劲工作了。从九月开始（两个月后）我会更关注表演。下个月我还有很多旅行计划……旅行结束后我会回到伦敦，更专注于表演吧……我的生活还是很不错的，但是表演生涯就不怎么样了，你懂的，非常糟糕。嗯，但是整体来说我还是做得很棒。在英国我很开心。

从对话中我们可以看到，作为服务生的他已经有些疲惫，反映出一种犹豫和迷茫。因此需要以旅行的方式进行调节，在旅行中换一个环境，这也是让自己冷静思考的一种方式。因为“工作太多”而进行反思和怀疑，反思的结果则导致实践的转变——更少的工作，更关注表演。在目前的计划中，艾德里安的形象将会由完全的“服务生”开始向“演员”倾斜。

值得一提的是，在被问及英国“脱欧”对他的影响时，艾德里安很快给出了否定的回答。他直言并没有直接影响，他个人也毫不在乎。在整个谈话过程中，他从未流露出半点想离开英国的倾向，仍然将伦敦视作自己发展的地方。在经历了四年反思和怀疑、犹豫和迷茫、探索和建构循环往复的过程后，艾德里安对生活已经有了自己的掌控。他在伦敦找到了自我认同，并将继续坚持下去，在适应环境的过程中改变和完善自我。

结　论

本研究通过对在英国的波兰青年艾德里安的个案研究，以吉登斯的自我认同理论为基础，分析了艾德里安从在波兰上大学开始到在英国工作接近四年的生活状态和心理转变，得出以下结论。

首先，赴英国的波兰高校毕业生的自我认同在“犹豫和迷茫”“反思和怀疑”“探索和建构”中交织与发展。三者循环往复，充斥在大学期间和大学毕业后的各个阶段，不能割裂开来看。案例的基本情况是，探索和建构产生的结果与内心理想的自我不符，故而对现状产生犹豫和迷茫，进而开始反思和怀疑，由此产生的结果是新一轮的探索和建构。三者相互作用，相伴相生，共同推动青年自我认同的完善和发展。

其次，对怀揣梦想到英国发展的波兰高校毕业生来说，往往需要在工作和理想的双重身份中不断转换。由于生存压力，他们首先需要有一份工作安身立命，随后才能在空余时间追逐梦想。由于工作经验的欠缺，他们往往难以找到与大学所学专业相符的工作，转而从事低端服务业。在现实的压力和理想的丰碑中，波兰青年需要做出平衡和调整。而初入职场就面临枯燥的体力工作，对年轻人来说也是一种考验。

最后，个人的选择和发展要放在具体的环境下衡量和分析。波兰的推力和英国的拉力共同铸就了当今的波兰—英国移民模式，而波兰青年对于梦想的追求则使他们得以忍耐枯燥的工作。并且在这个过程中，他们的内心得到了锻炼和成长，对未来的规划也越发清晰。这便是个体围绕理想自我，发挥自己的能动性，利用自己周围的资源去建构连同身体在内的自我的过程。

荷兰媒体对华新闻报道分析*

——以2016~2018年荷兰《人民报》为例

张佳琛 **

摘　要： 本研究以荷兰《人民报》(*De Volkskrant*) 2016~2018 年的对华新闻报道为分析对象，利用语料库语言学研究方法，收集、提取、处理并分析新闻文本。在语料库语言学文本处理结果的基础上，应用 Fillmore 框架语义学（Frame Semantics）理论，对《人民报》三年间对华新闻报道中的中国国家形象进行基础的定位和分析。

关键词： 新闻语料库　荷兰　框架语义学　涉华报道

导　言

近年来，中荷关系逐渐升温。双方高层互访频繁，在经贸、教育、文化等领域的合作日趋活跃。在这样的时代背景下，了解荷兰主流印刷媒体如何理解中国、报道中国显得尤为重要。一方面，中国是荷兰在欧洲之外的重要贸易伙伴，关注中国的动态符合新闻媒体的兴趣；另一方面，很多荷兰人对于中国的认知大多来源于新闻媒体的报道。所以，了解荷兰媒体更关注哪些与中国相关的议题、国际事务的共同参与者或人物，以及分析新闻报道中所

* 本论文由中央高校基本科研业务费专项资金资助。

** 张佳琛，硕士，北京外国语大学欧洲语言文化学院荷兰语教研室讲师。研究方向为国际传播、话语分析、语料库研究方法。

选取的报道角度，将能够帮助我们更好地了解荷兰主流新闻媒体对于中国的印象，乃至了解荷兰大众对于中国的印象源自何处。

荷兰本土进行的荷兰语语料库研究起步较早，目前建成的规模最大的现代荷兰语语料库（Corpus Hedendaags Nederlands）从1994年就开始逐步对公众开放部分成果。VU-DNC corpus是新闻文本专门语料库，分别收录了1950~1951年和2002年荷兰五家主流印刷新闻媒体的文本语料，以研究新闻文本语言的历时变化。本研究受VU-DNC语料库的建设框架启发进行语料收集，但受技术手段和文章篇幅所限，先选择其中一家报纸进行语料处理、文本分析和技术路径的探索，为后续规模更大的研究做好准备。在五家主流报纸中，《人民报》（*De Volkskrant*）是创建历史较早、订阅数量排名靠前的报纸，以向受教育程度较高的受众提供高质量的新闻为立足之本。故以《人民报》作为案例进行研究，可以了解对荷兰发展和国际局势更感兴趣的荷兰受众更容易接触到的新闻报道当中，中国是以何种面貌被呈现出来的。综上所述，本研究意图解决的研究问题是：在《人民报》对华报道中，中国在中荷关系以及国际事务中承担何种角色？

本研究以2016~2018年荷兰《人民报》（*De Volkskrant*）对华新闻报道文本为研究对象，遵从语料库驱动的研究原则，收集并处理新闻语料，得到具体词项（lexical item）。然后基于框架语义学理论，对《人民报》在报道中国相关新闻时所涉及的不同语义框架进行分析。

一 研究理论框架

（一）语料库驱动的研究方法

语料库驱动（corpus-driven）的研究方法是相对于基于语料库（corpus-based）的研究来说的，前者更注重假设或规则的检验，而后者更倾向于对实际语言使用进行归类或归纳。[①②] 基于本文的研究问题，语料库驱动的研究方法相比之下更合适。

著名语料库语言学家约翰·辛克莱（John Sinclair）认为语料库驱动的研

① 梁茂成、李文中、许家金：《语料库应用教程》，外语教学与研究出版社，2010，第178页。

② D. E. Biber, “Corpus-based and Corpus-driven Analyses of Language Variation and Use,” In B Heine, H Narrog, *The Oxford Handbook of Linguistic Analysis* (Oxford: Oxford University Press, 2012), p.162.

究方法应该遵循五条重要原则，其中第四条是数据应该有序地被组织起来[1]，即强调了索引工具在此类研究中起到的重要作用。索引（concordance）指的是“运用索引软件（concordancer）在语料库中查询某词或短语的使用实例，然后将所有符合条件的语言使用实例及其语境以清单的形式列出”。[2]通过索引工具的使用，可以得到某一检索项（search term）在当前语料库中的使用实例。

本研究的对象是对华新闻报道，故检索项应是在文本中最经常与“中国”搭配出现的词语。语料库语言学中的搭配（collocation）主要观察共同出现的词语。在分析词语搭配时，搭配强度（collocability）是很重要的指标。搭配强度的计算是在被观察的两个词语在文本中分别单独出现的频数（occurrences）和共同出现的频数（co-occurrences）的基础上完成的。搭配强度的计算方法众多，本研究采用 AntConc 内置的 T 值（T-score）计算结果作为搭配词（collocates）筛选的基础标准，T 值的临界值是约定俗成的 2。需要指出的是，本研究的目的并不是考察荷兰语的使用规律，故在对搭配词（collocates）进行筛选的时候，会将介词、连词、限定词等功能词剔除，以得到有代表意义的词语，作为检索项供索引和语义框架分析之用。

（二）语义框架分析（semantic frame analysis）

在通过索引功能得到检索项的应用语境之后，研究将进入语义框架分析阶段。

根据 Goffman 的理论，框架（Frame）是人们在社会生活中会建立起的一系列组织原则的总和。[3]随着其理论的发展，框架的概念逐渐被应用在社会学研究之外的其他学术领域，其中语言学的很多分支都发展出了独立的用于文本或话语分析的理论体系。Benford 和 Snow 在 Goffman 的框架定义的基础上，提出了框架整合理论（frame alignment theory）[4]，适用于社会运动研究和政治话语分析等领域。本文作者曾应用框架整合理论解析了荷兰国王

① J.Sinclair, *Corpus, Concordance, Collocation* (Oxford: Oxford University Press, 1991), p.21.

② 梁茂成、李文中、许家金:《语料库应用教程》，外语教学与研究出版社，2010，第 11 页。

③ E.Goffman, *Frame Analysis: An Essay on the Organization of Experience* (Cambridge: Harvard University Press, 1974), pp.10–11.

④ R. D.Benford, Snow, D. A., “Framing Processes and Social Movements: An Overview and Assessment,” *Annual Review of Sociology 26* (2000): 611–639.

如何通过联合国大会演讲塑造荷兰王国的国家形象。[①] 既然框架理论的一种延伸成果能够被应用在国家形象架构的话语分析中，那么是否有其他基于框架的语言学理论适用于语料库语言学文本处理结果的分析呢？

由 Fillmore 提出的框架语义学（Frame Semantic）强调的是对于语言的语义解读。在对框架语义学进行论述时，Fillmore 提出："frame is ... any system of concepts related in such a way that to understand any one of them you have to understand the whole structure in which it fits"。[②] 在介绍框架语义学时，Geeraerts 认为："frame theory is specifically interested in the way in which language may be used to perspectivize an underlying conceptualization of the world。" [③] 由此可见，在框架语义学视角下，框架是语言塑造的认知结构，是理解世界的基础。在此基础上，Fillmore 认为框架语义学对文本分析的意义在于："the meaning dimension is expressed in terms of the cognitive structures（frames）that shape speakers' understanding of linguistic expressions" [④]，如果分析对象是文本，那么这句话中的"speaker"就可以被广义地理解为文本的撰写者。换句话说，作为文本分析手段的框架语义学认为文本当中所使用的词语的意义是文本撰写者头脑世界中框架结构的体现。

Fillmore 提出框架语义学理论之后，又与 Johnson 等学者合作，开发了 FrameNet 项目。该项目的主要目的是建立以语料库为支撑的在线词汇资源库，而资源库的结构基础则是语义框架（semantic frame）。Fillmore 将语义框架定义为："a script-like structure of inferences, linked by linguistic convention to the meanings of...lexical items" [⑤]，这个定义从本质上确立了语义框架以词项（lexical item）为中心的特点，使其能与语料库语言学常用的索引工具相互配合。语料库语言学中所指的检索项（前述搭配分析所得的搭配词），在语义框架分析中就成了词项。语料库工具提供词项使用的语境，

---

① 张佳琛:《框架整合与荷兰王国国家形象建构——以荷兰王国国王威廉·亚历山大第 70 届联大演讲为例》,《外语研究》2017 年第 1 期。

② D.Geeraerts, (ed.), *Cognitive Linguistics: Basic Readings* (Berlin: Walter de Gruyter, 2006), p.373.

③ D.Geeraerts, *Theories of Lexical Semantics*. (Oxford: Oxford University Press, 2010), p.225.

④ C. J. Fillmore, C. Baker, "A Frames Approach to Semantic Analysis," In B Heine, H Narrog, *The Oxford Handbook of Linguistic Analysis* (Oxford: Oxford University Press, 2012), p.317.

⑤ C. Johnson, C. J. Fillmore , E. Wood, J. Ruppenhofer, M.Urban, M. Petruck, C. O. L. L. I. N.Baker, "The FrameNet project: Tools for Lexicon Building," *Manuscript. Berkeley, CA, International Computer Science Institute* (2001): 9.

语义框架则是解读语境的手段。FrameNet 项目将语义框架归纳到不同的域（domain）当中，便于对众多的语义框架进行分类[①]，每个域下都包含多个语义框架。语义框架的核心是词素（lexeme），一个框架可以对应多个词素。每一个语义框架都由不同的框架元素（frame elements, FEs）组成。[②] 通过分析不同的词项所属的语义框架，可以发现"中国"具体是作为哪一种框架元素参与到当前的语义框架当中的，也就能够发现记者眼中的中国在不同的事务中承担什么样的角色。

综上所述，本研究先观察和筛选语料中"中国"的搭配词，然后将其作为检索项使用索引工具得到其使用语境。在语义框架分析过程中，语料库语言学术语检索项或搭配词，实际上就是语义框架中的核心词素。通过核心词素可以将当前语境根据该语义框架的框架元素进行分析，判断中国在其中充当何种框架元素，从而得到《人民报》的记者群体是如何解读中国在中荷关系乃至国际事务中所扮演的角色的。

二　语料库处理和语义框架分析

（一）语料库的建立和搭配词的筛选

笔者首先在 LexisNexis 数据库中收集了 2016 年 1 月 1 日至 2018 年 12 月 31 日《人民报》全部的新闻文本。之后对文本全文内容进行检索，检索词为"China"（中国）、"Chinees"、"Chinese"、"Chinezen"（中国的，中国人），并提取符合条件的文本全文，共得对华报道 4963 篇。在利用 AntConc 进行搭配强度计算前，文本已利用 PowerGrep 进行清洁，受篇幅所限，在此不再赘述。

通过对"China""Chinees""Chinese""Chinezen"等关键词语的搭配强度计算，在所得搭配词中首先提取 T 值超过 2 的搭配词，再从中剔除前述功能词。受篇幅所限，下文仅分析搭配系数 T 值计算结果较高，且框架分布集中的结果。筛选过后的搭配词及其所属域和语义框架见附表。

---

① FrameNet Ⅱ项目已经不再使用"域"这一概念，而是选择将总数量超过 1200 个的语义框架之间的关系用 FrameGrapher 呈现。由于 Fillmore 本人未参与 FrameNet Ⅱ相关文献的撰写，故本研究沿用 FrameNet 的分类方法及理论。

② 上文中语义框架所涉及名词的中文翻译参见潘艳艳《框架语义学：理论与应用》，《外语研究》2003 年第 5 期。

（二）语义框架分析

Johnson 和 Fillmore 等学者在 FrameNet 项目中将语义框架归类到认知域（Cognition Domain）、空间域（Space Domain）、交流域（Communication Domain）、交易域（Transaction Domain）等域，下文将对适用于本研究的各个域及其组成语义框架结合实例进行分析，剖析《人民报》对话新闻报道中的中国充当何种框架元素，寻找研究问题的答案。

1. 认知域

认知域内包含意识框架（Awareness Frame）、信念塑造框架（Coming-to-believe Frame）认知塑造框架（Becoming-aware Frame）、归类框架（Categorization Frame）等多个框架。

（1）意识框架

意识框架由认知者（cognizer）、内容（content）、证据（evidence）和主题（topic）四个框架元素构成。通过对“weten”（知道、知悉）、“denken”（思考、认为）、“geloven”（相信、认为）、“vinden”（认为、发现）等核心词素的语境观察，“中国”相关关键词在该框架中主要作为内容这一框架元素出现，例 1 是一个典型的例句。

例 1：

We weten dat China steeds meer diplomatieke invloed krijgt.

我们意识到中国正在获得更多的外交影响力。

从这个例句当中可以观察到，“中国”是这一语义框架中的内容，而认知者是“我们”，也就是荷兰一方。在这个框架中，内容和认知者这两个框架元素是必不可少的，而证据和主题并不是必须出现的。“中国”作为内容出现的情况最多，符合新闻文本的主题特点。但同样是作为内容出现，对中国整体情况的报道与对中国青年群体等具体情况的报道相比，在认知者这一框架元素上，有着较为明显的区别。在报道中国的整体国力、国际影响力等相对公认的内容时，认知者更多以“我们”“荷兰人”等整体形式出现。但在报道中国地区情况、特定人群新闻或习俗习惯的时候，认知者多以“我”或整体句式以被动句形式出现，隐去实际认知者，只保留语法形式上的认知者。

尽管在这个框架中“中国”作为内容出现的次数是最多的，但是当“中国”以认知者的形象出现的时候，多数都出现在关于国际和地区问题的讨论中，例 2 是一个典型的例句。

例 2：

China vindt verder dat de sancties van de Verenigde Naties tegen Noord-Korea kunnen worden opgeheven als het regime in Pyongyang zich aan de afspraken houdt.

中国认为，如果朝鲜遵守约定，那么美国应该缓解对朝鲜的制裁。

“中国”作为认知者出现的情况集中在中、美、俄三方关系、亚洲区域热点问题等议题上，这一点集中表现出在《人民报》记者群体眼中，中国是一个话语权、有态度的大国形象，在国际热点问题上敢于发声，敢于表明立场。

由此可见，同样在激活读者的意识框架的情况下，记者在报道中国整体情况的时候，会更倾向于选择代表整体的认知者，让所报道信息更具有说服性和影响力。但是就一些关于部分国民群体或个例情况做出报道的时候，记者更依赖代表个体的认知者，将新闻内容的个例性质通过这种形式表现出来，以保证新闻内容的客观。而作为认知者出现的中国，整体呈现一个在国际和地区热点问题中有态度、敢发声的大国形象。

（2）信念塑造框架

与意识框架相同，信念塑造框架中同样包含认知者、内容、证据和主题这四个框架元素。通过对核心词素“leren”（认识到）、“concluderen”（推断）、“schatten”（估计）、“vermoeden”（推测）的语境观察，“中国”相关关键词在该框架中主要作为内容这一框架元素出现，例句见例 3。

例 3：

Andere, voorlopige conclusie: vooral China kan wel eens van Trumps terugtrekking gaan profiteren.

另一个（暂时性的）结论是：中国很可能从特朗普退出（TPP）的选择中获益。

同样与意识框架相似的是，“中国”多以内容出现，认知者包括荷兰记者、学者等，以个人为主，主题包括中荷商贸合作、中美关系、中国文化和政策等。

在语料库中，信念塑造框架和意识框架的框架元素与“中国”等检索项都有较高的搭配强度，而且实际使用语境中都对中荷关系、中美关系等媒体关注的重要议题多有体现，说明《人民报》的对华新闻不仅关注中国在中荷关系中所起到的作用和地位，更关注中国在亚洲和国际上的影响和作用。这一点在空间域内的语义框架中也得到了集中体现。

2. 空间域

空间域中，位置框架（Location Frame）对新闻文本分析来说是一个非常重要的框架。FrameNet项目中，专有名词未列入语素中。但对本研究来说，观察《人民报》新闻报道中的位置框架除中国外，还经常出现哪些国家，可以直观地认识到记者头脑认知中中国在国际上处于何种位置。

在本研究所建语料库中，荷兰、俄罗斯、朝鲜、日本、亚洲、美国、英国、德国、法国、欧洲、非洲都是与中国搭配强度较高的国家和地区名称。尽管FrameNet项目中未对位置框架的框架元素做出界定，但笔者认为，针对新闻文本，应该有两种框架元素：一种是同位置元素，即经常并列出现的位置名称。在本语料库中同位置元素包括荷兰、俄罗斯、朝鲜、美国、英国、德国、法国等，这些位置在语境中经常与中国并列出现，能够体现出记者将中国视为与这些国家有紧密关系的认知。另一种框架元素或可称为超位置元素，即在位置分级上层级更高的元素和层级稍低的元素一同出现时，高位元素为超位置元素。在本研究中，亚洲、欧洲和非洲是相对于中国的超位置元素，它们与中国的高搭配强度说明了中国在《人民报》的报道中是一个有国际影响力的国家，与中国相关的事件对亚洲、欧洲和非洲都是有影响、有新闻价值的。

3. 交流域

在本研究所建语料库中，与中国相关关键词搭配强度较高的语素集中在承诺框架（Commitment Frame）和对话框架（Conversation Frame）中。交流框架（Communication Frame）是一个继承框架（Inherited Frame），这两个框架都继承了交流框架。关于继承框架的论述，可参考FrameNet项目成果和国内学者潘艳艳对框架语义学的介绍。①

（1）承诺框架

承诺框架元素包括说话者（speaker）、听话者（addresesee）、信息（message）、主题（topic）和媒介（medium）。激活承诺框架的语素不

① C.Johnson, C. J.Fillmore, E.Wood, J.Ruppenhofer, M.Urban, M.Petruck, C. O. L. L. I. N. Baker, "The FrameNet Project: Tools for Lexicon Building," *Manuscript. Berkeley, CA, International Computer Science Institute* (2001): 9. 潘艳艳：《框架语义学：理论与应用》，《外语研究》2003年第5期。

仅包括承诺（belofte、beloven）等具有积极语义韵的语素，还包括威胁（dreigement、dreigen）等有消极语义韵的语素。与“中国”等关键词搭配强度高的搭配词中，这两类语素的不同形式都有较高的出现频次。

在消极语境中，“中国”在绝大多数情况下以听话者这一框架元素出现。这与所谓的“中国威胁论”产生了强烈对比。例4是“中国”作为这一框架中的听话者出现的典型例句。从这个例句中不难发现，在《人民报》新闻中，中国对欧洲不是威胁，甚至在某些议题上还与欧洲站在同一个阵线上。例5则是“中国”作为消极承诺框架中的说话者出现的例子。尽管中国是“威胁”的发出方，但是记者仅想借这个词来表达中国对执意开展贸易战所持的强硬立场，而并不是把中国放在一个恃强凌弱的位置上，表达对局势的担忧。结合例4、例5不难发现，消极承诺框架在美国主导的贸易战这一议题上经常被激发，这也符合对语料库内检索行的总体观察结果。总的来说，对于贸易战相关议题，《人民报》采用的主要是中立的视角，并不过分地偏袒任何一方或表达对另外一方的不认可。但是从框架元素的使用上可以看出，在绝大多数情况下将“中国”放在“听话者”一方，通过间接和委婉的方式点明了中国在这场贸易战中的被威胁角色。但是被威胁不代表任人宰割，将“中国”放在对贸易战的对策相关议题激活的消极承诺框架的说话者位置上，是对中国坚定立场的肯定，也是对中国话语权的肯定。

例4：

Na een conflict met China dreigt hij ook een handelsoorlog met Europa te ontketenen.

除了与中国的冲突之外，他（特朗普总统）还酝酿着与欧洲展开贸易战。

例5：

China dreigde eerder met tegenmaatregelen als de VS zouden kiezen voor protectionisme.

如果美国选择贸易保护主义，中国或将出台采取对应措施。

同样是在消极语境中，“中国”作为说话者出现时还有另外一种出现频次较低的情况，那就是否定中国是威胁的言语，主要是对习近平主席话语的报道（见例6）。在这种语境下激活承诺框架，是新闻记者在有意识地给中国话语提供发言的平台，表达自己的立场和态度。

例6：

Hij geeft de rest van Azië het signaal dat een machtig China geen bedreiging hoeft te zijn.

他（习近平主席）向亚洲发出了一个信号，一个强大的中国并不是威胁。

在积极语境中，“中国”更多的作为说话者这个框架元素出现。例7是一个典型例句。

例7：

Daarnaast hebben de Chinezen beloofd nog eens 350 miljoen euro te investeren, onder meer in de bouw van een nieuwe cruiseterminal en een reparatiewerf.

除此之外，中国还承诺再投资3.5亿欧元，主要用于游轮港和船只修理厂的建造。

综观承诺框架的典型例句还可以观察到，在这个框架中，主题这个框架元素除了包括美国贸易战、中国在地区的影响和作用之外，经贸和投资关系也是《人民报》对华新闻的承诺框架的一个典型主题。这部分将在交易域中进行进一步的阐述。

（2）对话框架

与承诺框架相似，激活对话框架的语素也分为积极和消极两种。积极的激活语素包括“discussie”（讨论）、“gesprek”（对话）、“ontmoeting”（会面）等，“中国”的搭配词中，消极的激活语素数量很少，只有“ruzie”（争执）这个语素搭配强度较高。对话框架的框架元素包括对话者之一（Interlocutor-1）、对话者之二（Interlocutor-2）、参与对话双方（Interlocutors）、主题和媒介。

在对话框架被积极的语素激活时，“中国”主要作为对话参与者之一出现，例8和例9是两个激活积极对话框架的典型例句。通过观察可以发现，“中国”是对话活动的参与者，但是在某种程度上，与两个平等的对话者相比，“中国”在这个框架中被赋予了更多的自主性和权力，即与中国的对话被认为更重要或中国准备行使自己撤出会面的权利。由此可以看出，在《人民报》的报道当中，中国是愿意参与国际对话的，但是这不代表中国会为了参与国际对话放弃自己一贯坚持的立场或原则。

例 8：

Minister van Buitenlandse Zaken Rex Tillerson is van plan een vergadering met de NAVO te schrappen omdat hij voorrang geeft aan ontmoetingen met de leiders van China en Rusland.

（美国）国务卿雷克斯·蒂勒森计划取消与北约的一场会议，因为他认为与中国和俄罗斯领导人的会面更加重要。

例 9：

China zal elke minuut van die ontmoeting uitpluizen op aanwijzingen hoe Trump zich opstelt tegenover zijn Japanse bondgenoot.

特朗普与他的日本同盟相处的态度，将是中国是否决定取消这次会面的重要决定因素。

在语料库中，激活对话框架的消极语素与“中国”等关键词的搭配程度比较低，只有“争执”一词具有显著性，其语境如例 10 和例 11 所示。从地区议题来说，在处理与中国的关系时，以菲律宾为代表的一些亚洲国家不希望与中国成为消极对话中的对话伙伴。通过以这种方式激活消极的对话框架，《人民报》的记者实际上强调的是中国得到认可的国际地位和影响力。而在报道中国和美国之间矛盾事实的时候，记者倾向于选择让中美并列地作为对话参与双方参与到对话框架中，以保持新闻报道立场的中立。

例 10：

Duterte heeft helemaal geen zin in ruzie met China.

（菲律宾总统）杜特尔特不希望与中国发生争执。

例 11：

Gezien de ruzie tussen Trump en China zou een handelseconoom een interessant gebaar zijn.

鉴于特朗普和中国之间的矛盾，选择一位贸易经济学家（接受诺贝尔奖）将是一个引人深思的举动。

4. 交易域

上文已经提到过，《人民报》的对华报道中，经贸合作也是一个占比较大的议题。“中国”的高强度搭配词中，包括 investeren（投资）、belegger（投资人）、export（出口）、import（进口）等词素。在交易域中，最贴近这些词素的语义框架是商业框架（Commerce Frame），包括买家（buyer）、卖家（seller）、钱款（payment）、货物（goods）、费率（rate）、单位（unit）这些框架元素。但是笔者认为，在交易域中，还缺少一个能够激活人们对国际贸易认知的框架。在现有分类系统下，本研究先以商业框架带入分析，在后续研究中，可以根据框架语义学的应用与发展考虑贸易或者国际贸易框架建立的可能性。

对于出口来说，将框架元素调整为出口方和接收方似乎更为恰当。例12和例13是两个以出口这一语素激活商业框架的例句。在中国作为出口方的表述当中，绝大多数报道关注的都是中国出口额降低对国际市场产生的影响。中国近年来经济发展势头迅猛，稳中有进也是发展的必经阶段。《人民报》在报道这类新闻的时候，更注重事实的说明。在必要时直接使用数据表明其影响，而非直接下结论评断中国经济未来的发展态势。而当关注中国作为出口行为的接收方的新闻事件时，记者更关注的是荷兰产品的出口（例13）。作为主要依赖国际贸易的经济体，荷兰和中国有非常紧密的经贸关系，发展势头一直保持良好态势。因此，《人民报》将更多的精力放在了更微观的层面，关注不同产业对华出口的新变化和趋势。进口相关的新闻总体呈现的媒体态度与出口整体趋同，但是更关注荷兰从中国的进口情况。

例 12：

De berichten over de onverwacht sterke krimp van de Chinese export leverden ook op Wall Street overwegend dalende koersen op.

关于中国出口额显著降低的消息让华尔街的股市也出现了波动。

例 13：

Hoe werkt export van groente naar China?

如何将蔬菜出口到中国?

在投资这一议题上，似乎可以将框架元素中的买家和卖家调整为投资人和被投资对象。通过对语料的观察，笔者发现，中国作为投资人的情况要多于中国作为被投资对象的情况。在占多数的中国投资人和投资行为的新闻中，中国资本投资的地区包括荷兰、英国、美国等国家，再一次证明了《人民报》对于中国的关注不限于中荷关系和贸易往来，而是把中国放在一个在世界经济环境中具备影响力的强大经济体这样的维度来关注。而在相对数量较少的中国作为被投资对象的新闻中，记者则更关注荷兰企业对中国的投资。这类新闻激活的是读者的商贸框架，通过把中国放在被投资对象的位置，使荷兰企业处在投资人的位置。相比于中国企业，荷兰的读者自然更熟悉荷兰企业，把荷兰企业放在商业框架的主动位置可以提高读者对当前框架元素的亲近感，提高读者的阅读兴趣。

例 14：

Ondanks de Amerikaans-Chinese spanningen investeren Nederlandse pensioenfondsen steeds meer in Chinese bedrijven.

尽管中美关系紧张，很多荷兰养老基金仍在选择投资中国企业。

《人民报》在经贸话题上，没有把视角局限在中国和荷兰之间的合作上，而是把视野放宽至全球经济环境，报道中国企业和荷兰企业在这个大背景下进行的交往和合作。这说明《人民报》的记者群体不仅认为中国在国际政治舞台上享有话语权，在经济实力上也具备实力和影响力。为了让关注荷兰企业发展的读者获取所需的信息，中荷企业之间的直接合作主要以荷兰企业处在主动位置的方式呈现，以体现荷兰和中国商贸合作的紧密程度。

结论与反思

综观全部语料库检索项的观察结果，《人民报》对华报道的主要对象包括中国、美国、日本、俄罗斯、荷兰和欧洲，主要议题集中在中国、俄罗斯和美国三国关系以及中国和其他重要合作伙伴的贸易合作关系上。总体来说，《人民报》在报道中采取了中立的态度，客观地描述和总结了与中国相关的新闻事件，对于一些结论性的话语，会通过对话框架中的元素明确其个人观点的性质。在有些议题上，《人民报》通过将中国与荷兰乃至欧洲作为同一个框架元素或者并列的框架元素进行语言组织，能够带给读者一种中国和荷兰或中国和欧洲在这些议题上有共同的利益或者属于同一阵线的感受。

基于被观察的语料，笔者认为《人民报》在2016~2018年主要向读者展示的，是一个有国际影响力、有话语权、敢于发声的负责任的大国形象，同时也是与荷兰有紧密经贸合作的友好伙伴形象。

正如导言所述，《人民报》是荷兰五家主流印刷新闻媒体之一，故本研究所得结论只是荷兰民众从主流印刷媒体处所获取的中国印象的来源之一。而且《人民报》的读者定位更偏向受教育程度较高的人群，故尚不能完整地呈现荷兰新闻中对华新闻报道的全貌。但是本研究为未来计划进行的以多家新闻媒体为研究对象的进一步研究积累了技术经验，并探索了分析途径。中国的荷兰语语料库研究尚处于起步阶段，从小型的试验语料库开始建设并进行探索性的计算分析，能够逐步打开局面，为规模更大的专门用途语料库的建设和计算分析做好准备。

本研究应用的理论框架主要基于语义框架，其在本质上是通过观察语言使用实例，得到某个词语的含义而组织的概念结构。很多框架设计是为了尽可能多地提供一个词语在语言实践中的使用可能。将其应用在新闻文本分析中，是考察记者在进行写作的时候，想通过激活读者的哪一个语义框架来为其提供理解当前新闻的背景知识。本研究所得分析结果也体现了这种应用途径的可操作性，但是在未来的研究中，还可以进一步对适合新闻文本的语义框架分类和部分新闻文本特有的语义框架进行细分和开发。

FrameNet项目后期开发了包括中文、日语、西班牙语等语言在内的衍生项目，依据框架语言学理论对英语外的语言进行了语义框架分类。荷兰语尚未在衍生成果之列，故本研究参考英语的分类框架进行了研究。若随着技术的推进，荷兰语有了自己的语义框架分类，则此类研究将有更严谨可靠的参考框架体系。

附表　研究语料框架语义学分析结果简表

域	语义框架	关键语素	中国充当的框架元素
认知域	意识框架	weten（知道、知悉） denken（思考、认为） geloven（相信、认为） vinden（认为、发现）	内容 认知者
	信念塑造框架	leren（认识到） concluderen（推断） schatten（估计） vermoeden（推测）	内容
空间域	位置框架	荷兰、俄罗斯、朝鲜、日本、美国、英国、德国、法国（* 同位置元素） 欧洲、非洲、亚洲（* 超位置元素）	* 同位置元素
交流域	承诺框架	belofte、beloven（承诺）	说话者
		dreigement、dreigen（威胁）	听话者、说话者
	对话框架	discussie（讨论） gesprek（对话） ontmoeting（会面）	（有更多自主权的） 参与者
		ruzie（争执）	（被拒绝的）参与者
交易域	商业框架	investeren（投资） belegger（投资人）	投资方 被投资对象
		export（出口）	* 出口方、接受方
		import（进口）	* 来源方

* 该框架元素为笔者在 Fillmore 分类的基础上根据研究需要重新调整的元素命名。

政治利益视角下的萨尔维尼移民政策分析*

臧　宇**

摘　要：2018年，经中地中海线路非法进入欧盟的移民数量创下了自2012年以来的最低纪录，意大利在该线路的移民管控中发挥了重要作用。五星运动党与联盟党联合组阁之后，新任内政部部长萨尔维尼成为意大利移民管控的领导者，采取了一系列严厉的措施。本文旨在对萨尔维尼的移民政策进行简单回顾，并从其个人、联盟党和新政府的政治利益的角度进行分析。研究发现，通过禁止非政府组织救援船在意大利港口停靠、卸客，意大利减少了非法入境者的数量，也为规范非政府组织船只在搜救区内的活动做出了贡献，同时还以偷渡者的生命安全为砝码，向欧盟诸国施压，迫使其在移民再分配问题上有所改进。意大利与利比亚、突尼斯的合作，在边境管控方面取得了显著成绩，也为意大利同其北非盟友积极互动，探索新的合作契机搭建了平台。《安全与移民法令》名义上以同时解决公共安全和移民管理难题为目标，实际上却成为联盟党政治宣传的工具，为萨尔维尼争得了更多的支持。总而言之，其移民政策只不过是其谋求政治利益的工具而已。

关键词：萨尔维尼　移民政策　港口关闭　安全与移民法令

---

*　本项目受广东外语外贸大学欧盟移民危机管理研究团队资助。

**　臧宇，博士，广东外语外贸大学西方语言文化学院意大利语专业副教授，研究领域为欧洲移民治理。

自20世纪90年代以来，移民问题一直是意大利政界的核心议题。极右翼的联盟党（Lega，改名前称“北方联盟”，Lega Nord）素以反移民著称。在2018年的大选中，联盟党获得历史性的胜利①，与五星运动党（Movimento 5 Stelle）联合组阁。两党在组阁协议中将移民治理列为核心问题之一。②自新政府于2018年6月1日正式履行职权以来，出任副总理兼内政部部长的联盟党党魁萨尔维尼（Salvini）一直在移民管控工作中扮演主导者的作用。与真蒂洛尼（Gentiloni）看守内阁比起来，萨尔维尼的移民政策可谓有破有立：禁止非意籍NGO船只入港卸客，同时推动与利比亚、突尼斯的合作，对内又出台了《安全与移民法令》（*Decreto Sicurezza e Immigrazione*），以更严苛的措施限制境内移民。2018年，经中地中海线路进入意大利的非法移民数量比2017年下降了约80%，仅有23000余人③，创下了自2012年以来的最低纪录，重回“阿拉伯之春”（Arab Spring）前卡扎菲（Gaddafi）时期的水平。笔者以为，萨尔维尼并非真如其所宣称的那样敌视移民，也并非为了反移民而反移民，其所有动作不过是为维护党派或国家利益而使用的工具罢了。本文将对萨尔维尼主持工作以来意大利移民治理的主要措施进行简要回顾，并从其政治利益的角度进行分析，还原萨尔维尼移民政策的真实逻辑。

一　实施“港口关闭”的新政

（一）“港口关闭”的实施与直接收效

萨尔维尼上任伊始，即宣布“港口关闭”（Porti Chiusi）。他最初仅在社交媒体上批评NGO船只在利比亚搜救区内违规操作，宣布意大利诸港将拒绝任何非意大利籍救援船上的移民登岸，要求NGO退出中地中海救援。然而左派法学家立即指出，内政部部长并无关闭港口的职权，并提请对萨尔维尼的越权行为进行调查和纠正。但根据意大利的《航海法》，基础设施与

① Jakob Schwörer, “Right-wing Populist Parties as Defender of Christianity? The case of the Italian Northern League,” *Zeitschrift für Religion, Gesellschaft und Politik* 2 (2018): 387–413.

② Blitzquotidiano. 2018. “Contratto per il Governo del Cambiamento,” Accessed December 30 2018. https://static.blitzquotidiano.it/wp/wp-content/uploads/2018/05/contratto_governo_m5s.pdf, 最后访问日期：2019年5月15日。

③ Frontex. 2019. “Number of Irregular Crossings at Europe’s Borders at Lowest Level in 5 years,” Accessed February 25 2019. https://frontex.europa.eu/media-centre/news-release/number-of-irregular-crossings-at-europe-s-borders-at-lowest-level-in-5-years-ZfkoRu, 最后访问日期：2019年5月15日。

交通部部长托尼内里（Toninelli）出于维护公共安全之目的，有权禁止船只靠岸、卸客。他的坚定支持使萨尔维尼的网络喊话升格为行政命令，“港口关闭”变得名正言顺。五星运动党党魁、副总理迪马约（Di Maio）等众阁僚也支持内政部，认为为维护国家利益计，意大利可以说“不”。意政府还向一些船籍国施加压力，迫使其取消了部分NGO船只悬挂其国旗的许可，使之失去了正常航行、停靠的权利，自然就无法继续参与中地中海救援了。

在主持移民管控工作的大半年中，萨尔维尼始终态度强硬，国际组织、人权机构、教会、工会等多方的批评和抗议都未能动摇其决心，中央和地方层面启动的多个关于内政部部长滥用职权、违法行政的调查，也未能将其“拉下马”。一批无视意内政部警告，继续试图将被救移民送往意大利的NGO船只，要么如“水瓶座（Aquarius）号事件”中那样被迫转投中地中海之外的港口，由其他欧盟国家，如西班牙，承担船上非法移民的甄别与安置工作，要么如“生命线（Lifeline）号事件”中那样停靠马耳他，由包括意大利在内的多个欧盟成员国按一定比例共同接纳移民。

经过2018年6~9月的多方博弈，“港口关闭”政策取得阶段性“胜利”；9~11月，NGO船只在中地中海的活动明显减少。6~12月，单月非法入境意大利的人数与2017年同月相比，降幅均在80%以上。9~12月，单月以非正常方式入境意大利的人数均保持在1000人以下。①

中地中海线偷渡得到了有效控制，抵达意大利的移民数量显著减少，违规操作的NGO被迫退出了救援行动，但装备落后、训练水平低下的利比亚海警难以独立承担搜救区内的救援大任，导致海上遇难人数迅速增长。意国际政治研究院（Istituto per gli Studi di Politica Internazionale）报告显示，新政府执政的最初4个月（6~9月）中，中地中海线非法移民的死亡率高达6.8%，亦即平均每天有8.1人丧生，远高于其前任明尼蒂（Minniti）时期（2017年7月~2018年5月）的水平（中地中海线非法偷渡者死亡率2.1%，平均每天3.2人丧生）。在内政部严抓狠打的9月，中地中海线偷渡者的死亡率更是飙升至20%。②

① Frontex. 2019. “Number of Irregular Crossings at Europe’s Borders at Lowest Level in 5 Years,” Accessed February 25 2019. https://frontex.europa.eu/media-centre/news-release/number-of-irregular-crossings-at-europe-s-borders-at-lowest-level-in-5-years-ZfkoRu, 最后访问日期：2019年5月15日。

② Repubblica. 2018. “Migranti, Record di Vittime a Settembre: il 20% Morto o Disperso,” Accessed December 22 2018. https://www.repubblica.it/cronaca/2018/10/01/news/ref=search, 最后访问日期：2019年5月15日。

当内政部遭遇国际、国内尖锐批评，萨尔维尼的半张脸出现在 Espresso 杂志封面“人与非人”（Uomini e no）的大标题上的“非人”一侧后，联盟党宣传团队花了大气力在各类媒体上区分“非法移民”（海上来客）和应受保护的难民，萨尔维尼在机场迎接合规难民，怀抱儿童，发表欢迎辞的照片出现在了报纸和网页的突出位置。内政部于 12 月中旬进行了有选择的数据发布，宣称 2018 年仅有 23 名偷渡者在意大利海域丧生，较 2017 年（216 人），情况明显好转①，对中地中海线其他海域上成千生命的陨落视而不见。

“港口关闭”新政的直接效果是，经由中地中海线站抵达意大利的偷渡者减少了，NGO 船只的活动也减少了。尽管由于海上遇难人数增加，意政府面临各种指责，但这并不能动摇联盟党在执政联盟中的地位。

（二）萨尔维尼关于“港口关闭”的利益考量

从联盟党和新政府的角度来看，“港口关闭”的合理性至少体现在三个方面。

首先，对将“打击非法移民”作为竞选口号并因此获利的联盟党而言，在遏制偷渡方面做出成绩，有助于稳定其在选民中的“基本盘”，而海上遇难人数的增加，并不会动摇其联合执政地位。凭借新政，新政府，特别是联盟党的执政团队化解了执政之初的海上危机，赢得了良好的开局，避免了“其亡也忽焉”的悲剧。联合政府履新之际，正逢夏季，亦即中地中海线偷渡的传统旺季，形势严峻。仅在 6 月 9~10 日，就有 3 艘偷渡船将 500 余名非法移民送上了意大利南部海岸。几乎同一时间，“水瓶座（Aquarius）号”救援船救起了 629 名遇险移民，并准备将其全部送往意大利。②短时间内大规模的非法登岸者和潜在的登岸者，对初掌大权的萨尔维尼而言，无疑是极其严峻的挑战。如两日之内便有千余人登岸，这意味着中地中海线的偷渡状况将退步到 2017 年的水平，新政府治理非法移民的决心与能力将遭到严重

---

① Gazzetta del Sud. 2018. “Migranti, i dati del Viminale: ‘Con Salvini aumentati i rimpatri’, ” Accessed December 22 2018.https://gazzettadelsud.it/articoli/politica/2018/12/16/migranti-i-dati-del-viminale-con-salvini-aumentati-i-rimpatri-14fb9c1f-2546-44bb-96c2-fd43b7c1e050/?fbclid=IwAR3MLoSyrs5QvKxieZsNCiN9Fqtm6cbqVNNHWHB9xQoz5FZvk-imor0HwuM，最后访问日期：2019 年 5 月 15 日。

② Repubblica. 2018. “Migranti, Salvini a Malta: ‘Accolga la nave Aquarius, porti italiani chiusi’,” Accessed December 22 2018. https://www.repubblica.it/politica/2018/06/10/news/porti_salvini-198644488/?refresh_ce，最后访问日期：2019 年 5 月 15 日。

质疑。故“水瓶座号”被拒绝入港，实属情理之中。不久，萨尔维尼以强硬的态度向“生命线号”“阿斯特拉尔号”（Astral）等NGO船只关闭港口，逐渐稳定了夏季的海上管控形势。就连意大利自己的救援船“迪奇奥蒂号”（Diciotti）在已获得指挥中心许可靠岸的情况下，都因萨尔维尼追加的严令，不得卸客。这一极端的做法，极大地挫伤了NGO将偷渡者运往意大利的信心。在随后的几个月中，经中地中海线非法登陆意大利的人数持续处于可控范围。

其次，“港口关闭”新政打击了NGO船只的违规行为，也部分地满足了意大利的重要盟友——利比亚的诉求。无论是偷渡者，还是参与救援的NGO，普遍将意大利视作中地中海区域内最适宜的靠岸地。前者希望一脚踏进申根区，甚至能前往欧盟更为富裕的国家；后者希望帮助获救的偷渡者达成心愿，且认为意大利才是域内最安全的登陆地，只有在那里，偷渡者的人权状况才能得到有效保障。因此，NGO船只无论是不是在意大利领海内将人救起，都倾向于将其送往意大利，经常无视罗马救援协调指挥中心的指令。此外，为了方便救援，NGO船只常紧随偷渡船，一路“护航”。如此一来，偷渡船更加肆无忌惮地超载，在提高了失事概率的同时，也迫使位于欧盟南大门的意大利不得不接收更多的非法移民。明尼蒂时期建立了利比亚搜救区（SAR Zone），规定该区域内的获救者只能被送往利比亚，但NGO救援船多以利比亚营地人权状况堪忧为由，仍旧将被救者送往意大利。而负责该区域巡逻和救援的利比亚海警装备落后，能力有限，在救援中常被NGO捷足先登。在搜救区表现欠佳的的黎波里当局拦截、救援、收容的移民少了，其在与欧盟的讨价还价中的话语权也随之减弱，获得援助的额度也会受影响。所以，意大利和利比亚均将中地中海线NGO视作不受欢迎的人。真蒂洛尼政府曾于2017年出台《非政府组织海上救援行动准则》（*Codice di Condotta per le Ong Implicate nelle Operazioni di Salvataggio dei Migranti in Mare*），以规范NGO行为，利海警还曾向“抢人”的NGO船只开枪威胁，均收效甚微。

“港口关闭”的新政，是限制中地中海线救援管理措施的升级版，萨尔维尼甘冒“漠视生命”的指责，以更强硬的姿态，以更能击中对手要害的方式，遏制了NGO的行动。获救者无法在意大利港口登岸，利比亚又无法为其提供安全、人道的安置，马耳他并非偷渡者向往的目的地，前往愿意接收获救者的西地中海国家，如西班牙，航程又过长，救援船油料、给养不济。如此一来，在相当长一段时间内，相当一部分NGO船只被逼走，意、利这对盟友终于在与NGO的斗法中赢得了胜利。

最后，意政府以获救者生命安全为砝码，向欧盟施压，为其移民管控争取了更多资源，迫使更多国家和组织为其分担压力，在一定程度上缓解了意大利作为第一入境国（First Entry Country）的尴尬。

意大利是中地中海线移民进入欧盟的第一站，根据《都柏林公约》（*Dublin Convention*）及其修订文件的相关规定，须对不速之客负责到底。相当一部分欧盟成员国选择逃避责任，不愿参与移民再分配，法国和奥地利更是在边境加强巡逻，不定期设卡，防止移民由意大利进入其国境。意大利一度陷入“养不起”和“送不走”的困境。“港口关闭”政策使得一部分救援船无法在意大利靠岸、卸客，只得转投他国。在另一些情况下，经多方博弈，部分移民在获准登岸后，由法国、荷兰等欧盟成员国共担，而不再由意大利独自接纳，甚至连阿尔巴尼亚等非欧盟国家也出于人道目的，参与其中，为意大利减轻了负担。尽管转由他国接纳的移民数量有限，但新政展现了意大利推动都柏林体系改革的强硬态度，推动了移民，特别是前沿国家（Frontier Countries）作为第一入境国接收的那部分移民，在欧盟成员国间的再分配。“港口关闭”新政促成了其后几次欧盟重要会议对意大利及其北非“小伙伴”的支持。萨尔维尼在舆论上的胜利，当属迫使欧盟承认，地中海船只均须守法作业，不得干涉利海警救援。而最为实在的战果莫过于为非洲信托基金（Trust Fund for Africa）争得了5亿欧元的“输血”，以支持中地中海线移民治理。作为主要登船地的利、突两国和作为最主要登陆地的意大利，无疑是其最大的受益者。

二　推动与利比亚、突尼斯的合作

（一）合作的主要内容与效果

在与利比亚、突尼斯的移民管控合作中，萨尔维尼与其前任明尼蒂并无显著不同，可谓“萧规曹随”。意—利、意—突合作充分体现了讨价还价，互惠互利和各取所需的特点，取得了积极的进展，且有值得期待的发展空间。

萨尔维尼于2018年6月底访问的黎波里，利副总理、铁腕领袖、明尼蒂时期的主要联络人麦蒂格（Maitig）于7月初回访罗马，两次访问为意新政府上台后的双边合作定下了基调：意大利要求利比亚加强海陆两线的巡逻，阻止移民前往意大利，对遇险者实施必要的救援，并将移民收容在利比亚；的黎波里当局要求意大利提供经济援助、装备设施，帮助组织人员训练，重组安全力量，增强的黎波里塔尼亚（Tripolitania）地区的海上防御力量，同时为其争得欧盟方面的更多援助，用以重建经济与社会秩序。[①]其后，双方的沟通与合作主要是围绕这一指导思想进行的，双方的内政、外交、国防、海巡、情报等部门的负责人进行了多次磋商，最终在移民管控合作中交出了让双方皆可接受的答卷。利武装力量在夏季高潮期的打击偷渡工作中给予了意方很大支持，在7月曾创下单周拦截、救援2000余名偷渡者的佳绩[②]，还对偷渡集团在加拉布里（Garabulli）以东和在绿洲地区的基地进行了打击。在北非偷渡集团活动依然猖獗，撒哈拉以南经济移民存量依然可观，数万人蠢蠢欲动的2018年，从利比亚出发的偷渡客数量较2017年下降了87%[③]，萨拉杰（Sarraj）政府功不可没。利比亚的收容营地尽管人权状况堪忧，颇受诟病，却帮助意大利将移民挡在了国门之外。意方投桃报李，其海军代表团继续驻利，为利巡逻船只提供修理和技术保障，并帮助利海警组织训练。经意参众两院反复辩论，萨尔维尼许诺的150万欧元和12条装备精良的现役巡逻艇[④]终于交付，萨拉杰当局的海上力量得到了显著加强。

意—突合作主要体现为意大利帮助突尼斯争取援助，发展经济，创造就业，将年轻人留在国内；突尼斯加强南部边境巡逻，打击偷渡活动，阻止偷渡者在突海岸登船，同时履行两国间的遣返协议，接收被遣返的非法移民。这是对明尼蒂时期双边合作的一种延续，政府更迭后的变化不大。萨尔维尼于9月对突尼斯的访问再次为合作的大方向“背书”。在打击偷渡，阻拦移民方面，突尼斯表现不佳，其境内偷渡集团活动依旧猖獗。2018年突尼斯跃

① Repubblica. 2018. “Vigilia avvelenata del vertice Ue sui migranti，” Accessed October 22 2018. https://www.repubblica.it/politica/2018/06/23/news/vertice_ue_salvini_esito_aperto_ma_il_si_dell_italia_non_e_scontato_-199821415/，最后访问日期：2019年5月15日。

② Repubblica. 2018. “Missione in Libia per il ministro Moavero Milanesi，” Accessed October 12 2018. https://www.repubblica.it/esteri/2018/07/07/news/libia_ministro_italiano-201115788/?ref=search，最后访问日期：2019年5月15日。

③ Frontex. 2019. “Number of Irregular Crossings at Europe’s Borders at Lowest Level in 5 Years,” Accessed February 25 2019. https://frontex.europa.eu/media-centre/news-release/number-of-irregular-crossings-at-europe-s-borders-at-lowest-level-in-5-years-ZfkoRu，最后访问日期：2019年5月15日。

④ Repubblica. 2018. “Migranti, 12 unità navali alla Libia: via libera del governo,” Accessed October 20 2018. https://www.repubblica.it/esteri/2018/07/02/news/la_promessa_del_governo_italiano_alla_libia_in_arrivo_dodici_motovedette-200683188/?ref=searc，最后访问日期：2019年5月15日。

升为中地中海线非法移民的第一输出国，也是第二位的登船地，从突尼斯登船的非法移民的数量较2017年并未减少。在遣返合作方面，根据双边协议，意大利每周向突尼斯遣返80人，规模着实有限。①意方在萨尔维尼访突、维也纳内政部部长会议以及意内政部技术会议等多个场合都提出扩大遣返规模的建议，均遭突方拒绝。因此，意大利人以“双挂钩”的方式向突尼斯施压，促其配合。一是在布鲁塞尔欧盟峰会上软硬兼施，迫使全体成员国首脑同意将对突援助额度与萨赫勒地区巡逻成效挂钩；一是在欧盟关于2019年援突计划磋商中积极奔走，坚持援助的方式和额度应与突方在遣返合作中的表现挂钩。

（二）萨尔维尼关于合作的利益考量

萨尔维尼重视和推动与利比亚、突尼斯的合作，主要是出于以下两点考虑。

首先，与利、突合作，加强海陆两线的巡逻，就能变一线拦截为三线管控，更为有效地打击中地中海线偷渡，同时将移民及其可能带来的种种矛盾转移到意大利的国门之外，有效解决原有的“拦不住”的问题，避免“养不起”和“送不走”的尴尬。②意大利临近北非，深入地中海，海岸线绵长，达7600多千米，单凭意海巡之力，难免顾此失彼。在“移民—难民危机”爆发后相当长的时间里，欧盟对意大利的支持有限，中地中海的形势一直于偷渡集团更为有利。意大利疲于奔命，在“我们的海”（Mare Nostrum）行动、特里顿（Triton）行动等一系列海上巡逻、救援行动中耗尽人力物力，无以为继，难以独撑大局。③即使是在局势显著缓解的2018年，在名义上属欧盟联动的忒弥斯（Themis）行动中，参与巡逻的32艘船只中，仍有30艘是由意大利提供的④，意大利人常常抱怨，他们被欧盟抛弃了。

要有效地守护欧盟南大门，就必须与利、突合作，形成南部沙漠地区、

① Repubblica. 2018. “La Tunisia dice no a Salvini: ‘Niente rimpatri fuori dagli accordi’,” Accessed October 18 2018. https://www.repubblica.it/cronaca/2018/09/15/news/i_tunisini_arrivati_a_lampedusa_non_possono_essere_subito_rimpatriati-206523955/, 最后访问日期：2019年5月15日。

② 臧宇、熊倩：《欧洲移民发展报告（2018）》，载毛国民、刘齐生主编《近代法研究》，社会科学文献出版社，2018，第106~119页。

③ 臧宇、熊倩：《欧洲移民发展报告（2018）》，载毛国民、刘齐生主编《近代法研究》，社会科学文献出版社，2018，第106~119页。

④ Repubblica. 2018. “Migranti, Salvini frena sull’accordo: ‘Non mi fido delle parole, vediamo i fatti’,” Accessed October 12 2018. https://www.repubblica.it/politica/2018/06/29/news/migranti_dubbi_di_salvini_su_accordo_non_mi_fido_parole_vediamo_fatti_-200345889/, 最后访问日期：2019年5月15日。

北非海岸地区和意大利沿海三线组成的有层次的联防。三线巡逻的格局形成后，经中地中海线非法入境欧盟的人数逐渐减少，终于在 2018 年创下新低，回到危机前的水平，这便是明证。在与北非盟友的联动态势中，意大利巧妙地将欧盟南部的实际边界推到了撒哈拉沙漠的边缘，相当一部分因移民而起的矛盾被推到了意大利和欧盟的大门之外。

其次，意大利与利、突两国的移民合作是一种联系的纽带，是探索和推动更多合作，特别是经贸合作的平台。传统上，意大利与地中海南岸国家联系密切①，动乱之后的北非处在社会秩序和经济生活的重建中，意大利正可借移民管控合作之机，重获其在“阿拉伯之春”前即已享有的利益。

意—利合作尤其是这样：双方期待通过移民合作建立信任，以之至少带动两项贸易，一为石油贸易，一为军火贸易。意大利是个贫油国，而利比亚石油储量居非洲之首②，是意大利重要的石油供给国。早在 2010 年，意大利就是利比亚石油最大的买主之一（年交易额 154 亿美元，占利比亚石油出口总额的 42%）。③在卡扎菲统治时期，意大利能源企业就曾在利比亚大规模投资，国有控股的石油巨头埃尼（ENI）集团有 15% 的产量来自其在利比亚的工厂。④卡扎菲垮台，利比亚局势动荡，原有的好局面被打破。如今的意大利期待加强自己的能源安全，重获其在利能源行业的利益，而一度富甲非洲的利比亚则希望通过石油出口广开财源，故两国间的能源合作势在必行。

问题在于，出于“政治正确”考虑，意大利必须同国际社会承认的萨拉杰政府合作，但的黎波里方面难以掌控利比亚全局，东有铁腕人物哈夫塔尔（Haftar）将军的军事威胁，南有费赞（Fezzan）诸部，虽名义上听命于中央，但联系松散。因此，意—利能源合作充满了太多不确定性。在动荡的局势中，如何开展能源合作，与谁合作，开展何种程度的合作，意大利还需要观察、探索。移民管控合作实际也是一种观察合作伙伴、相互磨合的方式，

① Michela Ceccorulli, *Framing Irregular Immigration in Security Terms: the Libya Case* (Firenze: Florence University Press, 2014), p.88.

② Michela Ceccorulli, Fabrizio Coticchia, “Multidimensional Threats and Military Engagement: The Case of the Italian Intervention in Libya,” *Mediterranean Politics 3* (2015): 303.

③ Trading Economics. 2013. “Libya Exports By Country,” Accessed October 12 2018. https://tradingeconomics.com/libya/exports-by-country.

④ Ben Lombardi, “The Berlusconi Government and Intervention in Libya,” *The International Spectator* 4 (2011): 35.

也为意大利对局势变化做出适时判断提供了参考依据。

费赞地区是利比亚重要的石油产区，2017 年的产量占全国总产量的 1/4。[①] 意大利期待通过该地区的移民合作，提前布局，投放力量，特别是在与法国的明争暗斗中保持和扩大优势。明尼蒂促成费赞停战，赢得了部族势力的好感、援助及参与地方建设，提升了意大利在费赞的影响力，还结交了部族实权人物，这些都为意大利发展在当地的石油生意打下了良好的基础。萨尔维尼积极寻求与费赞诸部的合作，期待因移民合作而进入利南部的力量能够为未来参与费赞石油产业搭建桥头堡。然而当意方提议在费赞建立移民保护与甄别中心，成立联合技术委员会，筹划加强陆路与阿尔及利亚、尼日尔和乍得边界上的巡逻时，的黎波里中央政府反应冷淡，表现拖沓。意方向南部重镇厄特（Ghat）派遣技术观察团的计划也被迫搁置，利当局要求意大利先兑现曾经承诺过的总额为 3.8 亿欧元的欧盟援助。[②]

在卡扎菲时期的对利军售中，意大利曾是最大的卖家。2004 年，意大利人从无到有，开辟了利比亚市场；四五年间，即超英赶法；2009 年，意大利对利军售额达到了 1.118 亿欧元，居欧盟之首，是法国的 3.7 倍、英国的 4.4 倍。[③] 然而，2011 年 2 月 26 日，联合国通过了 1970 号决议，对利比亚实施武器禁运，已然 8 年过去。意军火商期待重启贸易，而的黎波里当局也希望获得更多、更好的装备，以巩固政权。萨拉杰和利海警将领多次向意大利表示，他们装备落后、匮乏，难以有效打击偷渡集团，这也是事实，但字面意思之外，也表达了对取消禁运的渴望。意方向利海警赠送装备的做法实属“擦边球”，理论上也应被禁止。巡逻艇支持海上巡逻尚可，离萨拉杰的“海军梦”中的情形，尚有很大差距。意方为解除禁运也进行过明里暗里的尝试，但收效不佳，如能联合另一军火商——法国一道游说，效果有望显著加强。然而，在意大利主要领导人均与马克龙交恶的当今，联合难以达成。

① Crisis Group. 2017. “How Libya’s Fezzan Became Europe’s New Border,” Accessed February 25 2019. https://www.crisisgroup.org/middle-east-north-africa/north-africa/libya/179-how-libyas-fezzan-became-europes-new-border, 最后访问日期：2019 年 4 月 23 日。

② Repubblica. 2018. “Salvini: ‘Armi a Tripoli per combattere il traffico di migranti’,” Accessed October 22 2018. https://www.repubblica.it/esteri/2018/07/06/news/salvini_armi_a_tripoli_per_combattere_il_traffico_di_migranti_-201012988/?ref=search, 最后访问日期：2019 年 4 月 23 日。

③ The Guardian. 2015. “EU arms exports to Libya: who armed Gaddafi,” Accessed October 8 2018. https://www.theguardian.com/news/datablog/2011/mar/01/eu-arms-exports-libya, 最后访问日期：2019 年 4 月 23 日。

三 出台《安全与移民法令》及其辅助措施

（一）法令的主要内容及反响

由于此法令实施的时间尚短，尚无足够的数据供笔者对其进行全面、客观的评价，故而本节仅对其主要内容和引起的反响进行简要介绍。

《萨尔维尼法令》的官方名称是《安全与移民法令》，由萨尔维尼主持起草、颁布，故遵循意立法成例，以其姓氏名之。在法令出台前，萨尔维尼的团队酝酿已久，也曾通过联盟党基层组织和社交媒体进行了大量宣传铺垫。其主要条款早在 2018 年 7~8 月就大量见诸报端，并引发热议。萨尔维尼也在同僚中做了大量说服工作，以争取支持，终于使得法令在内阁获得全票通过。这在 20 世纪 90 年代以来的意大利移民立法中并不多见。法令于 11 月 28 日获众议院通过，升格为法律（Legge）。

《萨尔维尼法令》以强硬的姿态出现在公众的视野，推出更为严苛的限制移民的措施：取消了出于人道主义目的的居留许可（Permesso di soggiorno per motivi umanitari），代之以临时人道主义居留许可，但申请条件限制极其苛刻；减少了对庇护申请者与难民保护体系（SPRAR）的拨款，缩小了受惠人群的范围；将遣返中心（Centri di Permanenza per il Rimpatrio）羁押非常规移民的最长时间由 90 天延长至 180 天；着手建立 10 个新的领土委员会，以加快移民登记和管理手续，加快对庇护申请的审批；规定若庇护申请者涉嫌危害社会安全，遭一级指控，则其申请将可能被驳回，既有的居留权将被剥夺；强化省督、市长和地方警察局的权威，赋予其禁止那些被认为危害公共安全，涉嫌参与恐怖活动的人士，特别是外籍人士进入一系列公共场所的权力；加大了对侵占土地、房屋者的惩罚力度（主要针对的是占据空屋的移民和非法营地里的罗姆人）。简言之，新法出台后，移民更难留在意大利，获得的福利减少了，受到的限制和管束更严苛了，犯罪者遭驱逐的可能性增大了。

新法令被指违反意大利宪法，侵犯人权，与法治国家的立国之本相悖，既无法带来社会的安定，也治理不好移民，故各地抗议不断。一种现实的担忧是，数以 10 万计已然登陆意大利的非常规移民，在法令出台前，是有望获得合法身份，接受语言和技术培训，融入本地社会的。如今他们丧失了合法化的可能，又难以通过遣返或移民再分配的方式大举离开意大利。这些人如何安置，是否会被意大利规模庞大的“地下经济”所吸纳，为犯罪组织所掌控，在《安全与移民法令》的实施过程中成为公共安全的威胁，确实值得思考。

（二）萨尔维尼关于法令的利益考量

左派人士、宗教界人士、工会人士和民权组织的批评各有道理，但在理解萨尔维尼颁布《安全与移民法令》的动机和目的时，必须清楚的是，他并非要借此法令为移民治理寻求最优解。移民能否得到妥善安置，是否会对公共安全造成威胁，皆不是这位高调宣称“两手抓”的内政部部长关心的问题。萨尔维尼有自己明确的利益考量。

《安全与移民法令》与其说是一种维护公共安全、治理外来移民的法律工具，还不如说是一种争取民心，赢得支持的政治宣传工具。“太阳底下无新事”，萨尔维尼出台这个将安全和移民两个问题混为一谈的法律文件，不过是在进行一场经典的右翼民粹政治叙事。左派谈人权，谈保护，右派炒作安全话题，是 20 世纪 90 年代以降，意大利政界在移民问题上的经典套路。萨尔维尼深谙大学者埃科（Eco）详细解读过的“树敌之道”以及“敌人”的存在对意大利公众的意义[①]，他继承和发展了联盟党的传统理论，创造出了“受伤害的我们”（意大利人）和伤害“我们”的“他们”这一对处于对立、冲突中的角色：在欧盟层面，给意大利带来伤害的是欧盟，是关闭东北边界的法国人，是不愿为意大利分担移民接纳任务的其他成员国，这与其疑欧（Euro-Skepticism）的一贯主张十分吻合；而在国内，这个敌人则是外来移民：是他们让街区变得不安全，是他们无所事事，每人每天花掉纳税人 35~40 欧元……意大利相当一部分底层民众也认可这一套路，因为他们对移民带来的消极的社会影响有切肤之痛，故而确信移民是安全状况不佳的罪魁祸首。媒体也推波助澜，促使这一印象固化，有统计显示，意大利有超过 1/3 的电视节目谈移民必谈安全，谈安全必谈移民。[②]

《安全与移民法令》正是在这样的舆论和群众基础之上诞生的。在萨尔

① Umberto Eco, *Costruire il Nemico e Altri Scritti Occasionali* (Milano: Bompiani, 2011), pp.9–36.

② Caritas Italiana. 2018. “XXVII Rapporto Immigrazione Caritas-Migrantes,” Accessed February 6 2019. http://www.caritasitaliana.it/caritasitaliana/allegati/7824/Sintesi%20per%20giornalisti.pdf, 最后访问日期：2019 年 5 月 15 日。

维尼的叙事中，正因为“他们”伤害了“我们”，还在“我们”并不宽裕的情况下，花“我们”的钱，所以必须严格管理，限制“他们”，减少对“他们”的帮助，以保护“我们”，把原本应属于“我们”的资源还给“我们”。如此看来，出台法令，减少对庇护申请者与难民保护体系的拨款，缩小扶助的范围，减少服务的种类，降低他们留在意大利的可能性，就再正当不过了。这样的主张，虽然实际节约不了太多金钱，无法给意大利的财政状况带来真正的改观，但对于联盟党稳固选民“基本盘”，却作用明显。

移民犯罪，在意大利媒体有很高的曝光度。移民的一些恶性犯罪行为，如性暴力、分销毒品等，民愤极大。而在以往的司法实践中，犯罪分子常能通过无赖式的不停上诉找到法律的漏洞，利用民权人士的善心，避免被驱逐，继续留下来，为害一方。法令限定了国家对移民中的犯罪嫌疑人进行司法援助的次数和由国家为移民支付的诉讼费的额度，同时规定剥夺犯有严重罪行者的合法居留资格，尽管操作起来仍有困难，但也是颇得人心之举。

法令强调了对执法人员的保护，规定暴力伤害执法人员的移民将被剥夺居留权。在意大利这样一个穿制服的纪律部队成员享有很高社会威望，其形象与民众的爱国主义情感高度结合，被认为不可侵犯[①]的社会中，具有超阶层、超政治派别的民意基础。萨尔维尼在2018年10月冈比亚青年涉嫌暴力抗法，伤害执法人员案件上的强硬表态，赢得了民心。

法令的配套措施，如限定移民店铺晚间的营业时间，庇护申请者须于晚9点前回营等待点名等，虽然简单粗暴，涉嫌违法行政，侵犯人权，但从客观上讲，在维护晚间社会治安方面起到了一定的积极作用，特别是减少了夜间喧哗扰民的现象，在不少移民与本地人杂居的街区得到了好评。

通过政治叙事，利用民众的不满情绪，将移民塑造为安全状况不佳的罪魁祸首，宣扬移民危机，萨尔维尼还达到了转移公众视线的目的。2018年，意大利经济状况不佳，GDP仅增长了0.1%，已进入技术性衰退。[②]萨尔维尼在移民管控上大造声势，在宣传工作中做出成绩，有助于掩饰新政府在经济发展和地方治理中的乏力。

---

① Marco Aimi, *Etnografia del Quotidiano: uno Sguardo sull'Italia che Cambia* (Milano: Eleuthera Editrice, 2014), pp.15–31.

② Wall Street Italia. 2019. “Pil Italia: verso trimestre negativo, crescita sotto zero nel 2019,” Accessed March 5 2019. https://www.wallstreetitalia.com/pil-italia-verso-trimestre-negativo-crescita-zero-nel-2019/，最后访问日期：2019年5月19日。

结　语

通过对萨尔维尼移民政策的回顾和对其利益考量的还原，不难发现，萨尔维尼并不像流俗的表述中那样坚定地敌视移民。撇开其个人感情不谈，作为政治家，他对移民的态度是趋向于中性的，移民问题和移民治理只是他维护和争取政治利益的工具而已。他善于利用此工具，他本人和联盟党都是移民问题的获益者。所以，从这一点上讲，萨尔维尼并不憎恨移民，移民甚至是其应该珍视的重要政治资源。

萨尔维尼和他的联盟党利用中地中海线的移民问题，进行了成功的竞选宣传，在大选中赢得了前所未有的胜利。在最近大半年的移民管控中，他通过实施“港口关闭”政策，顺利通过了夏季偷渡高潮期的考验，有效减少了中地中海线非法入境人数；他向不听指挥、违规作业的 NGO 救援船施加了强大的压力，迫使其要么听话，要么离开，也对利比亚关于规范搜救区船只行为的诉求做出了积极的回应；他以移民的生命安全为砝码，迫使欧盟其他成员国在移民再分配、移民治理资源分配等方面做出了一定的妥协。

萨尔维尼基本沿袭了明尼蒂时期的思路，与利比亚、突尼斯开展了互惠互利的合作，在拦截移民方面成绩突出，遣返合作却停滞不前；三线联防使得意大利避免了孤军作战，也在相当程度上将移民引起的矛盾转移到了欧盟之外；意大利以移民管控合作为平台，与北非伙伴积极探索拓展合作，特别是经贸合作的可能，尽管困难重重，但远期成果值得期待。

《安全与移民法令》及其配套措施摆出了严控移民、维护国内安全的强硬姿态，引起了很多争议，其成效和影响尚有待观察。萨尔维尼的真正目的不在“安全”，也不在“移民”，将二者混为一谈，凭借政治宣传为其本人和联盟党赚取民心，掩饰新内阁的施政乏力，才是其真正目的。

以统管移民为契机，萨尔维尼通过在内阁中的团结与斗争，树立和加强了个人权威，一众阁僚，甚至连总理孔特（Conte）都常常要围绕其指令行事。萨尔维尼俨然成为实际的领袖，不是总理，胜似总理。联盟党在 2019 年春季的地方选举中获得大胜，成为第一大党，也在相当程度上归功于其党魁巧打的一手“移民牌”。

译介传播

Communication through Translation

清末民国时期的荷兰文学中译初探*

林霄霄**

摘　要：清末民初时期，荷兰文学开始被翻译为中文并发表。四十余年间，约有十几篇荷兰文学作品被译为中文，题材和文体多样。虽然这些译作大多数并未引起中国文坛的关注，但仍然产生了《小约翰》这样对中国社会影响巨大的作品。本文首先梳理了这一时期被译为中文的荷兰文学作品，其次探讨了这些译作在中国不同的接受程度。

关键词：文学翻译　荷兰文学　清末民国

清末民国时期，是中国翻译史上的一次高峰。不同于中国历史上此前的两次翻译高潮（从汉末兴起的佛教经典翻译和晚明天主教传教士引领的西方宗教和自然科学作品翻译），在这个时期，伴随西学东渐的浪潮，西学中译蓬勃发展，外国文学也被大量引入中国，成为这次翻译高潮的特征之一。荷兰与中国虽然早在17世纪初便已有了接触①，但直到这个时期，荷兰语文学才借着这次文学翻译浪潮第一次被译为中文。

---

* 本项目受中央高校基本科研业务费专项资金资助。

** 林霄霄，博士在读，北京外国语大学欧洲语言文化学院荷兰语专业讲师，研究领域为比较文学与世界文学。

① 17世纪初，荷兰占据荷属东印度（今印度尼西亚）后不久，即开始接触明朝政府，以期获得与明朝通商的权力，1622年曾试图从葡萄牙人手中夺取澳门，1624年一度占据台湾。17世纪下半叶，荷兰先后6次派使团觐见清廷。

中国学界对于这一时期欧洲文学中译的研究论著甚多，除对英、德、法、俄等传统文学大国持续关注外，中国学界对于波兰、匈牙利等“弱势民族”文学的研究①也不断涌现。令人遗憾的是，对于传统西欧国家荷兰的文学研究却呈缺失状态。

一直以来，中文语境中对于荷兰的定位都非常模糊。清末民国时期，荷兰显然已不属于传统意义上的西方列强，17 世纪“黄金时代”的辉煌早已远去，无论是科技、经济还是军事都乏善可陈；但它也绝非匈牙利等饱受强国欺压的欧洲“弱势民族”，虽然在英德两大强国的夹缝中艰难生存，但在海外毕竟还有殖民地可供其压榨。也许正是这种定位上的模棱两可与语言隔阂，使清末民国时期的译者对荷兰文学缺乏了解，也使当代学者忽视了对这个领域的研究。尽管这一时期被引入中国的荷兰文学作品不多，但其中不乏亮点，仍有探讨的价值。本文将梳理这一时期的荷兰文学中译作品，并初步探讨这些作品在中国的接受程度。这里的“荷兰文学”，既包括原文以荷兰语写就的文学作品，也包括作者为荷兰籍、以非荷兰语写就的文学作品。

一　晚清的荷兰文学中译

（一）科幻小说《梦游二十一世纪》

目前可查到的、最早被翻译为中文并正式出版的荷兰文学作品，是清光绪二十九年（1903）的白话小说《梦游二十一世纪》。这是一篇被出版商称为“科学小说”的科幻小说，起先连载于《绣像小说》1903 年第 1 期（创刊号）和第 4 期上，作者为“达爱斯克洛提斯”，是 Dr. Dioscrides 的音译，译者是杨德森。此书同年农历四月由商务印书馆结集出版②，列入十集本《说部丛书》初集第三编，到 1914 年，该书已经出了七版。

这本书的作者彼得·哈廷（Pieter Harting, 1812–1885）博士是荷兰 19 世纪著名的科学家，Dr. Dioscrides 是他写作这部科幻小说时使用的笔名。该书荷兰语原名为：*Anno 2065: Een blik in de toekomst*（《公元后 2065 年：未来一瞥》），出版于 1865 年。本书以英国 13 世纪的科学家罗杰·培根（Roger Bacon, 1214–1293）的鬼魂为主人公，出于某种原因，他需要与女伴“芳德

① 有关这些国家文学在中国的研究，参见宋炳辉《弱势民族文学在现代中国：以东欧文学为中心》，北京大学出版社，2017。

② 〔荷〕达爱斯克洛提斯:《梦游二十一世纪》，杨德森编译，商务印书馆，1903。

西”女士在两天内搭乘热气球游遍全球，两人于是边看边聊。这一路，二人看尽作者基于其科学知识所推测幻想的百年后的世界变化，既有技术的进步（横跨欧亚大陆的铁路、英吉利海峡上的跨海大桥、大型望远镜等），也有体制观念的变化（世界时间的确立、各国放弃武力竞赛而转向商战等），同时也探讨了各种社会问题：如围海造田、教育自由、殖民地政策等。该书一经出版即大受欢迎，几个月后就被再版。而直到 1870 年，这本书的第三版才问世。作者对这一版做了较大的修改，甚至将书名改为 *Anno 2070: Een blik in de toekomst*（《公元后 2070 年：未来一瞥》）。关于再版和改名，作者在第三版自序里是这样解释的：“再好的菜反复上桌也会让客人厌烦。”[①] 所以第二次再版后，作者一直拒绝再版此书，直至 1870 年大修此书。有趣的是，1871 年这本书被英国人亚历克斯・V.W. 比克斯（Alex V. W. Bikkers）译成英文时，书名又被译者改为 *Anno Domini 2071*。[②] 杨德森的《梦游二十一世纪》就是译自这个英译本。

关于译者杨德森的文字记载很少，这本书是他唯一一本公开发表的译著。从有限的资料上看，他先是在上海南洋公学学习英文，1904 年赴比利时，先在蒙斯大学（University of Mons）读铁路专业[③]，后获得安特卫普大学（University of Antwerp）商学士。[④] 依据发表时间，他是在出国前翻译的此书，而译文的标题下也明确地写着“纪西历纪元后二千零七十一年事”字样，所以应当是根据英译本做的翻译。此前国内有学者提出，杨德森的译本可能转译自日译本。[⑤] 但当时的南洋公学教授的是英语，并无证据证明杨德森会日语，他在译文前言里也并未提及日译本。[⑥]

不同于本书日译本在日本社会所带来的巨大影响，《梦游二十一世纪》并没有在中国社会引起多大反响。晚清时期凡尔纳小说《八十日环游记》[⑦]

---

① Pieter Harting, *Anno 2070: Een blik in de toekomst* (Utrecht: J. Greven, 1870), Voorbericht.

② Pieter Harting, *Anno Domini 2071*, trans. with preface and notes by A.V.W. Bikkers (London: William Tegg, Pancras Lane, Cheapside, 1871).

③ 上海交通大学校史编纂委员会编《上海交通大学纪事（1896~2005）》上，上海交通大学出版社，2006，第 45 页。

④ 樊荫南编纂《当代中国名人录》，上海良友图书印刷公司，1931，第 348 页。

⑤ 李艳丽：《晚清日语小说译介研究（1898~1911）》，上海社会科学院出版社，2014，第 180 页。

⑥ 关于《梦游二十一世纪》日译本和中译本的比较研究，李欧梵先生和桥本悟先生发表于《清华中文学报》2014 年第 12 期，第 7~43 页的论文《从一本小说看世界：〈梦游二十一世纪〉的意义》有详细论述。

⑦ 该译本 1900 年由经世文社出版，陈寿彭口译，薛绍徽笔述。

所带来的科幻小说热潮，确实推动了科幻小说的译介和传入。但最受读者欢迎的显然是以《八十日环游记》为代表的冒险类科幻小说，而非《梦游二十一世纪》这类情节相对平淡的社会政治式幻想小说。事实上，《梦游二十一世纪》的英译者在翻译时，甚至直接删除了大量原文中他认为过于具有荷兰特色的关于社会问题的讨论，以免译文太过无趣。[①] 由于该书包含许多当时中国读者非常陌生的信息，所以译者以严谨的态度加了大量注释，可惜这些译者注释无助于增加阅读时的乐趣。这本书的英译本之所以能够传入中国，或许得益于文中主人公使用的交通工具恰好迎合了凡尔纳所带来的“热气球热”。

（二）游记《神女缘》

《清史稿艺文志拾遗》里则记录了另一本被翻译出版的荷兰小说:《神女缘》。[②] 依据本书记载，这本小说1905年由上海时报馆出版。[③] 时报馆是当时颇具特色的一家出版社，带有清末民初时外国小说大量涌入时期的鲜明特征，不仅发行小说杂志，而且出版单行本小说。

由于未能找到原书，在此只能从其他资料里搜寻对此书的描述。依据民国时期江苏常熟藏书家徐兆玮先生的笔记，以及《晚清文学丛钞：小说戏曲研究卷》的记载，《神女缘》为一卷本白话小说，光绪三十一年（1905）十月由上海时报馆出版，为时报馆印小说丛书第一集本，荷兰麦巴士著，嘉定吴竟口译，秀水洪光笔受。[④] 该书摘译自麦巴士游记中的一篇，叙述了麦巴士与友人在印度邂逅神女、入石窟寺院的所见。据徐兆玮笔记中摘录的译者自述，麦巴士为19世纪“荷兰国之大文豪、大探险家，著述甚富”[⑤]，此人究竟为谁，尚有待考察。[⑥] 本书的中文译者也没有其他著作问世，所以生平不详。

---

① Pieter Harting, *Anno Domini 2071*, trans. with preface and notes by A.V.W. Bikkers (London: William Tegg, Pancras Lane, Cheapside, 1871), Translator's Preface.

② 荷兰文版待考。

③ 王绍曾主编，陈远芬编《〈清史稿艺文志拾遗〉索引》，中华书局，2000，第2425页。

④ 徐兆玮:《徐兆玮杂著七种》，凤凰出版社，2014，第356页。阿英编《晚清文学丛钞：小说戏曲研究卷》，中华书局，1960，第471页。

⑤ 王绍曾主编，陈远芬编《〈清史稿艺文志拾遗〉索引》，中华书局，2000，第2425页。

⑥ 从《晚清文学丛钞：小说戏曲研究卷》中对该书的内容概述推断，此书应节译自雅各布·哈夫纳尔（Jacob Haafner, 1754–1809）出版于19世纪初的印度游记《乘轿旅行》（*Reize in eenen Palanquin*），但哈夫纳尔本人并非“文豪”，似与徐兆玮先生之记述不符。

晚清这两部荷兰文学的中译，在翻译方式上，既有通过第三种语言的转译，也有特定时代背景下由两人合作的“林纾式”翻译，即先由一名通外语者口译出原文内容，再由另一文笔较佳者形成书面文字；内容上则涉及了科幻小说与异域游记。然而或许受文本质量或题材所限，在中国的外国文学翻译史上，两部作品均未留下太多痕迹。

二　民国的荷兰文学中译

（一）鲁迅的荷兰文学翻译

民国时期，更多的荷兰文学作品被翻译为中文，译者中也不乏名家，在此期间，终于有一本荷兰文学作品的译文成为对中国社会产生深远影响的经典之作，时至今日，其地位仍无“同胞”可超越。这就是鲁迅先生所翻译的《小约翰》（*De kleine Johannes*，德语译名：*Der kleine Johannes*）。

鲁迅与《小约翰》结缘的故事，被他详细记述于《小约翰》译本的引言[①]中。鲁迅早年在日本学医时，课余喜好去书店淘旧文学杂志。1906年，他偶然发现了出版于1899年8月1日的德文杂志《文学的反响》（*Das litterarische Echo*），上面刊载着《小约翰》的介绍和节译。他读后甚为喜爱，便托书店购来该书的德语全译本，却直到20年后的1926年夏，才在齐寿山[②]的帮助下，开始翻译此书。

鲁迅的《小约翰》译本出版于1928年[③]，他在自序里写道：“这诚如序文所说，是一篇‘象征写实底童话诗’。无韵的诗，成人的童话。因为作者的博识和敏感，或者竟已超过了一般成人的童话了……我也不愿意别人劝我去吃他所爱吃的东西，然而我所爱吃的，却往往不自觉地劝人吃。看的东西也一样，《小约翰》即是其一，是自己爱看，又愿意别人也看的书。”[④]鲁迅对《小约翰》的喜爱可见一斑。此后，又有一件逸事让《小约翰》更加闻名。20世纪20年代，诺贝尔文学奖已引起了中国文坛的关注。1927年，瑞典历

① 《小约翰》的引言，曾以“《小约翰》序”为题，最初发表于1927年6月26日《语丝》周刊第137期，后印入《小约翰》单行本。

② 齐宗颐（1881~1965），字寿山，河北高阳人，早年曾留学德国，1912年后任教育部主事，是鲁迅当时的同事。

③ 北京未名社1928年1月出版，还附有荷兰学者写的《原序》（*Vorwort*）、《弗来特力克·望·霭覃》（*Frederik van Eeden*）两篇翻译。

④ 鲁迅：《鲁迅译文全集》第3卷，福建教育出版社，2008，第20~21页。

史学家斯文·赫定（Sven Hedin, 1865–1952）在中国了解到鲁迅的文学成就，便与刘半农[①]商定，拟提鲁迅为诺贝尔文学奖候选人。刘半农托台静农[②]征询鲁迅意见，鲁迅婉言谢绝了[③]，回信说："静农兄：……请你转致半农先生，我感谢他的好意，为我，为中国。但我很抱歉，我不愿意如此。诺贝尔赏金，梁启超自然不配，我也不配，要拿这钱，还欠努力。世界上比我好的作家何限，他们得不到。你看我译的那本《小约翰》，我那里做得出来，然而这作者就没有得到。"（鲁迅1927年9月25日致台静农信）[④]

鲁迅被誉为中国现代文学之父，被他如此推崇的《小约翰》，自然也受到国人追捧。据荷兰文学基金会统计，鲁迅的《小约翰》中译本在1928~2011年共再版14次，译本再版次数之多远超世界上其他非荷兰语国家。[⑤]新中国成立后，此书也被多次重译。[⑥]

《小约翰》的作者弗雷德里克·威廉·凡·埃登（Frederik Willem van Eeden, 1860–1932）[⑦]是荷兰19世纪80年代文坛的活跃人物之一，是一名精神科医生，他在写作这本书时还是一名阿姆斯特丹的医学生。从1885年起，他在文学杂志 *De Nieuwe Gids*[⑧] 上开始连载《小约翰》，后于1887年出版了全书。作者借童话的外壳探讨了许多现实的社会问题，例如儿童教育、人类文明对自然的破坏等，体现了作者当时所推崇的自然主义思想。1892年，作者的朋友安娜·弗莱什（Anna Fles, 1854–1906）[⑨]将其译为德语出版。当时有一位比利时作家波尔德蒙特（Pol de Mont, 1857–1931）[⑩]，

① 刘半农（1891~1934），五四新文化运动的积极倡导者，著名的文学家、语言学家、尝试派代表诗人之一，主要作品有诗集《扬鞭集》《瓦釜集》和《半农杂文》。

② 台静农（1903~1990），五四时期重要的社团"未名社"成员之一，极具代表性的乡土文学家，鲁迅的挚友。

③ 陈春生：《鲁迅与诺贝尔文学奖》，《鲁迅研究月刊》2000年第8期。

④ 鲁迅：《鲁迅全集》第11卷，人民文学出版社，1981，第580~581页。

⑤ Nederlands letterenfonds: https://letterenfonds.secure.force.com/vertalingendatabase/，最后访问日期：2018年3月12日。

⑥ 2017年9月，长江文艺出版社出版了由景文翻译的新版《小约翰》。

⑦ 鲁迅将其译为"拂来特力克·望·霭覃"，景文的译名"弗雷德里克·凡·伊登"则更接近音译。

⑧ *De Nieuwe Gids* 是存在于1885~1943年的一本荷兰语文学杂志，由阿姆斯特丹的W. Versluys出版社出版，首期出版于1885年10月1日，Van Eeden是创始人之一。1885~1893年，这本杂志是荷兰19世纪80年代文学新浪潮的主要阵地之一。

⑨ 鲁迅将其译为"弗垒斯"。

⑩ 鲁迅将其译为"波勒·兑·蒙德"，即《小约翰》译本附录《拂来特力克·望·霭覃》的作者，见福建教育出版社2008年版《鲁迅译文全集》第3卷第105页。

一直致力于向外（主要是向德国和法国）推广荷兰语文学，在德国文学评论界颇为有名。他很欣赏凡·埃登与这部作品，曾多次撰文向德语文学界介绍他。鲁迅在《文学的反响》上所读到的介绍凡·埃登的文章便出自其手，这篇文章后也被鲁迅译成中文，作为《小约翰》的附录。

凡·埃登本人晚年转向神秘主义，逐渐远离当时荷兰文学的中心，随着时间的流逝，在其祖国荷兰已很少为人所提起。但得益于《小约翰》在世界范围内的传播，特别是在中国，读者和学界仍对他保有热情。

除了《小约翰》，鲁迅还曾翻译过另一位荷兰作家的作品：穆尔塔图里（Multatuli）的两篇散文《高尚生活》（*De Vlinder*，德语译名：*Höhenleben*）和《无礼与非礼》（*Zedeloos en onzedig*，德语译名：*Sittenlos und unsittlich*）。穆尔塔图里是荷兰作家爱德华·道韦斯·德克尔（Eduard Douwes Dekker, 1820–1887）的笔名，他反映荷属东印度殖民地生活的长篇小说《马格斯·哈弗拉尔》[①]（*Max Havelaar*）是荷兰最重要的文学作品之一。被鲁迅翻译的这两篇散文出自他的散文集 *Ideën*，也是通过其德语译本转译的，分别被登载于 1924 年 12 月 7 日和同年 12 月 16 日的《京报副刊》上。[②]

（二）民国时期其他的荷兰文学作品翻译

在《小约翰》出版前后，也有一些别的荷兰文学作品被译为中文出版。其中较有名的译者包括周瘦鹃[③]、茅盾和胡愈之。[④]

1916年，周瘦鹃翻译了荷兰女作家安娜·高白德[⑤]所写的《除夕》（*Our First New Year's Eve*），收录于 1917 年中华书局出版的《欧美名家短篇小说丛刊》下册中，这是民国时期第一篇被翻译出版的荷兰文学作品，讲述了一对新婚夫妇第一次共度除夕夜的故事。周瘦鹃在介绍原作者时，称其为“荷

---

① 1987 年人民文学出版社出版了由施辉业、潘鑫亮所译的中文译本。

② 这两篇散文的译文收录于福建教育出版社 2008 年出版的《鲁迅译文全集》第 3 卷第 128~130 页。

③ 周瘦鹃（1895~1968），现代作家，文学翻译家。

④ 胡愈之（1896~1986），著名社会活动家，集记者、编辑、作家、翻译家、出版家于一身，学识渊博，是新闻出版界少有的全才。新中国成立后曾任《光明日报》总编辑、新中国首任国家出版总署署长、全国人大常委会副委员长和全国政协副主席。

⑤ Tine van Berken(1870–1899)，原名 Anna Christina Berkhout，Tine van Berken 是她的笔名，她的另一个笔名为 Anna Koubert，荷兰儿童文学作家。周瘦鹃在《欧美名家短小说丛刊》（下册）中标注的外文名“Anna Kaubert”疑有误。

兰最著名之女小说家”，事实上高白德以写作儿童文学，特别是女孩文学著称，《除夕》并不能完全代表其风格。加之作者英年早逝，留下的作品不多，“最著名”云云未免过誉了。

茅盾则在1922年、1928年和1935年各出版过一篇荷兰文学作品的翻译，1922年翻译的是斯宾霍夫（J. H. Speenhoff, 1869–1945）的戏剧《路意斯》①（*Loe, Toneelspel in één bedrijf*），1928年翻译的是谟尔泰都里②的《茜佳》（*Saïdjah*）③，1935年则是荷兰女作家包地－巴克尔（Ina Boudier-Bakker, 1875–1966）的儿童心理短篇小说《改变》（*De verandering*）④，不过这三篇译作都没有被单独出版。《路易斯》发表于《小说月报》第13卷第8号，《茜佳》被收入开明书店1928年5月出版的文学周报社丛书《雪人》中⑤，《改变》则收录于《桃园》。⑥包地－巴克尔是一位女作家，活跃于二战前，著有多部在荷兰文坛较有影响力的小说。而斯宾霍夫在后世则以作曲家和艺术家而闻名，除了所创作的歌曲，他的其他文字作品如今鲜有流传。《茜佳》应节选自穆尔塔图里的巨著《马格斯·哈弗拉尔》，讲述了荷兰殖民者对种植园的暴政给爪哇一对土著青年男女造成的爱情悲剧。1922年，《小说月报》上曾刊登有《茜佳》，并附有一篇作者小传，译者为“沈泽民⑦重译”。⑧由此可见，茅盾的《茜佳》翻译应早于1922年，但是否曾单独发表仍待考。

胡愈之在1925年的《小说月报》上发表了《海的坟墓》⑨译作，原作者H. Blokhuizen身份不详。这篇短篇小说以诗歌般的行文，讲述了一位荷兰海边的少女苦候远航恋人不归的爱情悲剧，文中展现了一些荷兰北部海岸的风

① 该译本刊载于《小说月报》1922年第13卷第8期，译者署名冬芬。冬芬为茅盾的又一笔名。

② 即前文所提及之穆尔塔图里（Multatuli）。

③ 这篇文章应节译自《马格斯·哈弗拉尔》中的一个故事Saïdjah en Adinda，“茜佳”即男主人公Saïdjah名字的音译，不过这本书中其实并无标题为Saïdjah en Adinda的章节。

④ Ina Boudier-Bakker, “De verandering,” *De Gids Jaargang85* (1921): 251–265.

⑤ 孙中田、查国华编著《中国文学史资料全编（现代卷）：茅盾研究资料》（下），知识产权出版社，2010，第1077页。

⑥ 茅盾：《茅盾译文选集》，上海译文出版社，1981，第404页。

⑦ 沈泽民（1902~1933），茅盾（沈雁冰）之弟。

⑧ 沈泽民重译的《茜佳》刊载于《小说月报》1922年第13卷第11期。

⑨ 胡愈之所译《海的坟墓》刊载于《小说月报》1925年第16卷第4期。该书的荷兰文版待考。

光。此文后被收入 1928 年上海现代书局出版的短篇小说集《星火》。[①]

除了上述名家译作，还有一部作品值得一提。1927 年，董秋斯[②]以“秋士”为笔名，翻译出版了荷兰作家亨利·包立尔（Henri Borel, 1869–1933）的散文集《生命之节律》。[③]本书原名 *Wu Wei*（无为），是作者发表于 1895 年的荷兰语书籍 *Wijsheid en Schoonheid uit China* 中的一章，中译本译名来自它的英译本名称：*The Rhythm of Life*。包立尔是荷兰著名的汉学家，曾在荷兰莱顿大学和中国学习，精通中文，对中国的哲学思想，特别是道家思想兴趣浓厚，曾将道家经典翻译为荷兰语，并写作了大量有关中国的书籍。《生命之节律》分为道、艺术、爱三章，并附作者原序和译者自序，以与老子对话的方式论述老子的“道”和“无为”。由于涉及哲学思想，这本书的校对是冯友兰先生。

除了上述这些正式出版的译作，还有两篇荷兰文学译作诞生于这个时期，但在译者生前并未被发表。其中，朱湘[④]曾翻译过一首荷兰短诗《财》[⑤]：

> 财，你是忧虑的女，
> 仇恨的妹，欺罔的妻，
> 恶运为你所哺乳，
> 邪僻也曾受你提携。
> 有你时恐惧齐到身边；
> 没有你又被愁苦煎熬。[⑥]

这首诗并未公开发表，在译者去世后被收入《番石榴集》。译作下仅有“诗的作者是费休尔”这一点说明。

翻译家伍光建也曾翻译过玛尔登（Maarten Maartens, 1858–1915）的短

---

① 胡愈之编辑《星火：世界短篇杰作选》，现代书局，1928，第 55~60 页。

② 董秋斯（1899~1969），原名绍明，文学翻译家。新中国成立后历任上海翻译工作者协会主席、《翻译》月刊主编、中国作协编审、《世界文学》副主编。

③ 〔荷〕亨利·包立尔：《生命之节律》，秋士译，冯友兰校，朴社，1927。

④ 朱湘（1904~1933），“清华四子”之一，被鲁迅誉为“中国济慈”的天才诗人。1933 年 12 月 5 日投江自尽。

⑤ 该诗的荷兰文版待考。

⑥ 朱湘辑译《番石榴集》，商务印书馆，1936，第 128 页。

篇小说《点头》(*The Nod*)，该译作后被收录于《伍光建翻译遗稿》[①]中。玛尔登原名 Jozua Marius Willem van der Poorten Schwartz，主要以英语写作，19 世纪末 20 世纪初在海外，特别是英语世界颇有名气。《点头》这篇小说讽刺了牧师的虚伪。

总体而言，民国时期被翻译为中文的荷兰文学作品，虽整体数量很少，但涉及题材和体裁多样。被翻译作品的选择并无一定标准，译者个人倾向性明显。加之都是通过英语或德语转译的，无论是翻译对象的选择，还是翻译质量都受到了一定影响，所以在译文勘正或者跨文化翻译研究方面，尚有很多工作可做。

结　语

以色列学者伊文 - 佐哈(Itamar Even-Zohar, 1939–　)的多元系统论(Polysystem)是翻译文学研究中常被征引的理论之一。他将每种文学和语言视为一个多元系统，这些系统彼此开放、互相影响，共同构成了一个全球性体系。在这个体系里，有的文学和语言处于相对主流的地位，有的则相对边缘化。[②]依据这一理论，清末民初时期，中国和荷兰的文学在世界文坛其实同属边缘地位。从《小约翰》前言中可以看出，当时的世界文学体系对荷兰文学并无太多关注，即使是邻国德国对其也不甚了解。同时，伊文 - 佐哈也提出，一部来自边缘文学体系的作品的翻译如果想取得成功，必须能够给目标系统带来新的观点或形式。[③]以这一时期的荷兰文学中译为例，荷兰文学翻译在中国的影响和传播也并不完全取决于原作本身，而与译者和传播媒介等关系巨大。《梦游二十一世纪》《小约翰》等书的翻译都带有偶然性，在中国的被接受程度却截然不同。《梦游二十一世纪》虽然赶上了当时的科幻小说风潮，但受作品本身内容和译作文风所限，并未对中国读者和文坛产生很大的影响。《小约翰》和同时期的一大批外国儿童文学译作，都是在五四运动对儿童教育的关注下诞生的，它的成功，不仅得益于它的译者和介绍者鲁

① 伍光建译《伍光建翻译遗稿》，人民文学出版社，1980，第 193 页。

② Itamar Even-Zohar, “Polysystem Theory,” *Poetics Today, International Journal for Theory and Analysis of Literature and Communication*, 11 (1990): 9–94.

③ Itamar Even-Zohar, “The Position of Translated Literature within the Literary Polysystem,” in Lawrence Venuti ed., *The Translation Studies Reader* (London / New York: Routledge, 2004), pp. 192–197.

迅本人，更因为这种以童话形式探讨现实社会问题的文学作品对于当时的中国文坛是“新”的。至于在荷兰本国，甚至世界上大部分地区，影响力远超《小约翰》的《马格斯·哈弗拉尔》，它的节译《茜佳》，既未得到译者茅盾不遗余力的推介，其内容本身对于当时饱受殖民者欺压的中国民众而言也并不“新鲜”，获得的关注反不及《海的坟墓》这篇原作者不详的短篇小说。

意大利文学在中国译介与传播举要（1898~1949）

文　铮*

摘　要：19 世纪末至 1949 年，意大利文学作品在中国的译介零散并缺乏系统性。然而，意大利作家和作品在中国的影响并未因翻译数量的缺少而无足轻重。意大利文学，尤其是意大利文艺复兴和民族复兴运动文学几乎成为中国近代知识分子人文理想和社会诉求的共同坐标，中国最重要的现代作家都是将意大利作品介绍到中国的先驱者。本文旨在勾勒出 19 世纪末至 1949 年中国社会对意大利文学接受情况的大致轮廓，借以说明意大利文学在此间对中国社会，尤其是对中国知识分子的影响及其参考价值。

关键词：意大利文学　民族身份　译介　传播

19 世纪中叶以后，中国社会一直处于不断的变革和动荡之中。社会的更迭和嬗变往往会使人们迫切地感受到丧失“身份”的焦虑，而现代化程度领先于我们的西方就自然而然地成了我们重新建构自身的参照系。仅就文学而言，无论是戊戌变法还是五四新文化运动，抑或是在新中国成立以后的社会主义改造和建设阶段，以及改革开放至今，西方文学都是我们学习和借鉴的榜样，不但影响着我们民族文学的发展，还在很大程度上影响了我们的社

* 文铮，意大利罗马大学文学博士，北京外国语大学欧洲语言文化学院副教授，意大利研究中心主任。

会，塑造着我们的思想。本文旨在勾勒出19世纪末至1949年中国社会对意大利文学接受情况的大致轮廓，借以说明意大利文学在此间对中国社会，尤其是对中国知识分子的影响及其参考价值。

一　从戊戌变法到大清帝国终结（1898~1911）

中国对意大利文学的译介始于19世纪末。当时，中国在甲午战争中失败的耻辱促使一批具有强烈民族责任感的资产阶级知识分子积极要求社会改革，建立君主立宪政体。但戊戌变法的失败使他们的改革幻想破灭，于是他们中的一些有志之士就以文学为唤起民众的号角和改变政治与社会的武器，掀起了一场文学的“改革”。20世纪最有影响的中国作家和知识分子之一郭沫若在《文学革命之回顾》一文中写道，文学革命的开端“应追溯到满清末年资产阶级的意识觉醒的时候。这个滥觞时期的代表，我们当推梁任公”。①

戊戌变法的发起者和领导者之一，著名的思想家、文学家梁启超在1898年发表的《译印政治小说序》② 一文中抨击传统文学作品，认为中国文学界的当务之急是进行一次“小说界革命”，把公众的兴趣引向“政治小说”。由于受到日本原创和翻译小说的启发，梁启超对外国小说的政治功能做出了这样的描述：

> 在昔欧洲各国变革之始，其魁儒硕学、仁人志士，往往以其身之所经历，及胸中所怀，政治之议论，一寄之于小说。于是彼中辍学之子，黉塾之暇，手之口之，下而兵丁、而市侩、而农氓、而工匠、而车夫马卒、而妇女、而童孺，靡不手之口之。往往每一书出，而全国之议论为之一变。彼美、英、德、法、奥、意、日本各国政界之日进，则政治小说为功甚高焉。

无独有偶，梁启超于1902年发表在《新小说》杂志上的著名论文《论

① 郭沫若:《文学革命之回顾》，载《郭沫若全集》第16卷，人民文学出版社，1989，第88页。

② 梁启超在戊戌变法失败之后逃亡日本，两个月之后，即1898年12月23日，他在日本横滨创办了《清议报》旬刊，并在创刊号上发表了《译印政治小说序》。这篇序言是梁启超为日本作家柴四郎的小说《佳人之奇遇》的中文译本所写的。

小说与群治之关系》[①]也反映了他对于政治小说的观点。他在论文中引用外国文学的例子，把革新小说视为革新国民的有效手段，指出新小说可以从根本上影响并改变国民生活的一切方面，包括宗教、道德、风俗、习惯、学识和艺术。梁启超在文中还特别强调了新小说的感化和教育功能，指出小说可以让读者具有与主人公一样的民族情怀与社会责任感。但是他认为，这些值得中国人学习的榜样不能从中国历史中寻求，而必须是西方人物，因为对中国人来说，真正具有民族情怀和个人魅力的英雄是像乔治·华盛顿、拿破仑、马志尼、加里波第这样的西方爱国者、革命家和政治家。

对于政治小说，梁启超不仅提出了自己的理论，还率先将这番理论付诸实践。戊戌变法前夕，梁启超就在上海大同译书局出版了一本题为《意大利兴国侠士传》的小册子，全书共有九章，是加富尔、马志尼等9位意大利民族复兴运动中的英雄的评传。梁启超翻译这本书的用意就是用民众乐于接受的通俗传记小说的形式宣扬革命精神和爱国热忱，为戊戌变法造声势。译完此书之后不久，他意犹未尽，又根据这些素材写了一部名为《意大利建国三杰传》的传记体小说，专门把马志尼、加里波第和加富尔三人的事迹单列出来，称这是“天为意大利生伟人”[②]，自从这三位伟人诞生以后，“千年之冢中之意大利遂苏”。[③]1902年10月号的《新民丛报》上发表了梁启超改编的广东戏曲剧本《新罗马传奇》，其主题与“三杰传”基本一致，但这部剧本最终没有完成。值得一提的是，在这部戏中，在戊戌变法即将酝酿成熟之际，应该没有比此前40多年为意大利的独立和统一而赴汤蹈火的英雄们更合适的榜样了，所以《新罗马传奇》才有了这样的开篇：

> 是男儿自有男儿性，霹雳临头心魄静！从来成败非由命。将头颅送定，把精神留定。

虽然《意大利兴国侠士传》不是从意大利文翻译的，但其历史和文学的素材以及那种强烈的民族精神无疑都是来自意大利的，而梁启超翻译的《意大利兴国侠士传》为即将到来的戊戌变法吹响了号角。在戊戌变法失败之后，中国文学开始了重大的变革。从戊戌变法到五四运动这二十余年的时间

① 1902年11月14日发表于《新小说》第1期。

② 梁启超：《意大利建国三杰传》，载《饮冰室合集》第4册，中华书局，1989，第15页。

③ 梁启超：《意大利建国三杰传》，载《饮冰室合集》第4册，中华书局，1989，第3~4页。

是中国新文学的酝酿时期。与诗歌、小说和散文相比，戏剧是这一时期文学中的一个薄弱环节，梁启超对戏剧形式的有意尝试使中国戏剧改革浪潮迎来了第一座波峰，而对意大利人物和题材的选择，则让梁启超在社会革命与戏剧改革这二者之间找到了平衡点，取得了良好的社会效果。

二　从中华民国建立到中华人民共和国成立（1912~1949）

从中华民国建立到五四运动初期是中国翻译外国文学的第一次高潮，大量外国文学翻译作品的介入，直接催生了中国的新文学。民主和科学，思想启蒙与民族救亡是这一时期的时代主题，也是译介外国文学的主要意图，于是文学成了“思想解放、探讨社会问题、谋求民主的强大利器，现实主义、为人生的文学，成为中国文学的主潮”。[①] 自五四运动以后近 30 年的时间里，外国文学，尤其是西方文学，成了中国新文学的参照系，无论是诗歌、小说、散文、戏剧等各种文体，还是各种新生的文学风格与流派，都与西方文学有直接或间接的联系，使千百年来始终独处于相对封闭系统中的中国文学加入了世界文学的“一体化”进程。在这一历史进程中，意大利文学起到了相当重要的作用，甚至在一些重大历史事件和文化运动中起到了非常关键的作用。

（一）但丁对中国白话文运动的作用

五四时期，无论是对“旧”文学的批判，还是对“新”文学的预期，其参照的标准都是西方文学。中国对于西方文学的直接接受始于 19 世纪末 20 世纪初在海外留学的知识分子，他们对西方文学理论的鼓吹和随之而来的对西方作品的译介，引发了中国文学的重大变革，产生了与古典文学对立的新文学。新文学的先驱者和领袖之一胡适于 1917 年 1 月 1 日发表在《新青年》杂志第 2 卷第 5 期上的《文学改良刍议》是中国倡导文学革命的第一篇文章。此文论述的虽然是中国的文学改革，但出发点却是“欧洲中心主义”的，胡适在文中盛赞但丁等西方文豪摒弃陈旧僵死的正统语言，大胆用赋予生命力和生活气息的俗语进行文学创作，开始以“活文学”代替陈旧的“死文学”：

① 梁启超：《意大利建国三杰传》，载《饮冰室合集》第 4 册，中华书局，1989，第 6 页。

> 欧洲中古时，各国皆有俚语，而以拉丁文为文言，凡著作书籍皆用之，如吾国之以文言著书也。其后意大利有但丁诸文豪，始以其国俚语著作。[……]故今日欧洲诸国之文学，在当日皆为俚语。造诸文豪兴，始以“活文学”代拉丁之死文学。有活文学而后有言文合一之国语也。[①]

在中国历史上，白话文取代文言文是一次划时代的革命，在这场轰轰烈烈的民族文化运动中，胡适起到了决定性的作用。他在谈到这场文学革命时曾说：“我这几年来研究欧洲各国国语的历史，没有一种国语不是这样造成的。”[②]可见，胡适的白话文理论并非凭空虚造的，正如批评家吴宓指出的那样：“所谓新文化者，似即西洋文化之别名，简称之曰欧化。”[③]

笔者在这里要着重指出的是，在中国文学的“欧化”过程中，中世纪晚期意大利语言文学的发展是最为重要的参考经验和理论依据，这一点我们在胡适的文章和日记中能够得到充分的证实。除了那篇具有划时代意义的文章《文学改良刍议》之外，胡适还在1917年6月19日的日记中更为详细地阐发了同样的观点：

> 中古之欧洲，各国皆有其土语，而无有文学。学者著述通问，皆用拉丁。拉丁之在当日，犹文言文之在吾国也。国语之首先发声者，为意大利文。意大利者，罗马之旧畿，故其语亦最近拉丁，谓之拉丁之“俗语”（亦名Tuscan，以地名也）。
>
> “俗语”之入文学，自但丁始。但丁生于1265年，卒于1321年。其所著《神圣喜剧》及《新生命》，皆以“俗语”为之。前者为韵文，后者为散文。亦从此为欧洲造新文学。[④]

在另外一篇论述文学革命的重要文章《建设的文学革命论》中，胡适详细地描述了意大利语言文学产生的过程，着重强调了意大利语对于中国白话文的参考价值：

---

① 胡适：《文学改良刍议》，载《胡适全集》第1卷，安徽教育出版社，2003，第15页。

② 胡适：《建设的文学革命论》，载《胡适全集》第1卷，安徽教育出版社，2003，第57页。

③ 吴宓：《论新文化运动》，载《国故新知论》，中国广播电视出版社，1995，第82页。

④ 胡适：《留学日记》，载《胡适全集》第28卷，安徽教育出版社，2003，第569~570页。

五百年前，欧洲各国但有方言，没有“国语”。欧洲最早的国语是意大利文。那时欧洲各国的人多用拉丁文著书通信。到了十四世纪的初年，意大利的大文学家但丁极力主张用意大利话来代拉丁文。他说拉丁文是已死了的文字，不如他本国俗语的优美。所以他自己的杰作“喜剧”，全用脱斯堪尼（意大利北部的一邦）的俗话。这部《喜剧》，风行一世，人都称他做“神圣喜剧”。那“神圣喜剧”的白话后来便成了意大利的标准国语。后来的文学家包卡嘉和洛伦查诸人也都用白话作文学。所以不到一百年，意大利的国语便完全成立了。

[……]

意大利国语成立的历史，最可供我们中国人的研究。为什么呢？因为欧洲西部北部的新国，如英吉利、法兰西、德意志，他们的方言和拉丁文相差太远了，所以他们渐渐的用国语著作文学，还不算希奇。只有意大利是当年罗马帝国的京畿近地，在拉丁文的故乡；各处的方言又和拉丁文最近。在意大利提倡用白话代拉丁文，真正和在中国提倡用白话代汉文，有同样的艰难。所以英、法、德各国语，一经文学发达以后，便不知不觉的成为国语了。在意大利却不然。当时反对的人很多，所以那时的新文学家，一方面努力创造国语的文学，一方面还要做文章鼓吹何以当废古文，何以不可不用白话。有了这种有意的主张（最有力的是但丁和阿儿白狄两个人），又有了那些有价值的文学，才可造出意大利的“文学的国语”。[①]

从上述议论中我们可以看出，胡适认为，拉丁文作为欧洲的“文言文”离人民生活越来越远，逐渐走向了死亡的边缘，而方言和俗语，由于具有广泛的群众性和旺盛的生命力，得以取代拉丁文，而成为新文学的载体。在这一过程中，像但丁这样的精英作家起到了关键的作用，因此他甚至说：“没有一种国语是教育部的老爷们造成的。没有一种是语言学专门家造成的。没有一种不是文学家造成的。”[②] 因此，他呼吁“赶紧多多地翻译西洋的文学名著做我们的模范”[③]，只有这样，才能促进中国白话文的普及和新文学的发展。

---

① 胡适：《建设的文学革命论》，载《胡适全集》第1卷，安徽教育出版社，2003，第57~59页。

② 胡适：《建设的文学革命论》，载《胡适全集》第1卷，安徽教育出版社，2003，第57页。

③ 胡适：《建设的文学革命论》，载《胡适全集》第1卷，安徽教育出版社，2003，第57页。

胡适探索白话文学的理论基础和方法一直饱受争议，他的“欧洲中心主义”态度也被很多批评家指责和质疑，但是他对于翻译西方重要文学作品的呼吁却从客观上促进了中国新文学的诞生，代表当时具有进步思想的知识分子的意愿，开启了20世纪中国翻译文学的历史。另外，胡适对于但丁的推崇，确立了意大利文学在中国人心目中的光辉形象和重要地位。

五四时期从海外归来的知识分子是西方文学翻译和介绍的主要力量，通常他们的国学和西学功底都很深厚，由他们翻译的外国文学作品无论是思想性还是艺术性都是空前的，只是由于他们中的绝大多数人都是留学英、美、德、法、日等国，对这些国家的文学比较熟悉，而对于意大利文学的认识基本是借助这些国家的语言。因此，从五四运动开始到1949年的30年，中国翻译出版的意大利文学作品几乎都是从上述语言转译来的，虽然翻译质量很高，但数量上却远不及那几个国家的作品，甚至在一些重要的翻译文学期刊上，意大利文学出现的频率还不及那些“被屈辱民族的新兴文学和小民族的文学”[①]，如波兰文学、爱尔兰文学、匈牙利文学、捷克文学等。

1911年至1949年，意大利文学作品翻译成中文并出版的仅有100种（篇）左右[②]，其中很大一部分都是发表在期刊或文选中的短篇作品和节选作品，而长篇作品、代表作品的翻译非常少见，就连《神曲》这样的经典作品的翻译（全译本）也是在五四运动爆发20多年后才出现的[③]，而且是转译自法文。

数量有限的翻译作品使中国学者对意大利文学的研究也无法深入，在这30多年的时间里，中国学者关于意大利文学的专著凤毛麟角，目前笔者发现的仅有1930年出版的《意大利文学》和《意大利文学ABC》两部。这两部研究意大利文学的“专著”能够出版，很大程度上是为给各自所属的丛书“装门面”，为使丛书看上去更加国际化，更加“全面”，因此这两部书的社会影响很小，几乎从未被后世研究意大利文学的中国学者们提

① 从1921年起，在著名左翼作家茅盾担任《小说月报》主编之后，这份五四时期发表翻译文学的最具影响力的期刊就做出了重大的改革，加强对“弱小”民族文学的译介，每期至少发表一篇这些国家的作品，并介绍其文学发展历史。其目的在于为中国人民的民族解放和振兴鼓舞士气。参见《小说月报》1921年第12卷第6号由主编茅盾亲自执笔的栏目文章《最后一页》。

② 何辉斌、蔡海燕:《20世纪外国文学研究史论》，浙江大学出版社，2014，第10页图1-16。

③ 第一部《神曲》的完整中文全译本是1944年由商务印书馆出版的，译者是王维克。

起过。

然而，与惨淡的译介状况形成鲜明的反差，中国作家对于意大利作家、作品的推崇与痴迷程度是令人惊讶的，他们中的绝大部分都是在海外留学时热爱上意大利文学的，比如诗人王独清曾写下过感人至深的著名诗作《在但丁墓前》并翻译了《新生》（*Vita Nova*），而鲁迅则用“Vita Nova”来命名他走上文学道路后创办的第一份杂志（但最终计划流产），老舍的《神曲》情结在他的作品中表现得异常突出。

（二）中国现代文学对未来主义的接受

1909 年 2 月 20 日，马利奈蒂（Fillippo Tommaso Marinetti, 1878–1944）在巴黎《费加罗报》（*Le Figaro*）上发表了著名的《未来主义宣言》。此后，未来主义观念迅速传遍了欧洲，对文学、美术、建筑、音乐、戏剧、摄影、电影、广播、时装及日常生活等各个领域都产生了重大的影响。

未来主义作为一种文化思潮，之所以能在意大利兴起，并喧嚣一时，与 20 世纪初意大利青年知识分子的思想状态有密切的关系。有悠久、辉煌艺术传统的意大利在 18 世纪以后逐渐失去了往昔的光环，以至于整个 19 世纪，在欧洲文化艺术发展史中，意大利几乎是一片黯淡。20 世纪初的意大利青年知识分子和艺术家无法接受这一衰落的现状，尤其是当他们面对欧洲工业强国迅猛发展的现代科技时，油然产生了强烈的反叛情绪，直接表现为一种狂热的无政府主义态度，他们全盘否定传统的文学艺术，摒弃再现与模仿的古典艺术表现手法，疯狂赞美现代生活，极力表达现代科技带给人类的感受和启示，热情赞颂力量之美、速度之美和机械之美。

在某种程度上，20 世纪初的中国与意大利有极为相似的社会文化背景，很多有国际视野的知识分子越发感受到，数千年的古老文明已成为中华民族发展的沉重负担，在他们眼中，日新月异的西方现代工业文明之路是中国觉醒和崛起的唯一途径。就在这样一个革故鼎新的大时代里，未来主义思潮引起了不少中国青年知识分子的关注。

1914 年，后来成为上海开明书店创始人的章锡深（1889~1969）在《东方杂志》上发表了一篇题为《风靡世界之未来主义》的翻译文章，此文译自一本日本杂志，这是中国知识分子首次向国人介绍未来主义的兴起与思想要旨，文章认为未来主义对“旧文明之破坏”、对“现代器械文明之赞美”乃是“受现代文明生活刺激之新意大利人对旧意大利人革新之声”，是“厌弃过去之古董文明、树立进步的新文明之声”。如果说这还是比较粗浅的介绍的话，那么到了20年代，中国新文学作家对未来派的翻译和介绍已逐渐详细完备起来。戏剧家宋春舫在1921年的《东方杂志》上发表了自己翻译的四部未来派戏剧[①]，这是中国读者第一次接触到欧洲未来主义的戏剧作品。此后，1929年，他又在《戏剧》杂志发表了译作《未来派戏剧二种》。[②] 随着未来主义思潮在世界各国的风靡，一些在中国文坛享有盛名的作家也开始对未来主义产生了兴趣，或翻译作品，或撰文介绍，或在创作中有意尝试，诗人孙席珍（1906~1984）、徐志摩、戴望舒等都曾译介或尝试创作过未来主义诗歌。高明的《未来派诗》则是当时有关未来主义文学最为详尽的论述之一，所引材料多为法文原文。[③]

中国现代文坛的领军人物，左翼作家茅盾和郭沫若都对未来主义文学有过评价和借鉴，前者站在世界文学发展和嬗变的高度，认为“未来主义是唯美主义盛极后的反动”[④]，这种具有革命精神的文学流派是可以为无产阶级文学所保留和借鉴的。[⑤]相比之下，郭沫若对未来主义的认识就感性得多，作为一位诗人，他的诗作中总是会流露出未来主义的元素：力量、运动、战争和对旧世界的毁灭。我们应当看到，郭沫若诗歌中的未来主义元素契合了五四时期群情激昂的时代氛围，获得社会的良好评价，这对郭沫若也是一种鼓舞，使他保持了旺盛的创作激情。但随着一些有影响的意大利未来主义作家和艺术家的政治倾向从民族主义发展为法西斯主义，郭沫若对未来主义的兴趣便降低了温度，其诗作中的未来主义元素也逐渐减少，直至完全消失。1923年9月2日，郭沫若在上海《创造周报》上发表了《未来派的诗约及其批评》一文，认为未来主义“是没有精神的照像机、留音器、极端的物质主义的畸形儿”，因此他断言未来派的音乐，未来派的诗歌“没有长久的生命”。[⑥]

---

① 四部剧目为《换个丈夫吧》《月色》《朝秦暮楚》《只有一条狗》，载于1921年商务印书馆发行的《东方杂志》第18卷第13号。

② 见1929年广东戏剧研究所出版的《戏剧》杂志第1卷第5号。两部剧目为《早已过去了》和《枪声》。

③ 李鑫、宋德发：《未来主义文学在中国》，《世界文学评论》2006年第2期，第287页。

④ 茅盾：《战后文艺新潮——未来派文学之现势》，《小说月报》第13卷第10期，商务印书馆，1922年10月。

⑤ 茅盾：《论无产阶级艺术》，《文学周报》第196期，1925年10月24日。

⑥ 郭沫若：《未来派的诗约及其批评》，载《郭沫若全集》文学编第15卷，人民文学出版社，1990，第248~249页。

（三）邓南遮在中国受到的礼遇与钟爱

在意大利现代作家中，邓南遮是最先为中国读者所认识的作家之一，20世纪20至30年代，这位意大利唯美主义文学的代表作家在现代中国文坛上几乎尽人皆知，其名声之显赫，比英国唯美主义作家王尔德有过之而无不及。他的不少作品被译成了中文[①]，其中最早的一部应该是著名翻译家周瘦鹃译的《银匙》（*La fine di Candia*），于1919年8月27日至9月2日在上海的《晨报副刊》上连载。邓南遮之所以受到中国人如此的关注，除了文学因素以外，更多的还是由于他在第一次世界大战期间及战后的极端民族主义的“惊人”表现。虽然邓南遮的“超人”行为是出于民族沙文主义和扩张主义，但在当时正受着帝国主义列强欺凌的中国人看来，这些英雄主义和民族主义的行为都是值得称颂的，能够起到鼓舞民众的作用，而中国的作家和批评家也是怀着半封建半殖民地人民渴望民族解放和个性解放的热情来接受邓南遮的。

第一个全面、系统地评论邓南遮的中国批评家是茅盾[②]，他在一篇题为《意大利现代第一文学家邓南遮》[③]的文章中指出，邓南遮“在意大利文学史上的位置，毫不夸张地说，只有但丁可与之相比”。茅盾对邓南遮的唯美主义采取了宽容的态度，甚至为其遭受意大利未来主义者的攻击而进行辩护。茅盾是一位有着鲜明左翼政治倾向的作家，他鼓吹的当然不是作为唯美主义者的邓南遮，而是当时带着民族英雄和传奇式超人光环的邓南遮。因此，在这篇文章发表半年以后，他又接连发表了《邓南遮将军劳乎》和《意大利戏曲家邓南遮的近作》两篇文章[④]，赞扬邓南遮占领阜姆的壮举，并介绍了邓南

① 20世纪20~30年代邓南遮作品的汉译本主要有：仲持译《坎地亚的沉冤》（*La fine di Candia*），载《东方杂志》第20卷22号，商务印书馆，1923，第118~126页；仲持译《妖术》（*Fattura*），载《东方杂志》第21卷12号，商务印书馆，1924，第125~138页；徐霞村译《英雄》（*L'eroe*），载《露露的胜利》，春潮书局，1929；张闻天译《琪娥康陶》（*La Gioconda*），中华书局，1924；伍纯武译《死的胜利》（*Il trionfo della morte*），中华书局，1931；查士元译《牺牲》（*L'innocente*），中华书局，1931。

② 〔瑞士〕冯铁：《两位飞行家：邓南遮与徐志摩》，载《在拿波里的胡同里——中国现代文学论集》，火源、史建国等译，南京大学出版社，2011，第201页。

③ 雁冰：《东方杂志》第17卷第19号，1920年10月10日，第62页。此文署名“雁冰”，未被收入《茅盾全集》。

④ 两篇文章都发表于1921年的《小说月报》，参见钟桂松主编《茅盾全集第三十一卷·外国文论三集》第42、第84篇，黄山书社，2014。

遮的创作近况。

诗人徐志摩也对邓南遮的唯美主义文学推崇备至。1922 年在英国剑桥大学留学的徐志摩第一次读到了邓南遮作品《死城》(*La città morta*)的英文译本，这位后来以浪漫而著称文坛的诗人在日记中充满激情地写下了这样的文字：

> 初读丹农雪乌——辛孟士译的《死城》，无双的杰作：是纯粹的力量与热；是生命的诗歌与死的赞美的合奏。谐音在太空中回荡着；是神灵的显示，不可比况的现象。[……] 伟大的热情！无形的酝酿着伟大的、壮丽的悲剧，生与死，胜利与失败，光荣与沉沦，阳光与黑夜，帝国与虚无，欢乐与寂寞；绝对的真与美在无底的深潭中；跳呀，勇敢的寻求者！[①]

显然，徐志摩读过《死城》之后，心灵受到了强烈的震撼，从此他只要一见到邓南遮的书“便不忍放手”了[②]，以至于不禁感慨道：“他是一个异人，我重复的说，我们不能测量他的力量，我们只能惊讶他的成绩，他不是像寻常的文人，凭着有限的想象力与有限的创作力，尝试着这样与那样；在他尝试便是胜利：他的诗、他的散文、他的戏剧、他的小说，都有独到的境界。”[③]由于对邓南遮的作品十分钦佩，徐志摩撰写了不少关于邓南遮的评论文章[④]，还从英文翻译了邓南遮的作品《死城》等。

徐志摩的情感经历和审美情趣与邓南遮有很多相似之处，而且还翻译过邓南遮的作品，“因此在创作上可能受到他的影响”。[⑤] 1925 年徐志摩在旅居佛罗伦萨期间，“真正进入邓南遮时期”[⑥]，他的一系列关于邓南遮的文章和译著也大都产生于这段时间。1928 年，徐志摩和第二任妻子陆小曼共同

---

① 徐志摩：《丹农雪乌》，载《徐志摩文集》(散文集卷一)，上海书店，1988，第 161~162 页。

② 徐志摩：《丹农雪乌》，载《徐志摩文集》(散文集卷一)，上海书店，1988，第 163 页。

③ 徐志摩：《丹农雪乌》，载《徐志摩文集》(散文集卷一)，上海书店，1988，第 167 页。

④ 如：《意大利与丹农雪乌》，1926 年 5 月 8~11 日连载于上海《晨报副刊》；《丹农雪乌的青年期》，1926 年 5 月 13 日载于上海《晨报副刊》；《丹农雪乌的小说》，1926 年 5 月 19~22 日连载于上海《晨报副刊》；《丹农雪乌的戏剧》，1926 年 7 月 5 日载于上海《晨报副刊》。

⑤ 〔瑞士〕冯铁：《两位飞行家：邓南遮与徐志摩》，载《在拿波里的胡同里——中国现代文学论集》，火源、史建国等译，南京大学出版社，2011，第 197 页。

⑥ 〔瑞士〕冯铁：《两位飞行家：邓南遮与徐志摩》，载《在拿波里的胡同里——中国现代文学论集》，火源、史建国等译，南京大学出版社，2011，第 203 页。

创作了话剧剧本《卞昆冈》，该剧模仿了邓南遮的《死城》。故事发生的地点是山西省云冈附近一个布满北魏石刻佛像的村庄，这种象征主义的创作手法与《死城》中神秘的古希腊背景如出一辙。另外，剧中主人公的艺术家身份和悲剧命运也与《死城》基本一致。这个剧本后来被译成意大利语在意大利发表，副标题是“一部受邓南遮影响写成的中国悲剧”。① 与《死城》中表现的激昂慷慨的情绪有所不同，《卞昆冈》的风格更接近于古希腊戏剧的理智与平和。徐志摩没有邓南遮那种英雄主义的腔调，而是流露出一种宿命的情绪。

与同时代的人相比，徐志摩对邓南遮的理解比较全面，接受过程中几乎没有误读的情况，也不至于像一些人那样故意地歪曲，只是创造性地使用邓南遮的写作技巧，重新表现了邓南遮作品的主题。但是，中国人对邓南遮的兴趣随着他法西斯政治倾向的确立而逐渐淡化。

（四）意大利儿童文学作品对中国现代教育的启蒙作用

也许意大利人想象不到，整个 20 世纪中国人读得最多的意大利文学作品既不是《神曲》，也不是《十日谈》，更不是其他现代作家的小说，而是两部儿童文学著作，一部是《匹诺曹历险记》，一部是《爱的教育》。②

《匹诺曹历险记》在中国可谓家喻户晓，自 20 世纪 20 年代被译为中文以后，在将近一个世纪的岁月中，一直伴随着中国少年儿童的成长，除了在“文化大革命”时期出版稍有中断以外，几乎始终是所有大型书店里的“长销书”。《匹诺曹历险记》也是意大利文学在中国拥有最多译本的作品之一，各种节译本、改写本、外语本、英汉对照本、连环画本数不胜数，而且每一年都会有所增加。目前发现的《匹诺曹历险记》第一个完整的汉语译本是 1927 年在《小说月报》上连载的③，由著名翻译家徐调孚转译自英文，1928 年上海开明书店出版了单行本，至 1949 年已出至第 15 版，可见其受读者欢迎的程度。至今，中国读者仍习惯地将这本书称为“木偶奇遇记”，这就是徐调孚最初的译名。1980 年，儿童文学翻译家任溶溶第一次从意大利语原

① 徐志摩、陆小曼：《卞昆冈：一部受邓南遮影响写成的中国悲剧》，M.N.Rossi 译，载意大利《文化》杂志 1991 年第 5 期，第 87~148 页。

② 何辉斌、蔡海燕：《20 世纪外国文学研究史论》，浙江大学出版社，2014，第 15 页图 1–24。

③ 见上海商务印书馆 1927 年发行的《小说月报》第 18 卷第 1、2、3、4、5、8、10、11、12 号。

文翻译了此书[①]，该译本成为“木偶奇遇记”最重要的译本之一。然而遗憾的是，绝大多数中国读者在读书的时候都不曾留意，这部书的作者卡洛·克罗迪（Carlo Collodi, 1826–1890）是意大利人，因此也很少有人知道这部代代相传的《匹诺曹历险记》是意大利的儿童文学作品。

与《匹诺曹历险记》相比，《爱的教育》的汉语译本恐怕更多，给中国带来的影响也更加深刻。早在1903年，《爱的教育》中《三千里寻亲记》的故事就被著名小说家包天笑翻译成汉语，并于1905年出版了单行本。1910年由包天笑从日文版译述的《馨儿就学记》由上海商务印书馆出版，出版以后受到读者极大欢迎。1926年上海开明书店出版了由著名教育家、文学家夏丏尊翻译自日文的《爱的教育》，封面上署了原著者亚米契斯（Edmondo de Amicis, 1846–1908）的姓名，书中还附有《作者传略》和头像，使这位意大利作家第一次为中国读者所熟识。与《馨儿就学记》一样，《爱的教育》也受到了读者的青睐，第一版问世10个月后便全部售罄，此后再版了23次。《爱的教育》中所倡导的爱与宽容，以及从人性的角度对爱做出的阐释使它跨越了时空的界限，很快就受到了老师和家长的喜爱，成为三四十年代很多中小学校的德育教材和教师推荐给学生与家长的课外必读书。译者夏丏尊以自己的教育实践为《爱的教育》做了成功的注脚，使这种建立在情感教化基础上的现代教育模式在中国迅速流行起来，直到20世纪60年代初，仍是青少年教育工作者心目中最高级的教育方式，因此《爱的教育》一书也一直畅销不衰，它的影响可以说超过了任何一种教育学理论，已成为一本名副其实的德育教材。

结　语

自19世纪末以来，西方作家及其作品对中国社会的影响巨大而深远，特别是在五四新文化运动前后大量西方作品被译介到中国，在中国广泛传播，使中国读者接触到了西方的启蒙主义思想、人文主义精神、民主科学的观念、共产主义思想、自由解放的意识以及现代主义和后现代主义的各种理论和思想。然而，在被翻译成中文的西方作品中，大部分都是英国、美国、法国、德国、俄罗斯、苏联、日本等国家的作品，而意大利作品却没有像其

① 该译本于1980年由北京外国文学出版社出版。

他国家和民族的作品那样形成一种可观的规模和气势，而且往往是零散的、不系统的，也是不完整的。这种际遇与意大利文化大国地位和中意两国历史悠久的文化交流史形成了鲜明的对比。然而，意大利作家和作品在中国的影响并未因翻译数量少而无足轻重，意大利文学，尤其是意大利文艺复兴和民族复兴运动文学几乎成为中国近代知识分子人文理想和社会诉求的共同坐标，梁启超、胡适、鲁迅、茅盾、老舍、郭沫若等人都是将意大利作品介绍到中国的先驱者。

Abstracts

Complex and Rich Central and Eastern European Literature

Gao Xing

Abstract

This is the author's speech at the European Languages and Cultures Forum in Guangdong University of Foreign Studies. By reference to the European and American contexts, "literature presence", the new generation of literature, the expectations about Nobel Prize, and the literary geography, and using the examples of Herta Müller, Kadare, Kundera, Szymborska, Hrabal, and Bartis Attila, the author illustrates the particularity, complexity and richness of Central and Eastern European literature.

Keywords

Central and Eastern European Literature; European and American Contexts; the Expectation about Nobel Prize

About the author

Gao Xing, poet, translator, member of the Chinese Writers Association, State Council Special Allowance Expert, is now the editor of *World Literature* Mr. Gao has published multiple monographs, collections of essays, weighty volumes of foreign literature (chief editor), and more than a dozen translations.

Since 2012, he has been the chief editor of the “Blue Eastern Europe” series, a project funded by the National Publication Fund and part of the 12th Five-Year National Key Publishing Projects. In 2016, Mr. Gao published a collection of his own and translated poems, *Sad Love Songs*. He has won awards such as Translation Award of the Chinese Contemporary Poetry Award, Chinese Guiguan Poetry Translation Award, and Cai Wenji Literature Award.

Exchanges between Chinese and CEE Films in Recent Years

Zhang Xiaodong

Abstract

Since the New Era, film exchanges between China and Central and Eastern European countries have gradually increased and presented a momentum for further growth. Films are a good medium for people-to-people exchanges and under the Belt and Road framework, inter-governmental film exchanges do play a role in building a bridge connecting different peoples. However, continuous efforts are needed for sustainable growth under the complicated film market conditions.

Keywords

Central and Eastern European Films; Film Exchanges; Belt and Road

About the author

Zhang Xiaodong, postdoctoral fellow in literature, associate professor of Beijing Normal University; expert of Beijing Normal University Center for Russian Studies, a National Base for Regional and Country Studies of Ministry of Education; expert of Center for Polish and Central and Eastern European Studies of Sichuan University. Mr. Zhang's research areas are Russian and Eastern European films and dramas and she is a well-known film and drama reviewer. Mr. Zhang has published four academic monographs, four translations, twelve CSSCI academic papers, and hundreds of drama and film reviews on mainstream media such as *Beijing Youth Daily*, *Beijing Daily*, *People's Daily*, *Wenyi Daily* and *Guangming Daily*.

An Analysis of Cultural Transformation in CEE Countries

Zhu Xiaozhong

Abstract

Cultural transformation is an important part of the transformation of Central and Eastern European countries. Cultural transformation is about core political values, inclusion of ethnic minorities, national identity and the EU identity. It is also related to religious and cultural identity and behavior, social trust and the goals and principles of the times. It reflects the spiritual aspect of social transformation. This paper discusses core values, social inclusion and changes in social values in the transition process of Central and Eastern European countries, especially the status and role of religion in society, social capital and materialism in the modernization process. These discussions supplement studies on the transition in these countries, and help to understand the changes in people's political and social values.

Keywords

Central and Eastern Europe; Cultural Transformation; European Values; National Identity; Social Capital

About the author

Zhu Xiaozhong, Doctor of Law, Professor at Institute of Russian, Eastern Europe and Central Asian Studies, Chinese Academy of Social Sciences; visiting professor of Beijing Foreign Studies University; Specially Appointed Professor of Poland Study Center of Xi 'an International Studies University, a National Base for Regional and Country Studies of Ministry of Education. His research interests include Central and Eastern Europe, European integration and Central and Eastern Europe, and relations between Central and Eastern Europe and major powers. So far, he has published 1 monograph and more than 20 academic papers, and is chief-in-editor of five books.

Selection and Training of Exchange Students from Eastern Europe in the P.R.C.

Li Min

Abstract

In 1950, the first group of exchange students from Eastern Europe arrived in the People's Republic of China, many of whom made achievements in their respective fields thanks to several years of study in the country. This article studies the selection and training of exchange students, by way of literature review, memoirs and interviews. The article finds that the exchange students was a result of official cooperation between China and five countries in Eastern Europe based on shared ideology and goals in education. These countries had developed a system for selecting and cultivating talents, making sure talents thus produced meeting these goals. The five Eastern European countries are now all involved in the Belt and Road Initiative promoted by China. The study helps understand the start-up stage of exchange students in China, and enrich the understanding of the history of international students in the country. The study provides a new perspective to observe the relationship between China and Eastern Europe after World War II and provides reference for the present development.

Keywords

Eastern Europe;Exchange Students;Belt and Road Initiative; China; Foreign Student Training

About the author

Li Min, Ph.D., Professor of the School of Chinese Language and Literature of Beijing Foreign Studies University. Ms. Li's main research area is international Chinese education.

70 Years of CEE Languages Education in the P.R.C.

Dong Xixiao

Abstract

Central and Eastern European (CEE) languages education in China is closely related to the efforts of the P. R. C. to build international relations. In the past 70 years, based on the principle of "serving national needs", such education has gone through four stages: initiation, stagnation, positive adjustment and rapid expansion. Under the mechanism for China-Central and Eastern European Countries Cooperation and the Belt & Road Initiative, the number of undergraduate majors in CEE languages is increasing dramatically and the training models are being constantly innovated. In order to ensure a sustainable development of CEE languages education, we need to establish a long-term plan at the national level and universities should follow the inherent laws of education and advance the discipline in a steady pace.

Keywords

Central and Eastern European Languages; Stages of Development; Educational Planning; Discipline Development

About the author

Dong Xixiao, Ph.D., Associate Professor at the School of European Languages and Cultures, Beijing Foreign Studies University. His research focuses on the Romanian language, society and culture, CEE language policy and discourse analysis. Dong Xixiao published on journals such as International Forum, Foreign Language in China, Ningxia Social Sciences. His main publications include: The System of Address Terms in Modern Romanian (monograph, 2009), Modern Romanian Grammar (textbook, 2016), History of Romanian Modern Culture (translation, 2016) and Step by Step (translation, 2016).

An Analysis of Italy's Policy on Immigrant Children Education

Zhang Haihong

Abstract

Since the 1990s, the education of immigrant children in Italy has become an increasingly serious issue due to a massive influx of immigrants. In order to integrate migrant children into the Italian community, the Italian government has implemented an education policy in the light of its national conditions and the overall development plan of the European Union. In its practice, the Italian government has adopted multiple principles: universalism and humanism, integrated education and cross-cultural communication, school education and off-campus cooperation, and religious education and cross-cultural ideology. These are the essential characteristics of Italy's policy of migrant children education as well as the key elements contributing to its success.

Keywords

Italy; Immigrant Children; Cross-cultural; Educational Policy

About the author

Zhang Haihong, associate professor of Italian Department of Guangdong University of Foreign Studies, mainly engaged in comparative studies of Chinese and Italian culture, Italian lexical semantics and Italian teaching methods. Recent publications include: "A Study of the Italian Academic Credit System and Its Value for China" (in *Higher Education Exploration*, 2018), "A Study of the Italian Academic Credit System for Bachelor Programs under the Bologna Process" (in *Higher Education in Social Sciences*, 2017), "Postgraduate education in Italy: Changes and Development Planning" (in *L'Italia che cambia*, 2017). Textbooks published: *Italiano commercial (2019), Labratorio dell'italiano commercial (2014) and Stodia della letteratura italiana (2010).*

Grammar-Translation Method, "Ratio Naturae" and the Chinese Latin Teaching

Li Hui

Abstract

At present, the majority of Latin teachers in China adopt the so-called "traditional teaching method", i.e. the grammar-translation method, which was widely adopted after the reform of modern education in Europe in the 19th century. Although it offers a stable and systematic structure, the weaknesses, such as students' lack of interest and low efficiency, are too evident to be ignored. Western scholars had a clear idea of such weaknesses and they constantly tried new methods. One of the most effective method is the "natura" method designed by Øberg with his manual Lingua Latina Per Se Illustrata. This method is based on the Renaissance humanistic teaching method and Jesuit tradition of classical language education; it has also assimilated the direct method, by imitating the natural process of language acquisition. By reading a coherent story, and learning new elements in contexts through synonyms, common sense, pictures and so on, students can directly understand grammatical phenomena and new words without translation. The knowledge is further consolidated and systematized through abundant practices and learning key points of grammar after each lesson. Although this method has achieved good results in foreign countries, in China its adoption should be adapted according to the requirements of each type of class. The introduction of textbooks should be adapted according to the habits of Chinese students in learning foreign languages.

Keywords

Latin; Latin Teaching; Grammar Translation Method; Nature Method

About the author

Li Hui, Ph.D. at Sapienza Università di Roma, lecturer in Latin language and literature and director of Latin Department at the School of European languages and cultures, Beijing Foreign Studies University. Main research fields: Chinese studies by missionaries in the Ming and Qing dynasties, French Sinology, Latin and Greek languages and literature, Latin teaching history, didactics.

Literature Produced by Polish and Yugoslavian Expatriates in Russia from 1920s to 1930s: A Historical and Cultural Phenomenon

Zhang Jianhua

Abstract

Expatriate literature is an important and indeed an inherent part of national literature since its emergence. Such literature is important because it is a profoundly sad cultural memory. It embodies the resistance of expatriate writers in the face of historical bullying and carries the native culture and national spirit through the native language. It is also a product of interactions with the Other literature and culture. In the nearly 20 years from the early 1920s to the end of the 1930s, the literature created by Polish and Yugoslavian expatriates in Russia experienced three distinct stages: the early 1920s, the late 1920s, and the 1930s. Although "drifting" was destined for several generations of expatriate intellectuals in Russia, they were not resigned to become "spiritual drifters" who lost their native land. The cultural memory caused by the change of cultural identity has made them never forget the nourishment from Russian spiritual and cultural traditions; meanwhile, the new cultural context provided them with an opportunity to reflect on their homeland, literature and cultural traditions.

Keywords

Russia; Poland; Yugoslavia; Expatriate Literature

About the author

Zhang Jianhua, professor and Evergreen Scholar of Beijing Foreign Studies University. Prof. Zhang is mainly engaged in the teaching and research of Russian language and literature and in literary translation. His masterpieces include Study *of* Russian Novels *in the New Period (1985-2015)* (a monograph that was incorporated into the 2016 National Library of Philosophy and Social Sciences) and The *20th Century Russian Literature: Trends of Thought and Schools* (Theoretical Part), which won the second prize of the Beijing 13th Award for Outstanding Achievements in Philosophy and Social Sciences and the first prize of Outstanding Academic Writing of the Chinese University Press Award for Outstanding Academic Books. Prof. Zhang has also published 108 academic papers.

The Spatial Movement in Saint-Exupéry's Works

Wang Mu

Abstract

Antoine de Saint-Exupéry, a writer who enjoys international fame, has built in his works a dynamic spatial system of multiple levels and senses. Space is not only the background of his story, but also the subject of his philosophical speculations. In this article, we will analyze the spatial hierarchy, clarify the meanings of spaces, and reveal the movement trajectory of this multidimensional system: from nature to the cultivated "human land", from the strange world to the “domesticated” world; from the "closed space" to the "open space", from the real space to the virtual space. Our research aims to analyze the writer's philosophical thoughts and his style of artistic creation, observe the living conditions of modern people and explore new values and outlooks on life.

Keywords

Saint-Exupéry; Space Movement; Meaning

About the author

Wang Mu is an associate professor, Ph.D. of French literature, MA supervisor at European Languages and Cultures Institute, Guangdong University of Foreign Studies, specializing in contemporary French literature and western literary theory.

Confusion, Reflection and Exploration: A Case Study of a Polish Graduate's Self-Identity in the UK

Zhang Hexuan

Abstract

Using Giddens' self-identity theory, this study of a young Pole in the UK analyzes Adrian's living conditions and ideological evolution in four years, concluding that the self-identity of Polish graduates in the UK develops in overlapped stages of hesitation and confusion; reflection and doubt; and exploration and reconstruction. There is a constant shift between the need to work and the pursuit of dreams among such students. Personal choices and development cannot be generalized, however, and must be perceived and analyzed under concrete circumstances.

Keywords

Self-identity; Identity Construction; Poland;College Graduates; Career Planning

About the author

Zhang Hexuan, Ph.D. candidate, lecturer in Guangdong University of Foreign Studies, research interest: Polish history, Polish contemporary society and culture.

A Corpus-based Study on How China is Portrayed in the Dutch Press: The *Volkskrant* Coverage between 2016 and 2018

Zhang Jiachen

Abstract

This study focuses how China is represented by Volkskrant, one of the major Dutch newspapers. News reports between 2016 and 2018 are collected. The collected texts are selected and processed with the help of corpus tools. Upon identifying the target texts, corpus-based research methods such as collocation identification and concordances are employed to yield specific contexts for further analysis. For that part, Fillmore's Frame Semantics theories are applied in order to determine China's image and roles in international politics.

Keywords

Semantic Frames; Netherlands; Corpus Linguistics;China-related Reports

About the author

Zhang Jiachen, M.A. in Corporate Communication, lecturer of Dutch language and culture at Beijing Foreign Studies University. Research interests include international communication, discourse analysis and corpus linguistic approaches.

An Analysis of Matteo Salvini's Immigration Policy from the Perspective of Political Interests

Zang Yu

Abstract

In 2018, the Central Mediterranean Route saw the smallest number of irregular entries into EU since 2012 and Italy played a significant part in the migration control and management on this route. With the ascent of the M5S-Lega alliance to power, Matteo Salvini, the new Minister of Interior has become the leader of Italian migration control and implemented a series of drastic measures. This essay aims to review Salvini's immigration policy and analyses his considerations of personal, party and national interests. In closing its ports to NGO ships, Italy has not only reduced unwanted landings, but also contributed to the regulation of NGO operations in Libyan SAR Zone and pressed the EU to improve the migrant redistribution among its member states. Italo-Libyan and Italo-Tunisian cooperation in migration control has made positive achievements and also constituted platforms on which Italy interacts with his North African partners in order to seek new collaborations. The *Security and Immigration Decree*, nominally aiming to solve security and immigration problems, has actually become Lega's tool of propaganda, thanks to which Salvini has won more support. In conclusion, his immigration policy is nothing but an instrument for advancing his political interests.

Keywords

Matteo Salvini; Immigration Policy; Closure of Ports; Security and Immigration Decree

About the author

Zang Yu, male, Ph.D., associate professor in Italian Studies of the Faculty of European Languages and Cultures, Guangdong University of Foreign Studies.

A Preliminary Study on Dutch Literature Translations in China: The Late Qing and the Republic of China Periods

Lin Xiaoxiao

Abstract

During the periods of the late Qing Dynasty and the Republic of China, Dutch literature was translated into Chinese and published for the first time. For more than 40 years, about a dozen Dutch literary works with a variety of subjects and styles were translated into Chinese. Although most of these translations did not draw much attention from the Chinese literary world, Little Johannes stood out and has a huge impact on Chinese society. This paper reviews Dutch literary works translated into Chinese during these periods, and discusses their different levels of acceptance in China.

Keywords

Literary Translation; Dutch Literature; Late Qing Dynasty Early Republic of China

About the author

Lin Xiaoxiao, female, Ph.D., candidate, lecturer of the Dutch language at the School of European Languages and Cultures, Beijing Foreign Studies University.

An Outline of the Translation and Spread of Italian Literature in China (1898 to 1949)

Wen Zheng

Abstract

From the end of the 19th century to 1949, the translation of Italian literature was sporadic and unsystematic, This, however, had not diminished the influence of Italian writers and works in China. The Italian literature, especially that of Renaissance and Italian Resurgence, has become the common reference of Chinese intellectuals for humanistic ideals and social progress. The most important Chinese contemporary writers were also pioneers to introduce Italian literature to China. This article aims to describe the acceptance of Italian literature in China from the end of the 19th century to 1949, in order to illustrate its influence and value to Chinese intellectuals.

Keywords

Italian Literature; National Identity; Translation; Communication

About the Author

Wen Zheng,Ph.D. in Literature of University of Rome, Italy, Associate Professor of Italian Studies at Beijing Foreign Studies University, Director of the Italian Research Center.

《欧洲语言文化研究》征稿启事

《欧洲语言文化研究》是北京外国语大学欧洲语言文化学院主办的学术集刊，为半年刊。《欧洲语言文化研究》聚焦欧洲非通用语国家或地区的语言文化与社会问题，主要刊发欧洲非通用语国家或地区语言、文学、历史、文化、社会及中欧交流等方面的研究成果，是国内外学者开展欧洲非通用语教学与研究的重要园地。

《欧洲语言文化研究》下设“名家谈欧洲”“欧洲语言与外语教学”“欧洲历史与文化”“关注欧洲文坛”“聚焦欧洲社会”“中国与欧洲”“译介传播”等栏目，诚邀国内外专家、一线教师与专业研究人员惠赐佳作。

来稿要求：

来稿须为原创或首发，要求有新意，有深度，观点鲜明，资料翔实，数据准确，论据扎实充分，论说清楚明了，条理清晰，文字精练。

来稿字数在8000~10000字之间为宜，最多不超过15000字。

来稿须提供中英文标题、中英文作者简介（包括工作单位、职务、职称、学历、学位、研究领域等内容）、200字左右的中英文摘要、3~5个中英文关键词。如来稿为作者承担的科研基金项目，须注明项目名称和项目编号。此外，还须注明必要的联系方式（邮箱、手机号码、微信或QQ）。

翻译稿件需提供译者从著作权人处获得的中文翻译授权书。同时一并提供外文原文，以及原文的详细出处（出版物名称、出版年代、出版社、在出版物中的页码范围；如出自期刊，需提供相应的卷、期信息）。

来稿须遵循学术规范，凡涉及引用文献、观点、重要事实及数据时，请注明来源，注释采用页脚注形式。引用外文出版物注释请用原文，无须译为中文。引用网络资料时，请注意网站的权威性，尽量使用第一手资料，并注明网址及访问时间。

文中首次涉及的外国人名、地名、机构名称、专业术语及其他专有名词，除常见和约定俗成的以外，均须在中译名后面加圆括号注明原文。

本刊实行匿名评审制度，根据稿件要求及评审专家的意见，编辑部可能对来稿酌情删改，如不同意，请在投稿时特别注明。

本刊在接稿后三个月内将通知作者有关处理意见，在此期间请勿一稿多投。

投稿邮箱：ozyywhyj@163.com；编辑部电话：010-88815700；联系人：庞海丽。

请关注《欧洲语言文化研究》微信公众号，了解集刊最新动态。

图书在版编目（CIP）数据

欧洲语言文化研究. 2019年. 第2辑：总第10辑 / 赵刚主编. -- 北京：社会科学文献出版社, 2020.3
ISBN 978-7-5201-6053-7

Ⅰ. ①欧… Ⅱ. ①赵… Ⅲ. ①文化语言学 - 研究 - 欧洲 Ⅳ. ①H0-05

中国版本图书馆CIP数据核字（2020）第014947号

欧洲语言文化研究 2019年第2辑/总第10辑

主　　办 / 北京外国语大学欧洲语言文化学院
主　　编 / 赵　刚
副 主 编 / 林温霜　董希骁

出 版 人 / 谢寿光
责任编辑 / 邓　翃
文稿编辑 / 张金木

出　　版 / 社会科学文献出版社 · 国别区域分社（010）59367078
地址：北京市北三环中路甲29号院华龙大厦　邮编：100029
网址：www.ssap.com.cn
发　　行 / 市场营销中心（010）59367081　59367083
印　　装 / 三河市龙林印务有限公司

规　　格 / 开　本：787mm×1092mm 1/16
印　张：13.75　字　数：225千字
版　　次 / 2020年3月第1版　2020年3月第1次印刷
书　　号 / ISBN 978-7-5201-6053-7
定　　价 / 98.00元